出乎意料的经济学

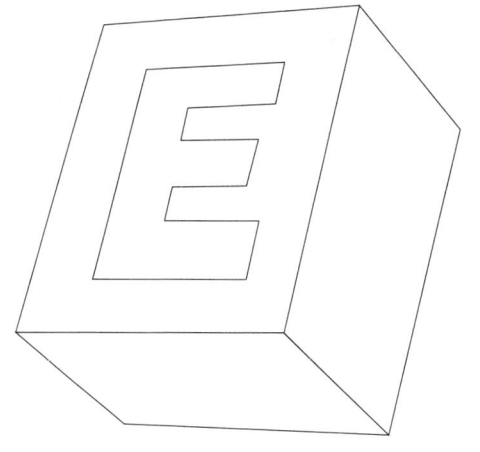

[美]（Timothy Taylor）蒂莫西·泰勒 著

杨静娴 译

UNEXPECTED
ECONOMICS

中信出版集团｜北京

图书在版编目（CIP）数据

出乎意料的经济学 /（美）蒂莫西·泰勒著；杨静娴译. -- 北京：中信出版社，2025.6. -- ISBN 978-7-5217-7573-0

Ⅰ.F0-49

中国国家版本馆 CIP 数据核字第 2025XH1925 号

Unexpected Economics by Timothy Taylor
Published By The Great Courses
Copyright © 2011 The Teaching Company, LLC. ALL RIGHTS RESERVED.
Simplified Chinese translation copyright © 2025 by CITIC Press Corporation
ALL RIGHTS RESERVED
本书仅限中国大陆地区发行销售

出乎意料的经济学
著者： ［美］蒂莫西·泰勒
译者： 杨静娴
出版发行：中信出版集团股份有限公司
（北京市朝阳区东三环北路 27 号嘉铭中心 邮编 100020）
承印者： 河北鹏润印刷有限公司

开本：787mm×1092mm 1/16　　印张：25.5　　字数：334 千字
版次：2025 年 6 月第 1 版　　印次：2025 年 6 月第 1 次印刷
京权图字：01-2024-2166　　书号：ISBN 978-7-5217-7573-0
定价：72.00 元

版权所有·侵权必究
如有印刷、装订问题，本公司负责调换。
服务热线：400-600-8099
投稿邮箱：author@citicpub.com

目 录

序   III

第 一 讲	选择的世界	001
第 二 讲	生育市场	017
第 三 讲	肾脏交易	033
第 四 讲	交通拥堵——成本、定价和你	051
第 五 讲	宗教与经济之间的双向联系	067
第 六 讲	预测市场：窥视未来之窗	085
第 七 讲	犯罪与打击犯罪的途径	101
第 八 讲	作为一种个人选择的恐怖主义	117
第 九 讲	婚姻作为一个搜索市场	133
第 十 讲	生育与父母身份	149
第 十 一 讲	小选择与种族歧视	165
第 十 二 讲	合作与囚徒困境	183
第 十 三 讲	公平与最后通牒博弈	197

第十四讲	短视偏好与行为经济学	213
第十五讲	利他、慈善与礼物	229
第十六讲	损失规避与参照点偏差	247
第十七讲	风险与不确定性	263
第十八讲	人类的羊群行为与信息级联	281
第十九讲	成瘾与选择	297
第二十讲	肥胖——谁承担代价？	313
第二十一讲	自然灾害经济学	329
第二十二讲	体育经济学——报酬、表现、锦标赛	345
第二十三讲	投票、金钱与政治	361
第二十四讲	幸福经济学	377

参考文献　　　　　　　　　　　　　　　　395

序

作为一门学科，经济学所涵盖的范围远远超出了经济本身。提起经济学，大多数人首先想到的话题是失业、经济衰退、政府支出和税收、国际贸易、股票市场、汽油价格以及企业并购等。然而，经济学家关注和研究的领域实际上更加宽泛。如果要求经济学家定义自己学科的本质，他们不会谈论价格、国内生产总值或是利率，相反，他们会强调经济学的本质是研究人类如何在稀缺的环境中做出决策。从最基本的角度来说，没有人能够拥有一天超过 24 小时的时间。因此，人们必须选择如何分配他们的时间、精力和金钱等资源。

经济学提供了一个研究人类选择的独特视角。其他社会科学，如社会学和心理学，一般会强调人们的选择受到了同伴、文化或成长经历的影响。经济学家并不反对这些观点，但他们往往强调这些选择还受到各种替代方案的成本和收益的影响，而这些成本和收益会随着时间的推移而发生变化。

经济学家认为，同伴、文化和成长经历确实会影响人们在诸如离婚、犯罪或捐献肾脏等问题上的决策。此外，经济学家还强调，当某项决策的成本和收益发生变化时，人们做出的选择也会随之变化。例如：如果更多的女性外出工作，同时政府颁布了无过错离婚法案，那么离婚率会上升；如果因犯罪行为被抓获和遭受惩罚的概率下降，那么犯罪率就会上升；如果捐献肾脏变得更安全和更容易，并且人们可以因捐献肾脏而得到某种补偿，那么捐献肾脏的数量可能会大幅增加。

一旦从分析人们如何在不断变化的成本和收益条件下做出选择这个角度看待经济学，这一学科的真正广度就会凸显出来。任何学院派经济学家都不会对本书的主题感到震惊。这些主题都是顶级经济学家研究过的课题——在某些情况下，有些人还因研究这些主题而获得了诺贝尔奖。

本书的开篇是一个概述，开宗明义地阐述了应从经济学植根于稀缺、选择和权衡取舍的角度来看待该学科。首先从市场导向的角度思考一些传统上与经济学不相干的领域，如生育市场、肾脏交易市场，以及交通拥堵、宗教信仰和预测未来事件等方面的市场。

随后会转而讨论人们在一些情况下的选择，这些选择通常被认为关乎道德或教养，但我希望通过论证说明，人们在这些情况下做出的选择，在很大程度上受到了成本、收益和具体环境变化的影响。主题包括成为罪犯或恐怖分子、婚姻、父母身份、种族歧视、合作、公平和慈善。在许多时候，面对这样的情况，人们可能会在一次性互动中忍不住采取自私的行为，但当他们意识到自己长期地不断重复处于相同境地时，他们将有动机寻求合作和妥协。

从经济学角度做出选择并不要求人们全面地了解情况，也不要求人们拥有进行复杂分析的智力和理性。然而，如果人们知道自己的决策并不完美，他们可能会尝试寻找更好的方法：举个例子，如果一个人知道自己不善于存钱，那么他可以加入工资自动扣减计划，让政府通过社会保险计划为自己储蓄。这些内容分析了决策出错的各种情况以及人们可能采取的措施，包括选择的框架和风险分析、从众行为、成瘾和肥胖问题等。

随后，本书的主题转向一些社会问题，如自然灾害、投票和政治，以及体育，经济学的思考方式已经在这些问题上得到了有效运用。最后则重点阐述关于什么让人们感到幸福的调查数据——以及最终，做出有目的的选择和追求幸福是否真的是一回事。

这些话题将以轻松甚至有趣的方式讲授经济学学科真正核心的内容，同时提供诸多精彩纷呈的见解，阐释个人和企业为何会选择按照某些方式行事。

第一讲
选择的世界

经济学理论的核心是人人都面临约束,这意味着人们必须权衡、取舍,做出选择。经济学的这一核心概念,即权衡、取舍并做出选择,适用于许多决策行为。因此,这种用经济学的思想和分析方法解释和研究社会科学中其他领域的现象被称为"经济学帝国主义",经济学将其触角伸向了人类活动的许多方面。近年来,经济学研究已经扩展到一些令人意想不到的方向,并提出了一些出乎意料的洞见。

我从1986年以来，一直担任《经济展望杂志》的执行主编，这是美国经济学会出版的一本著名学术期刊。我日常在明尼苏达州圣保罗市的玛卡莱斯特学院工作。每次在聚会上与某个人聊天，或是和出租车司机或飞机上的邻座闲谈的时候，当我告诉对方我为一本经济学学术期刊工作时，他们的反应相当一致。他们会先悄悄翻个白眼，然后微微摇头，用身体语言表明："哇，这可真是出乎我的意料。"

随着时间的推移，我发现这种反应其实反映了下面几种疑虑。人们可能会觉得，我肯定是个怪人或学痴，也有可能会随时开始喋喋不休地谈论统计学或某个经济学定理，所以要对我多加小心。比这更糟的是，我很可能是某种怪异的狂热分子，比如极端的资本主义者，或者极端的社会主义者。我还一眼就可以看出，无论是哪种情况，对方都认为我很可能马上就要大放厥词，而我感兴趣的东西极度乏味枯燥，让人难以忍受。在很多情况下，我几乎可以看到对面的人在默默祈祷："拜托，拜托，千万别让他谈论经济学。"在另一些情况下，人们则会问我诸如此类的问题："那么，你对经济有什么看法？"或是问："你认为股市会怎么样？"

好吧，我可能略有一点夸大其词，但绝不是过分夸张。经济学家好像确实和一般人不一样。我想给你们讲三个经济学家用来自嘲的故事，它们也许能说明上述不同之处到底在哪里。这些故事当然只是笑话，但它们的确从某种程度上揭示了经济学家是如何看待世界的。经济学家认为，世界是一个充满选择之所，有时候这些选择出乎意料，并可能导致人们做出令人不安的反应和互动。

先讲第一个故事。这是一个老故事，主角是明尼苏达大学的两位经济学家，奥斯瓦尔德·布朗利（Oswald Brownlee）和约翰·豪斯（John Hause）。有一天，他们两人在回家的路上想买些牛排做晚餐，于是就在沿途的一个市场停了下来。当时正值晚餐时间，市场上已经排起了长长的队伍。他们取了一个号码，排到了队尾，比如说，他们排在了第20号。不过，他们想早点回家，于是来到排在队伍前列的一个人面前，提出给那个人一点钱，并和他交换位置。可他们发现，那个人完全无法理解他们这个花钱买靠前位置的提议。

作为经济学家，他们清楚地知道，这种假装不理解的态度只是一种讨价还价的策略，目的是抬高自己的要价。所以，很自然地，他们心知肚明地提高了出价。这个时候，其他排队的人开始注意到他们的策略，并纷纷对此表达了意见。虽然很难用一句话总结所有人的反应，但可以公平地说，大家的普遍反应是对他们的提议极为不满，甚至可以说对他们充满了敌意。

现在，请努力设想，这两位站在队伍中的经济学家会怎么做？他们开始向排队的人解释，他们只是在尝试做出一种互惠互利的交换，即他们付出一些钱来换取一些时间。归根结底，这笔交易不会影响其他人。假设某人之前排在第18号，那么在交易之后他仍然排在第18号。如果他们成功达成交易，买到了排在第1号的人的位置，那个人会和他们交换位置，排到队伍后面的第20号，因此这个交易不会对队伍中的其他人造成任何影响。在任何一个经济学家看来，这种交易都是完全合理的。

然而在这个故事里，不管怎么说，人群开始情绪激奋。一些人完全看不到这个经济学提议的合理性。最后，这两位经济学家只能灰溜溜地回家，点一份外卖比萨当晚餐。

下面讲第二个故事。大多数人可能都很熟悉下面的场景：你到了机场后发现，航空公司卖出的机票比飞机上的座位多，那接下来会发生什么？航空公司会发布公告称："我们的航班超售，如果有哪位乘客愿意乘坐下一班飞机，从而获得一张免费机票或者一张价值300美元的机票优惠券，请与登机口的工作人员联系。"他们最终总是能找到一位自愿这样做的乘客，顺利解决问题。但这种情况并非从一开始便是如此的。

在大约1978年之前，航空公司如果超售机票，即卖出的机票数量多于航班上的座位数，而作为乘客的你不幸在起飞前才到达登机口，飞机已经坐满、没有空位，那么你会被简单粗暴地踢到下一班飞机，没得选择，也没有补偿。一位名叫朱利安·西蒙（Julian Simon）的经济学家早在20世纪60年代就注意到了这个问题，并于1968年发表了一篇名为《解决航空公司超售问题的实用方案》的文章。他提出了一个堪称实用的基本构想，即航空公司应该要求人们写下自己在什么条件下愿意延迟到下一班航班，然后航空公司可以选择出价最低的乘客。

文章发表之初，人们普遍认为这只是学院派经济学家惯干之事，即提出一个愚蠢而不切实际的提议，既不可能真正实施，更不会真正奏效，而且还听上去怪里怪气，并有一点令人不安，甚至就像试图在杂货店花钱购买队伍靠前的位置一样不可理喻。但是，到了20世纪70年代末，当航空公司开始被要求为那些因超售而延误到下一个航班的乘客提供免费机票时，航空公司和乘客都发现，这种方案实际上行之有效。它不仅有利于乘客（因为他们现在可以选择是否被踢到下一班飞机），而且对航空公司更有利。

航空公司至少在某种程度上可以放心地超售机票，而不必受到惩罚。他们知道，如果航班真的超员，他们总是能够找到一个自愿让出座位的人，即使需要为那个人提供补偿，但那个人的做法毕竟是出于自愿，而不是违背自己意愿的被迫行为。事实表明，让人们可以自愿选择延误到下一个航班，而不是无奈地被踢到下一个航班，这对包括乘客和航空公司在内的所有各方都更加有利。

下面讲第三个故事。这个故事有时候会被经济学家归入高尔夫球场笑话之列。它讲的是有一天，三位朋友去打高尔夫。这三位朋友分别是一位牧师、一位社工和一位经济学家。他们在球场上打球时，排在他们前面的那群人打得非常非常慢。一天结束之时，我们这三位打高尔夫的朋友已经气得火冒三丈，因为他们一直在没完没了地等待。

他们去找高尔夫球场的经理投诉，说："你看，我们前面的那群人打得实在太慢了，他们毁了所有其他打球的人的心情。"经理回答说："哦，我实在很抱歉。我们会确保这种情况不再发生。但你们知道，在你们前面打球的是一群盲人。他们使用的是那种会发出声响的球，而他们基本上是靠听声音来打球的。很抱歉给你们带来了不便，未来我们会尽量弥补你们。"

你们可以想象一下这三个朋友会怎么说。牧师说："哦，我总是告诫人们要宽容，而现在我发现，我自己对他人也不够宽容。我对自己实在是太失望了。"社工说："哦，你们知道，我一直致力于为残障人士提供便利，但现在我本人遇到了为他们提供便利的情况，我感觉这一次我似乎背叛了自己真正的职业使命。"

经济学家静静地听完了整场对话和其他人所说的一切，停顿了一分钟，然后抬起头说："你们为什么不让盲人们在晚上打球呢？"当然，我在此必须强调，我并不是想说，盲人只应该被允许在黑夜里打高尔夫。我想说的是，高尔夫球场开放一些夜场完全没有任何问题。如果很多盲人希望在夜间时段打高尔夫，并且我相信青睐夜场的人可能还要加上一些有怪癖的高尔夫球手，毕竟哪怕有人在冰山顶上凿出18个洞，都会吸引一些人去打高尔夫。所以嘛，我觉得对这些人来说，多一个选择显然是好事一桩。对大多数经济学家来说，这个高尔夫球场笑话生动地说明，跳出固有思维模式，认真观察某种情况并愿意提出一些存在特定逻辑的额外选择，这是一种帮助我们应对问题的非常有效的方法。

当然，在上面的故事里，经济学家提出的解决方案可能不够深思熟虑或稍显缺乏同情心，所以它才会被当作一个笑话，但经济学家愿意沿着这种思路思考，直到达成目的。我在这里想讨论一个更宏大的主题。经济学并不仅仅局限于那些很多人乍一听到"经济学"这个词就会想到的常规话题，比如下季度的GDP（国内生产总值）是否会增长，失业率是否会下降；也不仅仅是关于国际贸易的话题，比如贸易赤字问题，或是进口石油问题、工作岗位外包问题和如何应对预算赤字的问题；又或是工会、污染、创新、技术、贫困和不平等等问题。经济学研究的领域远远超出了经济本身。事实上，经济学绝非仅与经济相关。

经济学最常被引用的定义之一来自英国经济学家莱昂内尔·罗宾斯（Lionel Robbins）在1932年发表的一篇论文。他强调，经济学研究的是在一个资源稀缺的世界里做出选择的不可避免的需要。我们所有人都不可能完全拥有我们想要的一切。以下是罗宾斯在他那篇著名论文中的观点。罗宾斯写道：

> 我们可以支配的时间是有限的……达成目标的物质手段也是有限的。我们已经被逐出了天堂。
>
> 我们既没有永恒的生命，也没有满足愿望的无穷手段……满足特定愿望的手段稀缺，这是人类行为中几乎普遍存在的一种状态。

我喜欢上面引用的罗宾斯关于人类已经被逐出天堂的说法。他真正想要强调的是，在一个不得不进行权衡、取舍的世界里，人们必须做出选择。除了做出选择，我们别无选择。有时候，经济学甚至被称为"选择的科学"。虽然这种说法有些夸张，让我忍不住想撇嘴，但公平地说，经济学的确高度关注选择是如何做出的，以及不同的选择之间是如何相互作用的。无疑，从拥抱选择这一理念出发理解经济学，可能会赋予经济学一些令人惊讶的含义。

经济学研究的领域相当广泛。它不只研究你买了什么、存了什么、在哪里工作或政府的经济政策。它从人类拥有多少时间以及他们选择如何利用这些时间的角度出发，思考和研究人类的行为。此外，它关注的是人们一生中拥有的时间，而不是仅仅局限于一个星期或一个月。所以，经济学所研究的不仅仅是关于工作、购买、储蓄等人们通常认为经济学关注的领域，还涵盖了其他一系列选择，比如结婚、生孩子、是否违法甚至实施恐怖行为，是否向慈善机构捐献，以及是否捐献肾脏；等等。

经济学的另一重含义是，选择意味着目的性。你有时会听到下面的说法，即经济学家假设每个人都永远是理性的。这种说法有一定的道理，但你需要注意它到底意味着什么。理性并不意味着每个人都知道一切，每个人都可以完美地计算一切，同时每个人都完全不带任何偏见。理性当然也并不意味着所有人对他们想要选择的东西都具有或应该具有相同的偏好。它真正的意思是，人们会尽最大努力弄清楚自己想要什么，而如果条件发生改变，比如他们想要的东西的成本变高或者自己获得的收益变低，那么人们通常会调整自己的行为，做出不同的选择。

如果成本和收益以价格来表示，那这个框架就是适用的。它同时也适用于其他类型的成本和收益之间的比较，比如时间、个人精力或声誉。这种观点认为，人们并不总是拥有完整的信息。他们并不总是能够充分处理信息。他们会犯错误。有时候，这可能会带来人们不希望看到的后果。

经济学家说人是理性的，并不是说人类拥有上帝般的全知全能和决策能力，或许在非常简化的模型中，人们可能会遵循这些思路做出一些假设，但从更普遍的经济学角度来看，理性单纯意味着人类的行为是为了实现某种目的。人类针对外部环境做出选择，不会一次又一次地被愚弄，就像老牌摇滚乐队谁人乐队（The Who）的歌《我不会再次受到欺骗》所唱的那样。至少，那些做选择的人不会以同样的方式一次一次地遭到愚弄，因为理性会阻止他们。

经济学的第三重含义是，这些选择可能会带来复杂的相互作用。人们想要的许多东西是由我们称之为"市场"的机制所提供的，还有一些东西则是由我们称之为"计划"的机制所提供的。其中，在后一种机制中，大部分资源由政府拥有，并按照政府指令进行配置。那么，当这些机制被纳入考量，个体的需求和欲望必须以某种方式加以协调。例如，市场中不可能长期存在下面的情况：某种商品的生产成本非常高，但却以远远低于成本的价格被出售。同样，市场中也不可能长期存在某种商品成本很低，但售价却大大高于成本的情况。在第二种情况下，生产者之间的相互竞争最终会导致该商品的价格下跌。

就计划机制而言，也不可能出现下面的情况，即在很长一段时期内，政府的支出很高，但税收很低。这种情形是不可持续的。人们不会永远愿意借钱给这样的政府，就像希腊和爱尔兰等国此前出现的情况，以及阿根廷、俄罗斯和墨西哥等许多国家在历史上曾经历过的那样。同样，从长期来看，政府支出很低而税收很高的情况也不大可能出现，因为政客之间的竞争将使得这种状态无法持续，政府要么会减税，要么会增加支出。你可以将这种总体视角推而广之，扩展到其他机制中各方的互动，例如家庭机制、非营利组织和俱乐部机制等。这里的重点是，经济学家所关注的是这些机制中不同方面存在的激励会如何影响人们的选择，以及其可如何应用于自然世界中发生的各种情况，比如什么样的激励和选择可以降低人类在发生自然灾害时付出的代价。

最后需要强调，所有这些有目的的选择相互作用，其产生的力量既可能是积极的，也可能是消极的。自从亚当·斯密1776年出版了经典著作《国富论》，经济学家一直强调被后人称为"看不见的手"的理论。这一理论认为，人们追求私利的行为同样可以使整个社会受益。在两个多世纪后的今天，我认为这种理论并不难理解。例如，某家商业企业努力生产某种商品，这种商品的品质良好，可以为企业带来良好的信誉和稳定的客源。企业这样做是出于自利目的，即赚取利润。另一方面，消费者四处寻找可以满足自身偏好并具有最高性价比的商品，这种行为同样是出于自利目的。但在这样做的过程中，消费者为企业提供了创新的激励，而企业则为消费者提供了物美价廉的商品。

这些因素共同作用，就像有一只看不见的手，往往会带来各方均可受益的结果。这是一种非凡的社会洞察力，其力量和影响可能仍然没有得到充分的重视。它也可能以其他方式发挥作用。

大约100年前，意大利著名经济学家维尔弗雷多·帕累托曾写道："人类的努力被用在两个不同的方面：它们或是被用于经济商品的生产或改造，或是被用于侵吞他人生产的商品。"加州大学洛杉矶分校一位名叫杰克·赫舒拉发（Jack Hirshleifer）的现代经济学家借用电影《星球大战》的说法，将上述第二种动机命名为"原力的黑暗面"。毕竟，企业可能会试图用廉价的产品、虚假的承诺和误导性的语言来欺骗消费者。偷盗是一种自利的行为，贪污也一样，还有向大气和水源中排放污染物亦如此。战争往往是为了实现国家利益，正如法庭上你来我往的诉讼官司，或是利用政治权力控制资源，以推行某些选民并不那么支持的政策。

从长远来看，即使不是出于自利的考虑，投票支持那些承诺全面减税并增加政府支出的政客也注定不会有什么结果。追求私利的行为固然可以表现为创建公司等组织形式，但是也可能表现为创建有组织的犯罪集团。仇恨、嫉妒、种族主义等都是人类固有的自利动机，自利动机并不仅仅是那些温和向善的方式。经济学的研究领域足够宽泛，不仅涵盖了自利力量的光明一面，以及这种对自利的追求可以如何造福于社会，还涵盖了自利力量的黑暗面及其如何以破坏性的方式发挥作用。

通过关注选择、选择是如何做出的以及不同选择之间如何相互作用，经济学显然成为社会科学领域的领导者。选修经济学课程的学生远比选修其他社会科学课程的学生要多，结合商科专业看更是如此，商科专业通常会学习大量的经济学知识。经济学也得到政策制定者的更多关注。毕竟，在美国，白宫设立了经济顾问委员会，没有设立社会学顾问委员会、政治学顾问委员会或是心理学顾问委员会。经济学家也受到媒体的更多关注。例如，《纽约时报》多年来连续刊登了一系列由学术经济学家撰写的评论专栏，而没有刊登其他社会科学专业人士撰写的评论专栏。由于所有这些原因，在社会科学中，才有"经济学帝国主义"这一说法。

经济学家将他们的概念工具，即在资源稀缺的情况下做出有目的选择的概念，运用到了政治学、历史学、社会学中，并且在近年来还越来越多地运用到了心理学中。事实上，经济学家圈子里流传着一个老笑话，即经济学研究的是人们面临的选择，而社会学和人类学研究的则是人们实际上并没有做任何选择。从更普遍的意义上讲，这个笑话包含了两种关于人们行为动机的观点，这两种观点都有一定道理。其中一种观点认为，人们受制于成长经历、遗传、社会压力、同伴，以及他们在生活中面临的其他限制，其决策在很大程度上早已预先设定。

另一种相对应的观点则认为，虽然上述所有因素都很重要，但人们确实可以在极大的范围内做出选择。而个人这些有目的的选择，以及这些选择可能如何相互作用，正是经济学发挥作用的领域。至少在我看来，鉴于经济学所关注的是人们所做的选择，这门学科或许拥有惊人的乐观前景。

对本书主题的概述暗示了经济学所涵盖主题的广度，许多人不会想到这些主题会涉及经济学，但事实上，这些主题是学术经济学家们着力研究的领域。例如，想一想人们在面临是否捐献器官或交通拥堵时做出的选择，以及人们如何设置不同的选择。显然，这可以视作经典排队问题的现代版本。此外，选择在决定宗教信仰时发挥了什么作用？在婚姻中的作用又是什么？毕竟，在某种意义上，选择一位伴侣与选择一份工作别无二致。还有是否生儿育女的选择——随着社会财富日益增加，选择成为父母的代价也在不断变化。职业选择又是如何做出的？一个人为何选择犯罪或是成为恐怖分子？以及有目的之选择与诸多不同动机（包括种族歧视，或公平和互惠、合作、慈善和捐献，或有关冒险、从众、成瘾和超重等诸多选择）的相互作用如何？

经济学中的选择与自然灾害、投票等，以及经济状况和收入与人们是否认为自己幸福的调查之间有何相互作用？例如，我们如何解释下面的发现：尽管几十年来经济持续增长，但人们的幸福感似乎并没有呈现上升趋势？对于那些学过经济学的人来说，下面的想法通常并不新鲜，甚至并不特别具有争议，那就是：经济学可以而且应该适用于人们在任何方面做出的选择。但对许多其他人来说，他们可能确实没有想到经济学框架可以应用于上述领域的个人选择。

说到这里，我希望我至少在一定程度上缓解了你们对经济学的一些担心，或者至少让你们感觉到，经济学或许值得先学上一学，直到你们自己做出判断。但我猜想，很多人的内心深处仍然存有一点点疑虑。我用"有目的之选择"这种说法精心包装了经济学，但我能听到你们中的一些人会问到一个根本性的问题。

归根结底，这是否只是一个漂亮的修辞，旨在掩盖"贪婪有可取之处"的论点？对于这个问题，简短的回答是：不是。而更长的回答是，"贪婪"并不等同于一个人试图按照自己意识到的私利行事，并据此做出选择。但毕竟，贪婪是《神曲》以及一些宗教所列出的七宗罪之一。它的定义通常和贪欲、妄念、攫取和无度索求等词语联系在一起。而我在本书中会给出一条清晰的界线，将上述意义上的贪婪与在资源稀缺的世界里尽可能做出最好选择区分开来。

著名古代犹太哲学家，生活在公元前1世纪的希勒尔（Hillel）有一句著名的格言："如果我不为自己，谁会为我？但如果我只为自己，那么我又成了什么人？"希勒尔的话表达了一种平衡感：是的，你可以为自己考虑，但不能只为了自己。你不必单纯为了造福他人而牺牲自我。总要有人站在"我"这边维护"我"的利益，而我自己是最可能这样做的人选。认为贪婪无罪的想法是一种愚蠢的情绪。它甚至可能只是为了哗众取宠而故作愚蠢。但是，"贪婪为恶"也可能是一个愚蠢的说法，因为如果将其发挥到极致，在考虑人们如何真正做决策，以及人们在做选择时应该考虑什么才算合理时，它会强调一种含糊不清的感性认知。

在极端的情况下，如果相信"贪婪为恶"，则会将照顾家人和朋友并为他们提供物质支持和教育的愿望视为不符合道德准则的东西，会将创办企业的愿望或服务客户的想法等同于盗窃。比如，你创建了一种被称为公司的组织结构，既为工人提供收入，又为许多人提供自我价值感和参与感，那么"贪婪为恶"的理念会将雇用这些人称为"剥削"。

我们的世界纷繁复杂——正确地理解自利行为具有强大而重要的作用。我们不能一言以蔽之，单纯地将这一切都斥为贪婪。事实上，理解和接受人们对自利的追求，可能正是我们口中"现代"的真正意义。对于这种观点最著名的论述来自艾伯特·赫希曼1977年的著作《欲望与利益》。这本书的很大一部分内容是关于资本主义兴起和现代思维方式的历史。

假设你回到了中世纪早期。在那个时候，许多经济活动都极其固化。你生来就注定拥有某种身份，你可能是一个农民或一个贵族，也许是一个铁匠或鞋匠。在那时，价格和工资遵从传统。人们接受所谓公平的价格，即由国王和教会根据自己认定的所谓"正确的看法"而设定的价格。拥有特定身份的穷人被教导应该对自己的身份心存感激。他们应该对自己的贫穷心存感激，并且应该知道自己的位置。富人则应该对自己的富有心存感激，因为那是他们的位置。

然后，到16世纪和17世纪，一种缓慢的演变逐渐发生。你开始在更大的市场上进行更多的远距离交易。银行业和金融业开始兴起。制定独立的商法成为必要。人们开始有可能选择改变他们出生时的地位。当然，在那时候，平民虽然不可能真正成为皇室成员，但可以变得富有，而财富可以让他们在社会上被重视。

人们开始摆脱前现代社会的状态，即交换主要通过传统的家庭纽带进行的状态。他们开始认为，自己可以依托法律和社会而有所选择。随着这种变化的发生，经济学家也开始拥有一席之地，尤其是在18世纪左右。这一点并非巧合。亚当·斯密于1776年出版他的经济学巨著《国富论》，他在书中写道，国家的财富不是建立在战争或掠夺之上，也不是建立在金银的积累之上。相反，国家财富建立的基础是人们根据生产任务进行分工，从事专门的工作，在工厂进行合作以及进行远距离交易。

关于如何创造财富的理念也开始发生转变。它不再是要赢得战争或参加十字军东征，而是变成了向世界各地派出商船，并生产出商品。所谓"有目的之自利"这一经济理念的基础是人们可以自主地做出选择。你不会被困在某个角色里，试图改变自己的身份地位并没有错。事实上，部分摆脱对集体的关注可能是现代经济发展的必要步骤，目前全球许多国家仍在这种转变的进程之中。

我认为，我们可以公平地提出一个令人信服的观点，即在看待生活时，现代观点有别于传统观点之处恰是前者向更完全的自我意识转变，即相信自我的命运并非天生注定，而是可以做出选择，并接受靠这种选择得来的自我是正当的。简言之，经济学远远不止是关乎金钱和商业，也绝不仅是某种简单的假设，比如"贪婪有可取之处"，然后运用这个假设来为我们周围世界任何不公平的现象进行辩护。相反，经济学寻求更深层面上的理解。它试图揭示和探索人们出于某种目的而做出选择这一现实，无论这种目的是短视的还是富有远见卓识的。同时，人们的选择与市场和计划等社会机制相互作用，并且这些选择的结果可能是好的，也可能是坏的。

如果经济学能以恰当的方式被人们加以应用，那么它将带来令人欣喜的丰富成果。我希望你们能够明白，经济学所涵盖的远远超出了人们的普遍认识，因为经济学的选择导向框架已经延伸到了广泛的领域。它使得我们能够从意想不到的角度研究各种有趣的主题。以这种方式，经济学帮助我们获得了对种种人类行为和社会行为的深刻洞见。

重要术语　　**经济学（economics）**
从广义上讲，经济学的概念远远超出了商业、金钱或经济范畴，是一门研究人们在资源稀缺的情况下如何做出选择的学科。

帝国主义（imperialism）
原义指一个国家或帝国将其统治扩展到其他国家，从学科层面上讲，则是指使用某个学科的词汇和概念讨论或解读某个本不属于该学科的问题。

自利（self-interest）
做出有目的的选择，从而满足个人的需求（但应与极端化的表现，比如贪婪，加以区分）。

思考问题　　1. 在开始学习本书内容时，你对经济学的看法是什么？本讲内容在哪些方面改变或挑战了你先前持有的观点？

2. "贪婪"是否有可取之处？至少在特定情况、特定时间下，特定程度的"贪婪"是否有可取之处？

第二讲
生育市场

有些市场曾经被普遍接受，但现在已经变得不可接受，比如奴隶市场。另一些市场似乎令许多人感到厌恶，现在仍然如此，比如马肉或狗肉消费市场和选票买卖市场。在本讲中我们将讨论三个市场的例子，它们随着时间的推移越来越常见，那就是：在借钱时收取利息、人寿保险以及购买人类精子和卵子并雇用代孕母亲（代孕在很多国家都是非法的，但美国部分州允许代孕。本讲只是拿该市场举例，来说明一些经济学问题）。

我们大多数人都是自己所处时代的产物，我们受时代的影响比我们有时候愿意承认的还要多。我们习惯了身边发生的各种经济交易，它们之所以在我们看来是合理的，部分原因是我们知道它们。那些没有发生在我们身边的交易在我们眼中是不合理的。但是，历史给我们上了令人不适的一课，表明我们中的很多人——也许不是全体，但一定是很多人——只是简单地接受了发生在身边的交易，而没有进行更深入的思考。

历史告诉我们，至少在美国和世界上大多数国家，许多曾经被认为可被社会普遍接受的经济交易现在已不再被视为可接受的。例如，在相当长的一段时间里，奴隶买卖在很多人看来是合理的。再例如，嫁妆和彩礼在很长一段时间内似乎都是合理的存在，甚至现在，尽管它们在美国已不再被广泛接受，但在南亚和东亚的一些地区仍然被普遍认为是合理的。

例如，在美国，义务兵制度曾一度似乎被认为是正常且合理的，但在 20 世纪 60 年代废止了这种做法，时至今日也无意再重启义务征兵制度。再往前追溯，在 18 世纪末和 19 世纪初，在美国，征兵时通常存在所谓的"代劳"和"替代"行为。所谓代劳，是指应征者可以通过缴钱来免服兵役，而替代则是指如果某个人被征召，他可以雇一个替代者，由那个人代替他服兵役。这些做法在 18 世纪末和 19 世纪初是完全可以接受和符合预期的做法。但到了 19 世纪末，这些做法逐渐不再为社会所接受。哪怕某人因为任何最不可抗拒的原因逃避服兵役，他都会开始受到社会的谴责。

还有一些经济交易在过去曾经遭到禁止，但现在却很普遍。一个最著名的例子是美国曾在 1920 年至 1933 年间禁止销售酒精。作为美国宪法修正案的一部分，酒的销售、制造和运输被禁止。当时，禁酒令被认为是一种"高尚实验"（Noble Experiment），现在则已经成为一个例子，说明政府过度干预可能会导致糟糕的后果，比如有组织的犯罪行为增加，以及迫使许多原本遵纪守法的普通公民变成了罪犯。

在美国历史上的大部分时间里，各州发行彩票以及许多形式的赌博都被明令禁止。这一禁令自 20 世纪 60 年代起逐渐被废除。现在，美国大多数州都发行彩票，赌博也通过允许原住民在自有土地上经营赌场的法院裁决而日益普遍。此外，还有许多其他交易曾经一度遭到禁止，但现在已经获得允许。在 19 世纪 70 年代，避孕行为曾被禁止，跨州运送避孕用品是违法行为。事实上，直到 20 世纪初，这种行为在美国的许多地方仍然是违法的。在 20 世纪的大部分时间里，围绕这个问题发生了一系列法律诉讼。在 1965 年美国最高法院的标志性判例，即"格里斯沃尔德诉康涅狄格州案"（*Griswold v. Connecticut*）中，康涅狄格州规定在家中使用避孕药物非法，但最高法院裁定这侵犯了宪法规定的隐私权。

还有其他这样的交易吗？非职业体育运动算是一个。过去，只有非职业选手才能参加网球锦标赛。不过现在，人们可以通过各种方法从这些"业余"活动中获得报酬。我们不禁好奇，未来我们是否还会打破大学体育运动与金钱无关的界限，并最终开始向大学生运动员支付报酬？

在本讲中，我将重点介绍三个经济交易的例子，这些交易曾经遭到禁止，但现在对我们许多人来说，它们似乎已经部分或完全正常。然后，在下一讲中，我将重点介绍一些尚未被普遍或被广泛接受的交易。特别是，我将重点讨论有偿献出肾脏的问题，并阐述为什么我认为经济压力最终会使其中一些选择获得公众的普遍接受。

我想谈的第一个曾经被禁止但现在已经解禁的交易例子是收取"高利"（usury），换言之，即贷款需要支付的利息。回到中世纪时期的 13 世纪和 14 世纪，那时曾明文规定禁止高利贷。当时，"高利"通常被解释为在偿还借款时任何超出最初实际借出金额的部分。但我们可以想象，如果出借者得不到任何额外的回报，他们就不会愿意借出自己的钱，因此这种禁止"高利"的做法在现实的压力下逐渐瓦解。

除非借出钱的人能够从借贷行为中获得某种回报，否则借贷行为就不会发生。与借钱给别人相比，为什么不把钱埋在自家后院呢？因此，禁止收取利息的结果是商业和贸易企业的扩张变得困难。不过，当时的规定有一个很大的漏洞：虽然人们不能收取利息，但如果贷款没有按时全额偿还，则他们可以收取滞纳金。实际上，借贷双方可能会达成协议，规定稍微拖延一段时间还款，在这种情况下，收取费用成为被允许的行为。

事实上，我们现代的"利息"（interest）一词源于中世纪拉丁语"*interesse*"。牛津英语词典对这个词的解释说，"*interesse*"最初是指逾期滞纳金，即当时法律允许的对逾期还款所收取的罚金，但经过长期演变（长达几个世纪的时间），其逐渐从一个描述逾期滞纳金的术语转变为描述所有贷款均可合法收取利息的通用术语。

到了 17 世纪，像弗朗西斯·培根和约翰·洛克这样的作家已经认为支付利息是天经地义之事。有趣的是，他们不仅认为应该支付利息，还认为应该由政府决定具体的利率值。例如，弗朗西斯·培根在 1601

年提出，对于大多数贷款应收取5%的较低利率，而对于大型商业中心的商人则应收取9%的较高利率。约翰·洛克在1691年撰写过一篇文章，反复论证了利率应该是4%而不是6%，并讨论了任何规则都会面临规避的实际问题。

等到了亚当·斯密的时代（就是18世纪下半叶那位创建了经济学的亚当·斯密），上面的观点已经成为一种共识。亚当·斯密也认为应该支付利息，被人们普遍视作自由市场拥护者的亚当·斯密同样认为政府应设定利率的上限。他并没有说出一个具体的数字，但似乎建议利率的上限应该为8%左右。他表示，如果利率过高，只有那些"庞氏骗局"的做局者、挥霍无度的人和对自己的发明成果过度乐观的发明家才会借钱。

"功利主义哲学之父"杰里米·边沁也曾写过一些经济学方面的著作，他在1787年撰写了一篇反对亚当·斯密的文章，名为《为高利贷辩护》（Defense of Usury）。边沁在文中提出了现代的观点：如果人们要以某种方式浪费金钱，他们总是会这样做，无论他们是否支付利息；如果人们会在市场中上当受骗，那么无论是否禁止支付利息，这种情况都会发生。

边沁进一步认为，人们不会把钱借给诈骗犯和夸夸其谈者，因为这些人不太可能偿还借款。放贷人根本不会愿意借钱给这一类人。在中世纪早期，不仅禁止支付利息，而且所有东西都有所谓"公允价格"。边沁指出，现在已经没有人再这么想了。他说，现在应该让利息也成为一种价格，和其他价格没什么两样。

今天，美国许多州仍然有禁止高利贷的法律，但这些法律规定的高利贷利率通常极高，例如年利率超过30%，因此它们对大多数交易是没有影响的。有趣的是，我们还有信用卡透支费用和银行费用，在某种程度上，对于那些不按时还款的人来说，这些费用相当于非常高的利息——这恰好符合中世纪早期的"利息"概念。对于现代人来说可能很难想象，在允许支付利息的背后发生了如此巨大的社会变化。对于这个问题，我们已经不再将其视作一种观念上的转变（即原来曾经被视作错误的某项经济交易现在已经被认定为正当），而是将其视作市场的一个正常组成部分。

值得记住的是，在当今世界中，在某些地方，支付利息在技术上仍然是被禁止的行为。在这里，我特意强调了从技术上讲被禁止。我有一位朋友在一家抵押贷款公司工作，他表示，对于一些由于宗教信仰而不能支付利息的购房者，他只需要打开办公桌抽屉，找到放在最里面的一沓文件夹，然后拿出专门为其准备的合同即可。

从银行的角度来看，这份合同中的分期付款条件与其他标准抵押贷款合同完全一样。而从购房者的角度来看，这份文件中没有出现"利息"一词，只是一份定期支付一定价格、分期付款购买房屋的合同。因此，它符合宗教教义的要求。事实上，即使在那些从技术角度讲不支付利息的地方，人们也一直在使用替代语言签订带有利息约定的合同，这样的合同已经存在了几个世纪。

下面我想谈谈人寿保险及其在19世纪的演变，这是第二个曾经不被社会接受，但现在已经获得普遍接受的交易例子。我想强调，我在此借鉴了普林斯顿大学经济社会学家维维安娜·泽利泽（Viviana Zelizer）的研究成果。在18世纪末，如果一家之主去世，其后事主要由邻居和朋友负责。他们必须想办法处理安葬死者以及扶持寡妇和孤儿等一系列问题。虽然社区里会设立一些丧亲互助会，但从某种意义上说，死亡从根本上来说是一个私人和社区内部的问题。

到了19世纪初，人寿保险开始进入人们的视野。死亡已经开始成为需要雇用葬礼承办人处理的事情。人们需要花钱买棺木，然后将死者埋在一个特定的地方，比如墓地。照顾寡妇和孤儿已经成为一门生意。这一切涉及了经济上的互动。真正的转变逐渐发生。死亡曾一直被认为是一种非市场事件，从那时候起，它开始逐渐进入市场。19世纪初，人们会购买各式各样的保险，比如购买火灾险和海事保险，与新成立的银行以及储蓄和贷款机构打交道。立法机关通过法律，允许开设人寿保险公司。各州根据这些法律向公司颁发了许可证，不过人们就是不去购买人寿保险。

到了19世纪40年代，美国仍然几乎没有售出任何人寿保险。但到了19世纪70年代，人寿保险已经普及。那么，这30年间到底发生了什么？在一开始，社会主流观点是，买人寿保险是对生命的赌博：首先，你要为你的生命设定一个价格，然后针对自己的死亡下赌注——只有你死了，你才能赢得这场赌博。当然，你的亲属会得到一张大额支票，但这被视为在赌博中赢钱，并不被社会所认可。当时的人们认为，人寿保险把人变成了一件商品，把死亡变成了一种商业交易。

当时社会上还有一种流行的信仰，认为照顾寡妇和孤儿是上帝的责任，而人寿保险在某种程度上将自己置于上帝之上。有些人相信，如果为自己的生命投保，那么会死得更早，因为投保人正在以某种方式诱惑死神或是令上帝不悦。那时，为家人存钱无疑是一种明智和谨慎的想法，但购买人寿保险则被视为是和上帝赌博，因此努力销售人寿保险的营销公司决定将其包装成一种利他和自我牺牲的"礼物"，并开始以几乎"准宗教"的方式销售人寿保险。人寿保险是保护人的盾牌。它是一种安慰，几乎就像是一种宗教安慰。

一则1860年前后的人寿保险广告称："它（指人寿保险）可以减轻失去亲人的痛苦，振奋寡妇的心，擦干孤儿的眼泪。是的，它将使人们怀念逝者，他已经投入天父和上帝的怀抱之中。"著名公理会传教士亨利·沃德·比彻（Henry Ward Beecher）牧师在1870年曾说道："曾经一度，人们会问：基督徒可以合法地寻求人寿保障吗？"（在这里他谈论的是人寿保险。）他指出："那样的日子已经成为过去。现在的问题是：基督徒可以合理地忽视这个责任吗？"

人寿保险实际上成为一种面对死亡的恰当方式。社会学家有时会在不同文化中谈论什么是"好的死亡"。到了1870年，"好的死亡"意味着逝者给家人留下了一份人寿保险。这已经成为人们生活的一部分。人寿保险不再被认为会惹怒神灵并导致早逝，而是被宣传为一种死后的永生。它可以在一个人去世之后继续帮助和支持家人，甚至让其在死后依然是一家之主。一时间，全美各地出现了大量人寿保险的个人直销，销售人寿保险的过程中常常夹杂着宗教和教会情结。

有趣的是，人寿保险本身也被半神圣化。它成为一个人关心家人的一种方式：当有人去世时，它会帮助生者面对悲伤。设想一下：如果你听说一个人去世，并留下了孤儿寡母，而他在去世前几个月，没能支付自己的人寿保险金，你会怎么想？显然，我们已经将这视作这个人的某种义务。与死亡相关的其他经济交易同样可能面临这样复杂的情绪，人们在面对这些事情时，并不喜欢市场力量的过度介入。很多人不会和殡仪馆就棺材、殡葬服务等讨价还价。他们在那时也不会货比三家。

近年来，关于一个人是否可以跨州购买棺材，或是否可以通过互联网购买棺材等问题的诉讼层出不穷，政府也不断出台监管规定。目前，人们对所谓寿险保单贴现也存在一些争议。寿险保单贴现是指第三方市场或基金从老年人或绝症患者手中购买人寿保险保单，这样被保险人在活着时可以立即获得一笔钱，而当他们去世时，购买保单的公司则会从他们的寿险中得到回报。反对寿险保单贴现的论点是，销售人寿保险的公司没有问题，因为只要被保险人活着，这些公司就会赚钱，但购买寿险保单贴现的公司只有在被保险人去世时才会赚钱，所以这些公司是从死亡中获利，这在某种程度上是错误的。

这听起来可能很合理，但如果仔细审视这个论点，我不确定它是否还站得住脚。毕竟，如果你购买了企业年金，那么在你退休后，它每年都会支付你一定数额的钱，直到你去世。如果你不幸早逝，年金公司也会受益，但是并没有人强烈反对企业年金产品利用死亡获利的行为。

我们都是自己所处时代的产物。现在，已经鲜有人对支付利息感到愤怒，也鲜有人对人寿保险感到愤怒。下面让我们尝试探讨一个更接近我们目前这个时代的例子。让我们思考一下生育市场。

在过去的几十年里，各种与生育相关之物的市场已经逐渐出现，例如人类精子和卵子，体外受精，甚至代孕母亲的市场。在世界范围内，有大约10%的夫妇因为这样或那样的原因不能生育。在20世纪60年代到70年代的十几年间，一位名叫罗伯特·爱德华兹（Robert Edwards）的科学家和几位同事一直在努力解决人类的不育问题。1978年7月25日，路易丝·布朗（Louise Brown）出生了，她是世界上第一个通过体外受精诞生的试管婴儿。

路易丝的父母是一对普通工人。他们已经结婚10年，想要生儿育女。但是由于妻子的输卵管堵塞，生孩子对他们来说几乎是不可能的。最终，罗伯特·爱德华兹在2010年10月获得了诺贝尔生理学或医学奖，那时，已经大约有400万个体外受精的试管婴儿出生。人们很容易忘记20世纪70年代末关于体外受精的社会争论。

一位著名新教伦理思想家曾经说道："人类不应该扮演上帝的角色。"天主教会曾表示："从道德的角度来看，如果生育不是婚姻行为的结果，也就是说，不是配偶'结合'的具体行为的结果，那么生育就被剥夺了其本应具有的完美。"在我看来，这段啰里啰唆的话的主旨是，在天主教教义下，体外受精是不对的。一些女性主义团体欢迎体外受精，认为这给了女性更大的选择自由。其他一些女性主义团体则认为，这是男性和大企业的阴谋，而这种论断是基于这样一个假设：女人只有能怀孕生子才会感到幸福。

围绕这个问题曾进行过各种各样的调查、质询和研究。很长一段时间以来，试管婴儿问题一直存在争议，但现在，从技术角度讲，这已经是可行的。体外受精已经可以实现，而且有大量面临生育问题的夫妻有兴趣尝试这种技术。通过体外受精怀孕的总成本约为10 000美元。在一些州，保险可以覆盖这笔费用，在另一些州则不行。10 000美元不是一笔小钱，但拥有孩子是一件幸福的好事，只需要花费相当于一辆不错的二手车的价格。

体外受精的一些必要条件可以由准父母本人提供，但这些条件的市场同样也出现了：特别是精子、卵子和激素。20世纪70年代，商业营利性精子库便已经出现。事实上，第一家精子库就设在了我的家乡明尼苏达州。他们经常大肆宣传捐精者的个人情况，强调这些人的性格有多好，身体有多健康，有多聪明和出色，以此来推广他们的"产品"。不过，这些精子库通常不会向潜在用户透露捐精者的名字。

大公司不断研发促进生育的药物。但直到20世纪90年代，人类卵子市场才开始出现。最初，体外受精针对的是女性可以产生卵子，但由于某种原因，这些卵子无法进入子宫受精的情况。人类卵子市场最初主要依靠捐献。但女性逐渐开始通过捐献卵子获得报酬，毕竟，捐献卵子比捐献精子困难得多。捐献者通常需要接受大约3周的激素注射，并多次前往医院检查，然后用小探针取出卵子。到2000年代中期，根据国家和地区情况的不同，人们可能需要支付5000美元的费用，有时甚至会更多，才能得到健康的人类卵子。

事实上，这个领域一直存在争议，有人称这些价格过分依赖专业标准和指导方针，认为这压低了捐卵女性应得的报酬，毕竟捐卵是一个漫长而令人不适的过程。此后，卵子、精子加上激素，在生育中心完成体外受精，这些生育中心部分是独立的机构，部分设在医院中。接下来的问题是，是否必须在试管内完成受精？我们能否将精子、卵子和激素植入代孕母亲的体内？

在美国，1985年的"婴儿M"案（Baby M）成为一个具有开创性的案例。在这个案件中，比尔和贝琪·斯特恩夫妇想要一个孩子。但他们发现，贝琪患有多发性硬化症，如果她怀孕将面临极大的健康风险。于是，他们与一位名叫玛丽·贝丝·怀特黑德的女性签订了合同，后者使用自己的卵子，通过人工授精方式与比尔·斯特恩的精子结合，孕育了一个孩子。这个代称为M的婴儿出生四天后，生母怀特黑德声称："我只签字同意提供卵子，并没有同意放弃这个女婴。"她威胁要留下孩子，并称如果有必要，她会带走这个孩子并离开这个国家。

这个案件引发了长达数月的法庭诉讼和广泛的媒体报道，最终法院判决支持合同有效，要求怀特黑德将孩子交给斯特恩夫妇。换言之，这份代孕合同受到了法律的保护。代孕已经存在很长时间。例如，在《圣经》的《创世记》篇中，雷切尔就让自己的丈夫去找女仆并使她怀孕，从而使雷切尔可以抚养孩子。现在已经很难回想起这一切在20世纪80年代曾经引发多么大的争议。各种说法甚嚣尘上，比如女性的身体被视为商品，妇女被当作繁殖机器对待，将出现生殖超市，等等。

很明显，人们可以把体外受精技术和代孕母亲结合起来，这样，一对夫妇就可以将他们的卵子和精子通过试管受精，并让另一个女人完成怀孕过程。这使得交易发生了质的改变。代孕妈妈已经不再必须使用自己的卵子。现在，她只需要保持健康即可。此外，在某种程度上，代孕妈妈可能不再会感觉孕育的是自己的孩子，因为她的卵子没有参与这个过程。

目前，代孕市场已走向国际。一个美国人或欧洲人可以雇用菲律宾、印度、波兰和其他国家的代孕妈妈。这又引发了一个极具争议性的话题，并催生了"婴儿养殖"或"国际贩卖妇女"等术语。不过对我而言，至少我很难理解，如果在美国代孕是被允许的，那为什么墨西哥、印度或世界其他地方的代孕妈妈就有问题了？

在全球范围内，共有数十万人参与了上述这些不同的市场，它们可以被统称为生育市场。这个大市场的规模巨大，高达数十亿美元，甚至数百亿美元。下一步又会出现什么技术？有没有可能出现胚胎领养？对于冷冻或不需要的胚胎，是否会出现使用某种涉及基因操纵的技术？

经济学家黛博拉·斯帕（Debora Spar）目前担任巴纳德学院的校长，她是对婴儿市场研究得最深入的人之一。她写道："我们存在对孩子的需求，也存在孩子的供给，以及越来越多将需求和供给结合在一起的中介机构。在这种情况下，我们基本上面临着两个选择：我们可以对生育行业感到痛惜，并强制其消亡；或者，我们可以接受已经出现的市场，并努力让它变得更好。"

因此，她呼吁努力厘清一系列问题，包括：如何使合同更加明确，如何使所有权更加明确以确保人身安全以及良好的待遇，如何处理国际条约，以及诸如此类的其他问题。

坦白讲，我支持利率，支持人寿保险，也支持体外受精技术。我承认我对代孕心存疑虑，但最终，我无疑可以想象出所有参与者都掌握充分信息并获得合理补偿的情况，而在这种情况下，我很难理解这到底与我有什么关系，正如在全球经济生活中，我会坐视有些人从事困难或危险的工作一样。不过，我心知肚明的是，这份我赞成和反对的清单并不是固定的，因为它基本上表明了我是自己所处时代的产物。我支持那些早已确立为市场领域组成部分的事物。我对新生事物感到不安，但会在某种程度上接受它们。同时我犹豫不决，不知道是否应进一步推进它们。

在这些情况下，进行经济分析可能会演变成给自己出难题：你对经济交易有独立的道德判断吗？抑或你只是时代的产物？存在即合理，不存在的则可能不那么好。我当然不认为一切都应该成为经济交易。我反对奴隶制，甚至反对自己卖身为奴的行为。我反对买卖选票。以此类推，我也反对签订合同，出卖自己未来在某个问题上的言论自

第二讲｜生育市场　　029

由权。我不反对以某种方式禁止或管制某些武器，不反对以某种方式禁止或管制某些药物，尽管对于界线应划在哪里，以及对于越界行为的适当法律处罚是什么，显然还存在许多合理的分歧。

我想表明的是，我们面对许多处于中间地带的案例，的确很难对其做出决断。在下一讲中，我想讨论一些越界的案例，即目前尚不属于被接受的市场交易，或是极具争议的市场交易。我想论证，我们有充分的理由允许至少其中一些交易合法化。

重要术语　　**利息**（*interesse*）

源自中世纪的一个词语，最初的意思是针对逾期付款收取的费用，但后来演变成现代的"利息"（interest）一词。

高利贷法（usury law）

限制一笔贷款可收取的利率的法律，在极端情况下，此类法律可能禁止以收取利息为目的提供贷款的行为。

思考问题　　1. 如果你能采取行动，你是否会使本讲中所列举的任何一个从场外交易转为场内交易的例子恢复原样？

2. 你是否认为代孕市场会导致父母身份发生根本性的改变？或者这种恐惧（或希望）可能被夸大，尽管有新技术，但在未来几年乃至几十年里，父母身份不会发生巨大变化？

第三讲
肾脏交易

很多人，其中也包括很多医生，都认为肾脏交易市场令人厌恶，不能允许其存在。不过，至少也有部分医生和许多经济学家认为，如果组织和监管得当，这样的市场可以成为一种合理的途径，促进肾脏捐献行为并因此而挽救生命。除此之外，还有其他一些市场也不为社会所接受，并引发了大量讨论，这些市场包括其他人体器官的交易市场、供人类食用的马肉交易市场以及"投掷侏儒"（dwarf tossing）[1]的市场。

---

[1] 投掷侏儒是一项起源于澳大利亚、盛行于酒吧的活动，后来逐渐演变为一项职业的娱乐活动或体育活动。侏儒们为谋生计，自愿作为体格健壮者的投掷对象。侏儒们穿戴特定的防护服（该服装背部设有一个固定把手以供投掷者抓举，在抛出方向的通道上装有气垫保护被投掷者，避免其受伤），供投掷者抓举抛出，投掷者们通过比较投掷距离决定胜负，而侏儒们则会因作为投掷对象而获得高昂报酬。——译者注

如果你有一位亲戚需要肾脏，你愿意捐献吗？如果一个陌生人需要肾脏，你愿意捐献吗？如果一个陌生人需要肾脏，而有人愿意付钱让你捐献肾脏，与上个问题中的情况相比，此时你会更愿意捐献吗？许多经济学家认为，花钱购买肾脏是一种合理的做法，可以确保所有需要肾脏的人都有足够的肾脏可供移植。

甚至相当多医生和医疗行业的专业人士也同意这种观点，尽管医生们可能不会如此直言不讳。在本讲中，我想一步一步地阐明，为什么建立一个肾脏交易市场，买卖可供移植的肾脏可能有其合理性。当然，你不必同意这个结论，但无论如何，我希望你能感觉这种观点值得思考。

首先说点儿有用的知识，我们先来快速回顾一下肾脏的功能，以及它为什么对人的健康至关重要。我不是医务人员，所以我认为有必要先向我自己以及其他人解释一下相关知识。肾脏会过滤血液，清除血液中的废物和毒素。肾脏能平衡人体的水、电解质及矿物质（比如钠和钾）。如果一个人正在努力锻炼，肾脏会保留更多的水分，并帮助身体进行调节。肾脏还能帮助控制血压，并促进人体产生红细胞。

你肯定听说过肾病。血液通过所谓的肾动脉和肾静脉流入和流出肾脏。肾脏可能会因各种原因受到损伤。人们会患上各种各样的和肾脏有关的疾病,糖尿病和某些类型的感染、肾癌,甚至长期高血压都会损伤肾脏。你可以想象,以极大的力量推动血液进出肾脏,一段时间后,肾脏会受到损伤。

如果一个人的肾脏功能逐步衰竭,则他会面临严重的健康问题。他会开始感到虚弱、嗜睡和呼吸急促。如果一个人的肾脏彻底丧失了功能,那么废物和毒素会在他的血液中堆积。他的血压也可能会失控。这会导致各种健康问题。严重者可出现心脏病发作、昏迷,甚至死亡。

如果一个人的肾脏出现了问题,在轻微的情况下,它仍能部分工作,此时可以通过饮食或药物在一定程度上缓解肾脏疾病的症状。比如他可以少吃盐,控制高血压,也可以在很大程度上控制自身的糖尿病。但是,如果一个人患上了严重的肾病,那么只有两种解决办法。方法之一是透析。所谓透析,就是将患者连接到一台机器上,让其血液通过机器过滤,这个机器就好比一个人工肾脏。

透析治疗通常需要每周进行3次,每次持续几个小时,因此需要投入大量的时间和精力。整个过程确实让人筋疲力尽。在美国,透析治疗每年的常规花费大约4万美元。至少在我看来,透析是一个医学奇迹。这是一项了不起的发明,能够维持患者的生命。不过,它并不是一个完美的奇迹。对于许多患者来说,肾脏移植能够提供比透析更好的生活质量,并且长期而言,接受肾脏移植的患者的预期寿命也会更长。

事实上,从长期角度来看,肾脏移植的费用会比年复一年地接受透析的费用更低。此外,如果患者想要做肾脏移植,那么越早越好,因为许多病人的身体状况会因透析逐渐而缓慢地恶化。事实上,患者在接受肾脏移植前透析的时间越长,所移植的肾脏的寿命就会越短。

下面引出我们讨论的问题,首先看一看在肾脏移植中是否存在肾源严重短缺的问题。美国政府有一份官方的等待肾脏移植人员名单。1990年，该名单上约有1.7万人。到2008年，这份等待肾脏移植人员名单上已经有7.5万人。名单增长的部分原因是随着时间的推移，手术技术日益精进，所以很自然地，有更多的患者适合接受肾脏移植或能够通过肾脏移植存活下来。不过，肾源不足也是事实，并导致随着时间的推移，患者等待的时间越来越长。

由于名单上的患者找到匹配肾脏的难易程度不同，其等待的时间差异很大。如果患者的亲属愿意为其捐献肾脏，那其只需要等待几个月的时间。但是，如果因为种种问题而很难找到匹配的肾脏，那么可能最终要等待几年。总体而言，在2005年，等待名单上大约1/4的人会等待超过3年才能够进行肾脏移植。事实上，如果有更多可供移植的肾脏，那么等待名单可能会更长。很多患者根本无法被列入名单，因为医生知道他们永远也熬不到等待名单的前列。

在等待肾脏移植的人中，许多患有严重的肾病，只能通过透析来维持生命。在这里，我想和你们分享一个深深震撼了我的数字，这个数字大致反映了我们目前所讨论的健康问题的严重程度。每年在美国，大约有4500人在等待肾脏移植的期间死亡。

为什么我们不能试着通过增加肾脏捐献数量来解决肾源短缺的问题呢？事实上，我们已经开展了很多面向公众的宣传活动，投放了很多告知承诺，做了很多呼吁"签署捐献卡"之类的公益电视广告。然而，尽管做出了这些努力，可供移植的肾脏仍然不够用，患者等待的时间越来越长。任何有组织的自愿捐献机制都天然存在一些限制。比如从遗体上摘取的肾脏通常只能保存2~3天。而要在这段时间内使得这个肾脏可以移植，需要完成血液配型和组织配型。此外，还需要捐献者健康状况良好、没有受到感染，因此捐献者通常可能是事故受害者或中风患者。

据估计，美国每年死亡的人中最多有大约1.5万人适合捐献肾脏供移植。但在这些人中，许多人并没有同意捐献器官，或由于某种原因在死后无法捐献器官。曾有人提出一个增加器官移植率的提议，即改变对器官捐献意愿的默认假设。美国现行法律规定，如果一个人没有签署捐献卡，或是没有在驾驶证上勾选器官捐献选项（或是按照居住州的规定，明确自己的器官捐献意愿），那这个人就不能捐献器官。

那么，如果不是规定一个人必须签署捐献卡，而是默认每个人都愿意捐献器官，除非这个人已经明确表示不想这样做，会怎么样？换言之，这个建议就是将默认选项设定为捐献而非不捐献，或者，除非在某个人死后其家人反对捐献，否则即默认同意捐献。包括西班牙在内的一些国家已经尝试过这种做法，而这似乎确实增加了可供移植的肾脏数量。这种改变虽然可能会带来不同，但也带来了一个全新的麻烦。可能有些人本来不想捐献器官，但在这种假定的捐献计划下，他们在去世后最终捐献了器官。

还有一个风险是，愿意捐献器官的人将不再费心签署捐献卡，因为他们默认了自己同意在去世后捐献器官，但最终他们的亲属可能会表示并不确定，因为其亲属不知道死者的意愿到底是什么，是不是也许他们并不想捐献器官。可以想象，这种制度会带来各种各样的困难。

从遗体上取肾的最后一个问题是，捐献者已经死亡。当然，这对捐献者来说不是问题，但对接受者来说却是问题。接受一个健康活人捐献的肾脏更有利于接受者的健康。如果捐献者是活人，那么移植的时间就可以事先确定，而不是进行一个紧急手术，必须在短短 2 天或 3 天内完成。也不必担心肾脏的运输和储存问题，整个过程安排起来要容易得多。

目前，活体移植（即来自活体捐献者的移植）约占所有肾脏捐献的一半。其中大约 4/5 的捐献来自患者的亲属（父母、子女、兄弟姐妹）。但是，老天！美国每年有 4500 人在等待肾脏移植期间死亡：如果能有更多肾脏捐献无疑更好。还有另一个解决方案，被称作"新英格兰肾脏交换计划"（New England Program for Kidney Exchange）。这项计划的思路是：假设我有一个肾脏捐献者，但其肾脏与我不匹配，你也有一个肾脏捐献者，但你的捐献者与你也不匹配，那么，也许你的捐献者可以将肾捐献给我，而我的捐献者可以将肾捐献给你。我们是否可以设法进行协调呢？有一点也许并不会令人惊讶，那就是这个协调不同捐献者的机制是由经济学家设计的。

设计这个机制的团队的领导者之一是哈佛大学经济学教授埃尔文·罗斯（Alvin Roth），他擅长思考如何解决非标准情况下的交换和资源分配问题。例如，罗斯曾研究过下面的问题：当一个城市通过抽签决定申请入学的学童是否能够进入某些公立学校时，这种抽签应该如何进行？当医学院将其研究生与住院医师项目进行匹配时，该匹配项目应该如何运行？

将甲的捐献者与乙匹配，同时将乙的捐献者与甲匹配，这当然是一个好想法。但是，这种做法总体上能够涉及的人数并不多，不足以减少等待名单的长度或是死亡人数。截至 2011 年，这个项目只促成了不到 100 例匹配。

那么，为移植所用的肾脏付费又会如何？对于经济学家来说，这其实是一个非常直截了当的方案。如果需要更多的肾脏，那为什么不花钱购买呢？事实上，早在 1984 年，就有一位医生宣布了一项计划，表示将成立一家公司，从捐献者那里购买肾脏并将其出售给需要移植的患者。这在当时引起了轩然大波，并导致国会通过了《1984 年国家器官移植法案》（National Organ Transplant Act of 1984）。引用该法律的条款，"故意获取、接受或以其他方式转让任何人体器官用于人体移植，以换取有价值的报酬"是违法行为。这项法律确实允许受捐方承担肾脏捐献者的相关费用，为人们提供了有限的支付空间，但这个空间并不大。

如果真的存在肾脏交易市场，它会是什么样子？会如何运作？几年前，在我担任编辑的经济学期刊上，诺贝尔经济学奖得主加

第三讲｜肾脏交易　039

里·贝克尔与他人合著了一篇文章。他们通过大量计算得出结论，支付肾脏费用可以减少积压的等待捐献者，从而每年挽救4500条生命，大大减轻成千上万患者的痛苦和疾病。为了计算肾脏的可能供给量，贝克尔的基本做法是计算肾脏捐献的成本，即所需的时间、导致的不便、工资的损失，再加上对风险和痛苦的一些补偿。显然，这虽然只是一个衡量实际上需要支付多少钱来购买肾脏用于移植的粗略计算，但具有说明性。

在贝克尔撰写这篇文章的时候，一例肾脏移植手术的费用约为16万美元。他计算出，向捐献者支付费用可能会使肾脏移植的总费用增加15%左右。当然，没有人会被强制要求捐献肾脏。整个想法完全基于市场考虑。你如果不想出售肾脏，那就不必出售。就像在任何市场一样，肾脏的售价也会大致趋同。如果有人试图收取更高的价格，就没有人愿意付钱购买。当然，也许某些肾脏，尤其是来自健康状况特别好的人的肾脏，会以略高一点的价格出售。

通常情况下，保险公司可能会成为最终的买家，因为让投保人拥有健康的肾脏并更长寿，显然比长期应对各种健康问题（比如糖尿病或其他肾病）更好。虽然肾脏移植的费用不低，但这笔费用在4~5年之内就可通过节省的医疗费用收回。如果人们可以购买肾脏，那么就不需要花费巨资持续鼓励人们捐献肾脏。患者只需要购买所需的肾脏即可，而不必安排复杂的肾脏交换计划，或者至少不会像原来可能需要的那样频繁地安排类似的计划。

这个提议显然会引发争议。这些争议涉及很多不同方面，让我们试着——加以分析。第一个问题是，这对捐献者来说是安全的吗？在此需要记住的是，在经济社会中，人们可能会通过从事有风险的工作获得报酬，例如从事采矿等危险职业。正如我们前面讲过的，在美国，女性通常可以通过代孕获得报酬。我在研究这个问题时发现非常有趣的一点，那就是健康人捐献一个肾脏所面临的死亡风险低于妊娠并发症所引发的死亡风险。事实上，捐献肾脏给普通人的生命带来的风险与在建筑行业工作或驾驶货车的风险大致相同。很多人每天在工作中承担着同等风险。

对这一提议的另一个担心是，更多穷人会因为金钱的诱惑而去卖肾。同样令人担心的还有由此引发的种族问题。美国的穷人往往是少数族裔，因此可以想象，非裔美国人、西班牙裔美国人和一些亚裔群体会比其他人更容易加入卖肾大军。这是一个现实问题，也真实存在，但对这个问题应该一分为二地看待，毕竟肾病患者中的大多数也是穷人和少数族裔人口。等待肾脏捐献的人中，近一半是黑人或西班牙裔。因此，这项计划也会令这些群体受益更多。

至少对于一位经济学家来说，上面的反对论点颇有一点奇怪，因为究其根本，它是在说某件事之所以不好，主要是因为它涉及付钱给穷人。我想说的是，穷人总是更愿意因为钱而从事某些工作或承担某些风险，如果有更多钱，他们也许不会愿意做这些事。如果穷人可以选择以1.5万美元、2万美元或2.5万美元的价格出售自己的肾脏会被质疑，那医生、医院和其他人从肾脏移植手术中赚钱就是公平的吗？为什么只有提供肾脏的人必须是出于某种纯粹的利他主义而捐献，与任何金钱激励无关？

会不会有人被迫捐献肾脏？好吧，这很有可能。我的意思是，人们确实会被迫做各种可能非常丑陋的事情。不过，至少在捐肾这件事上，你需要是一个健康的人，既不是病人，也不是吸毒者或酗酒者。捐献者当然需要经历问询和一段等待期，而且只能由有执照的专业人士在医疗环境中完成。这种压力与在其他各种环境中的许多人所面临的压力相比要小得多。

一些反对买卖肾脏的人会从哲学、道德和文化方面发出长篇大论，其中经常会闪现很多有趣的观点和洞见。不过我认为，许多哲学和道德方面的争论，归根结底，基本上是以一种非常复杂的方式来表达自己的厌恶感。我承认，我感受到了这种"厌恶感"。你可能从心底里深深认同人们不应该出卖自己肾脏的观点，我不想淡化这种感情，但经济学的核心就是在一个资源稀缺的世界里直面权衡取舍，毫不畏缩。成千上万的人正在遭受痛苦，在美国每年有 4000~5000 人因无法进行肾脏移植手术而死亡，这些人中的一大部分是穷人和少数族裔人士。

除此之外，仅从收入角度来说，那就是另一群健康的人没有机会从出卖肾脏中获得 1.5 万美元、2 万美元或是 2.5 万美元的收入，这与前几种损失相比，显得很小了。这些权衡取舍涉及的数额无疑相当巨大。从根本上说，这场争论至少对许多人来说是一场关于何为对、何为错的内在感受与具体后果的争论。我并不喜欢人体器官买卖。但在这种情况下，与其坐视每年成千上万的人死亡，我会克服自己的这种不适。

事实上，几年前，美国医学会（American Medical Association）曾投票决定是否开展研究，以确定经济激励对遗体器官捐献率的影响。对于美国医学会来说，这代表了一种巨大的变化，也是一件引发巨大争议的事情，尽管他们的做法只表明这种想法值得研究。

最后一个担忧是，花钱购买肾脏可能会使人们不愿签署器官捐献卡或以其他方式参与器官捐献项目。这种担忧实际上有两重含义。一重含义是如果人们知道他们会因此得到报酬，他们可能会认为自己没必要签署器官捐献卡。另一重含义是有些人不想因此获利，他们会觉得拿钱是不对的，因此不希望在这种情况下参与捐献。这种担忧完全是基于推测，其所谓会发生的情况显然并不是真实存在的。我的猜测是，即使捐献肾脏成为一种有偿行为，很多人仍然会像现在一样为自己的亲人捐献。还有很多人仍然会像现在一样签署器官捐献卡，同时会有更多的人愿意进行活体捐献，这将是一件好事。

如果有人对捐献行为收费这件事感到不舒服，那么他们可以将其中一部分钱用来支付那些死后捐献者的葬礼费用,或者可以把钱捐给捐献者选择的慈善机构或其子女的大学基金,又或是用于购买人寿保险。如果我们将这种行为称作有回报的捐献行为,也许人们会觉得更容易接受。前面我已经花了不少篇幅和精力谈论肾脏移植问题,这是因为在我看来,它生动地说明了经常出现的各种问题。

肾脏交易市场与其他许多存在争议的市场还有另一个不同之处,我稍后会谈到这些其他市场。在其他一些情况下,市场缺位也可能阻止买家获得他们想要购买的东西,或是阻止卖家出售他们想要出售的东西,这在很多情况下当然不是好事,而从这个意义上讲,禁止肾脏交易市场更有其特殊之处。由于肾脏交易市场的缺位,每年都有成千上万的患者死去,这是一个事实,你如果想禁止这个市场,那就必须将这一点作为你愿意付出的一种代价。

下面我们谈谈其他一些存在争议的市场,以及到底什么可以被买卖。有些争议涉及了其他器官。例如,肝脏移植面临的许多问题与肾脏移植非常相似。肝脏移植技术可能比肾脏移植落后了十年或二十年。同时你还需要知道一个重要事实,即每个人只有一个肝脏,但是有两个肾脏。尽管如此,活体摘取部分肝脏并将其移植到需要肝脏移植的人身上完全没有问题。目前,在所有肝移植中,只有不到10%的移植肝组织来自活体捐献者,但随着手术技术的提升,这一比例肯定会随着时间的推移而不断上升。

另一个一直被买卖的人体组织也引发了巨大争议,那就是商业化供应的血液。与此相关的许多争议可以追溯到1970年左右,当时一位名叫理查德·M.蒂特马斯的英国社会学家写了一本书,名为《礼物关系:从人血到社会政策》(*The Gift Relationship: From Human Blood to Social Policy*)。蒂特马斯是在英国写成这本书的。他写道,在1970年的英国,献血通常是无偿的,而当时在美国,献血往往是有偿的。然而，当时美国的肝炎和其他血液传播疾病问题远远比英国严重，这些疾病来自有偿献血者。他总结说，将血液商业化是不明智的行为，对人们的健康有害。

显然，我们很难认为，无偿献血是获得稳定血液供应的最佳方法。有时候，我们急需大量的血液，比如在某些自然灾害之后。因此不难想象，在一些贫穷的国家，此时也许付钱给健康的人让他们献血，既可以让他们在受灾后增加收入，也可以在危急时刻增加血液供应。当然，这些有偿提供的血液需要进行检测。与1970年相比，我们现在可以做得更好。也许我们需要一定的法律法规来确保对献血者进行适当的筛查。毕竟，健康的人不会因为献血而受到伤害，对一群20岁出头、身体健康的年轻人提供补偿，从而促使他们更积极地献血，这在我看来是一种双赢的局面。

下面让我们抛开有关身体器官的讨论，再来谈谈其他遭到禁止的交易。其中一个例子是马肉交易。1998年，加利福尼亚州通过了一项法律，规定"不得出售马肉供人食用。任何餐馆、咖啡馆或其他公共餐饮场所不得提供可供人食用的马肉"。让我们明确一点，根据这个法律条款，杀马的行为并不违法，如果不把马肉卖给别人，自己杀马吃肉的行为也不违法。把马运到其他国家，比如墨西哥或某些欧洲国家，在那里它们最终会被杀死并被吃掉，这种行为也是允许的，但是在美国卖马肉给人食用则不行。

我的妻子骑马，我本人也很喜欢马，但我发现很难找到一条清晰的道德底线，证明为什么应该有一项法律阻止某些人做他们想做的事情。在这种情况下，人们的损失并不大。我的意思是，毕竟人们买不到马肉，大概率可以购买其他肉类。这不像肾脏移植那样，会导致成千上万的人死亡。但是，这是一个有趣的例子，它涉及了一种可以买卖，但法律不允许买卖的商品，而禁止买卖这种商品纯粹只是因为这对我们来说似乎不正常。世界上有些地方的人们不吃牛肉或不吃猪肉，当然，这在我看来似乎不可理解，但不吃马肉或狗肉却似乎是合理的。这些遭到禁止的交易值得我们深思，思考它们是真的有意义，抑或它们只是表明了我们只愿意接受我们习以为常的事物，而不能接受不同的事物。

再想一想那些被禁止从事的工作。让我们来思考一个特别奇怪的工作，那就是充当在酒吧里被人投掷的侏儒。1991年，法国政府宣布，作为《欧洲保护人权和基本自由公约》（European Convention for the Protection of Human Rights and Fundamental Freedoms）的一部分，禁止侏儒投掷比赛（即人们比赛能够把侏儒扔多远）。有一位法国侏儒一直从事这份工作，靠着参加此类比赛过着体面的生活。他向联合国提出上诉，要求废除这项禁令。他认为，拥有一份工作是人类尊严的一部分，对他而言，没有什么其他工作能像这份工作一样提供这么高的薪水，同时这毕竟是他自己的选择。这是一种自愿的选择。

2002年，联合国人权事务高级专员办事处（是的，这个官司打到了如此高的级别）维持了禁止投掷侏儒比赛的裁决。但是，在我看来，这似乎确实是一个难以回答的问题。在侏儒本人同意的情况下，在酒吧里付钱给侏儒并投掷他们是可以的吗？我们并不反对人们根据自身身体特征获得报酬（想想模特，再想想运动员）。那么，我们为什么要禁止类似投掷侏儒这样的交易呢？

我们有"背老婆"大赛，即由身材高大的男人背着身材矮小的女人（不一定真是他们的妻子）穿越障碍赛道的比赛，甚至还会举办全国和世界性"背老婆"锦标赛。当然，我要澄清，我对投掷侏儒比赛毫无兴趣，会主动避开任何举行投掷侏儒比赛的地方。但是，你知道，毋庸讳言，我对美国和世界其他地方许多酒吧里的其他很多活动也毫无兴趣，并会主动避开它们。

为什么我们只是因为觉得某些事情应该被禁止便去禁止它们？这一点非常值得我们深思。这是不是表明我们再次屈服于接受习以为常之事，而不能接受不同的事物，或者我们真的通过某种基于成本和收益的经济学思考而得出的充分理由，能够解释为什么应该允许某种交易，而不允许另一种交易？最后，我想再举一个被禁止的交易例子，即垂死之人购买实验性药物的权利，或者使用大麻来减轻疼痛或缓解青光眼症状的权利。为这类禁令辩护的理由经常是，我们需要禁止此类行为，因为病人很容易遭到江湖骗子的欺诈。我的意思是，毕竟他们行将死去，会孤注一掷地抓住任何东西。因此，他们需要受到保护。

有时人们还会认为，出于这种医疗原因或止痛原因使用大麻只是给解禁大麻寻找借口。每个人都会说自己头疼，生病了，有问题，所以要用这种方式自我治疗。毫无疑问，这些论点有一定的说服力，但同样是事实的是，这是社会以政府的形式告诉你，你可以为自己做些什么。死亡是坏事，疼痛是坏事，没有希望地等死也是坏事，而个人值得拥有选择。我们可以思考一下，这种做法表明了怎样的偏见，并思考政府应该做到什么地步来保护人民，而不是让人们保护他们自己，尤其是那些即将死去的人。在我看来，这似乎是值得深思的问题。

上述所有例子都有一个共同之处，即人们对某种产品、某项工作或服务存在真正的需求，同时也有人自愿提供该产品或服务，在这样的情况下，很可能会发生某种交易。与此同时，在所有这些情况下，还存在一些群体在某些情况下代表了更主流的美国公众，他们不愿意世界上存在这样的交易。人们宁愿没有对这些产品的需求，因为这种需求是不对的；人们宁愿没有这些产品的供应，因为供应这些产品的人是不对的，人们希望这样的事情不要出现。

如果你希望像经济学家一样，从更广泛的角度来思考问题，就不能寄希望于供求力量自行消失。你需要认识到，政府并没有一根魔杖。

政府可以提高交易成本，可以把交易推向地下，也可以迫使交易以复杂的方式发生，但不能消灭这些交易。因此，我们需要思考，什么时候值得禁止某些交易，以及禁止这些交易意味着什么。

也许这么说会让我成为经济学家中的异端，不过我并不认为市场就是一切。我认为无论如何，市场都不应该主导一切。但我确实认为，在某些情况下，某些价值观方面的争议，甚至某些普遍存在的社会"厌恶感"可以成为限制或禁止某些交易的适当理由。话虽如此，我们也必须记住，每当禁止一项供需双方你情我愿进行的交易，都意味着禁止了双方可能获得的机会。你需要清楚你为什么要这么做，仅仅因为"这样才公平"或是"这很恶心"是远远不够的。

也许某项交易确实存在弊端和需要权衡、取舍之处，但其他选择可能同样并不是那么美好。更糟糕的是，在实施经济监管的悠久历史中已经有很多例子表明，虽然某些监管方式在当时对人们来说是合理的，但我们事后发现，这些做法并不那么尽如人意。例如，20世纪初，"进步运动"[①]针对最低工资法案提出的主要论点之一是，女性和少数族裔男性移民愿意接受过低的工资。他们的论点是，如果制定了最低工资法令，这些女性和少数族裔人群可能会被彻底挤出劳动力市场。

今天，自诩为进步人士的现代人通常会对这种特别的动机感到震惊。但当年那些进步人士确实是根据他们自己根深蒂固的信念采取行动限制交易的。还有很多监管机构，它们的初衷可能是保护消费者，但最终却确保了电力公司、电话公司、航空公司或其他受监管行业能够赚取高额利润，并排除了可能的竞争。有很多例子表明，政府官员似乎更关心政府承包商是否能拿到大笔支票或政府雇员是否能得到丰

[①] "进步运动"是1900—1917年美国所发生的政治、经济和社会改革运动的统称。——编者注

厚的加薪，而不是纳税人是否能从他们缴纳的税款中获得最大的价值。

在肾脏移植的案例中，肾脏移植手术耗费了大量资金，医疗机构也支付了大量薪水，而只有捐献者需要无偿地捐献器官。在我看来，在许多此类案例中，禁止收钱和交易的法规将控制权交给了某个群体，但却不一定符合那些希望参与交易的人自身的利益。一旦涉及思考什么是正确的、合适的或恰当的，我们便无法逃避这样一个事实：我们都是自己所属文化和所在时代的产物。这并没有错，但以史为鉴，我们必须谦卑地承认，几十年抑或半个世纪后的人们在回顾今天的我们时，会认为我们今天限制某些交易的行为纯属道德感存在缺陷或者是单纯的愚蠢。

思考问题

1. 如果你能够设定适当的条件,你会允许购买人类肾脏用于移植吗?

2. 你能否说出任何一项经济交易,这项交易目前被禁止,但你认为它应该被允许?你认为针对你所持有的立场,最有力的反对论据是什么?

第四讲
交通拥堵——
成本、定价和你

大约有1亿居住在城市地区的美国人经常遭遇交通堵塞。交通堵塞问题为什么会如此顽固？为什么通过发展公共交通或建设更多道路的方式来缓解交通拥堵如此困难？经济学家已经提出了一系列其他方案来缓解交通拥堵，包括多种政策手段，如大幅减少免费停车位，以及在高峰拥堵时段收取道路使用费，后者目前已经在伦敦得到实施。

你是否体会过下面这种沮丧的感觉：你开车上路，正在进入高速公路的匝道上排队，向前看去，可以看到长长一列汽车，满眼都是红色的刹车灯，同时你心知肚明，上了那条高速公路后，就会被堵得一动不动。我一直认为自己是一个相当随和的人，但也得承认，当被困在拥堵的道路上几乎无法移动时，我就好像能听到自己的生命正在一秒一秒地流逝。而当我只能眼睁睁地看着自己正在陷入拥堵之时，这种感觉尤其糟糕。

我其实是一个相对幸运的人，在大多数日子里，能够灵活安排自己的日程，可以在早上或傍晚在家工作几个小时，从而避开交通最繁忙的时段。但有时候，我别无选择，只能一头扎进茫茫车海。我会选择在市区道路上穿行，以避免堵在高速公路上一动不动。当然，我不是唯一这样做的人，所以不确定这样做是否真的更快，但至少会让我感觉到自己在移动。

得克萨斯交通运输研究所（Texas Transportation Institute）每年都会发布一份城市交通报告，其中估算了交通拥堵的成本。需要说明的是，这并不是指人们上下班通勤所花费的总时间，而单纯指堵在路上的时间，或是由于交通非常拥堵而不得不以远远低于限速行驶的时间。

报告中发布的估算结果是几年前的数据，而报告对2009年的估算表明，根据对439个不同城市地区的测算，交通拥堵导致当年美国城市居民的出行时间比正常值多了48亿小时。

如果把人们堵在路上的时间估价为每小时15美元，并且把拥堵中卡车的时间估价为每小时100美元（因为卡车装载货物需要花费大量时间，会产生更高成本），那么最终的拥堵成本将非常高昂。报告计算得出，如果再加上堵车导致多购买的39亿加仑[①]燃油的成本，2009年美国交通拥堵总成本高达大约1150亿美元，比十年前上涨了约1/3。这个估算甚至可能偏低，因为它只测算了货币成本，并没有考虑可能也极其高昂的心理成本。

换句话说，当你被堵在路上时，以每小时15美元来计算你的时间价值可能太低了。事实上，如果不是2007年开始的经济放缓抑制了交通拥堵增加，2009年的拥堵现象可能会更加严重。在后面的章节中，我将谈到用直接方式来衡量幸福感的一些尝试。其中一种方法是让人们填写时间日记，即请人们记录他们在一天中的不同时段会做什么，以及他们体验到的幸福感。这类时间日记表明，我并不孤单，很多人每天遇到的最糟糕的事情就是被困在交通拥堵当中。

下面我要谈论的，估计是一个不那么让人喜欢的经济学分析。当你堵在路上时，你从经济学角度看相当于一个污染者。这个论点的逻辑是这样的：从经济学角度来看，污染了空气或水的人将经济成本强加给了社会中的其他人，而这些成本不是任何市场交易的一部分。当你身处拥堵的道路上时，你也会给更广泛的社会带来成本，特别是，你耽误了排在你后面的所有人。

根据我的经验，人们真的非常讨厌以下面的方式思考这个问题。

[①] 美制1加仑≈3.79升。——编者注

我们喜欢认为，我们都是交通拥堵的受害者，而不是造成拥堵的原因，但更准确的说法是：当你被困在拥堵中时，你身受所有排在你前面的人之害，因为是他们阻止了你快速前行；但与此同时，你也强行给你后面的人增加了成本，因为你阻止了他们快速前行。从这个意义上说，交通拥堵是一个说明了经济学入门课上所讲的负外部性的典型例子。所谓负外部性，是指一方对另一方造成了负面影响，而这些负面影响却得不到补偿。

政府应对负外部性的典型做法是，迫使造成负面影响的一方承担其强加给他人的成本。在污染问题上，这可以通过制定不同类型的法规或颁发相应许可证，又或是通过收取相应费用来实现。所有这些举措的关键是让强加成本的人承担这些成本。好吧，我可能会听到这样的说法：我只有一辆车，并没有造成任何拥堵。现在，虽然你只有一辆车，但换一种想法：假设你的一辆车造成了 4 秒钟的交通延迟，而你将其强加给了道路上排在你后面的 300 辆车。换句话说，你的这一辆车造成了 1200 秒，即 20 分钟的延迟。如果我们将这些受到影响的驾车人的时间价值设定为每小时 15 美元，那么你造成的延误价值为 5 美元。当然，在很多情况下，在你后面堵着的远不止 300 辆车。

因此，你所谓的"我只有一辆车"，这并不是我所说的问题，这种说法有点像造成污染的人说：我不可能是造成大气污染问题的根源，因为我只是一个微小的因素，是一个微不足道的污染排放者，是整个社会中很小的一分子；事实上，我也是污染的受害者，因为我也必须呼吸其他人排放的废气。无疑，我们大多数人都不会接受这样的借口而放任企业排污。同样，我们也不应该接受类似导致交通拥堵的理由。

为什么交通拥堵问题如此难以解决？一位名叫安东尼·唐斯（Anthony Downs）的经济学家开展了一些我认为非常有趣的研究。他强调说，当你看到交通拥堵时，从某种程度上讲你只是看到了冰山的一角。当你看到交通拥堵时，你实际上看到的是那些认为值得堵在车流中的人们，而实际上，他们并不是此时真正想出行的所有人，正是由于交通拥堵，一些人选择了其他方式出行，以避免堵在路上。

唐斯强调，人们面对拥堵的道路还会有另外三种选择。第一种选择是换另一条路线，比如穿越小街巷、穿过街区，或者在拥堵的道路上行驶一小段距离，而不是全程。第二种选择是改变出行的时间，例如提前一两个小时或推迟一两个小时出行，从而避开一些拥堵。第三种选择是更换出行方式，换句话说，不是选择独自开车，而是选择拼车、坐公交车，或者选择远程办公。

如果以这种方式思考交通拥堵问题，你可以想象得出，在没有交通拥堵的情况下，还有大量的人会选择在那个时段开车上路。如果采取措施，使得一些当时在路上的司机在高峰时段离开道路，以减少拥堵，那么那些本不会在此时段出行的人中，又会有一些人选择此时出行。因此，问题的实质不是道路上的汽车数量固定，我们要想办法减少它们，而是要考虑道路上的所有车辆，同时还要考虑一旦交通拥堵缓解的话想要上路的所有其他车辆。这个更广泛的问题，无疑是一个非常难以解决的社会问题。

一旦认识到交通拥堵问题只是冰山一角，以及其背后是哪些人愿意在特定的时间上路行驶，你就能理解为什么许多解决方案实际上只能带来部分和暂时的改变。下面我们来谈谈其中一些已经被提出的解决方案。例如，修建道路，加宽高速公路、再多修建一两条车道。如果增加的车道吸引了更多本来选择其他路线、其他时间或其他出行方式的驾车人回来，那么通过修路缓解交通拥堵的效果不会很大。

根据得克萨斯交通运输研究所的研究，每年需要额外修建大约1.2万英里[①]的高速公路，才能维持现有交通拥堵水平不变。问题同

---

① 1英里≈1.61千米。——编者注

样在于，在修了更多路后，人们会不断地从其他时间段、其他交通方式和其他路线转移回来。此外，设想一下，如果修建多达15条车道的高速公路，以确保在短暂的通勤时间内没有拥堵，然后在一天剩下的时间里，这15条车道全都空置，这将是多么大的浪费。美国的一些城市试图通过修建道路来解决交通拥堵问题，其中一些城市拥有最宽的高速公路和最发达的道路系统，比如纽约市、华盛顿特区、洛杉矶和其他一些城市，它们显然并没有能够通过修建道路成功解决交通拥堵问题。

那大力发展公共交通系统又会如何呢？如果我们能够让公共交通系统运送的乘客每年增加300万左右，就可以将交通拥堵保持在同一水平，而不会恶化太多。当然，要缓解拥堵现象，则需要增加更多的公交乘客运送量。不过，公共交通显然不太可能对缓解交通拥堵发挥太大的作用，只需看一看那些拥有相当好的公共交通系统的城市，比如纽约、波士顿或华盛顿特区，你就会知道这一点。自1960年左右，美国有三个大城市建立了堪称大规模的公共交通系统，分别是华盛顿特区地铁系统、旧金山湾区快速交通系统（BART）[1]和亚特兰大市快速交通系统（MARTA）[2]，但这些城市的交通比以往任何时候都糟糕。

经常发生的情况是，人们会根据地铁网络选择定居地点和出行方式。他们经常搬到地铁沿线之处，然后在通勤时开车出行。很多人曾以为他们会完全依靠公共交通工具，但实际上他们并不那么经常乘坐公共交通工具，从而导致更多汽车在路上行驶。美国人大多生活在低密度居住模式中，在某种程度上，他们的工作模式也很分散。因此，很难有一个公共交通系统将分散地区的所有人聚集起来，并将他们运

---

[1] 旧金山湾区快速交通系统是串起旧金山湾区各城市的快速轨道交通系统，截至2021年共有大约200千米的线路。——译者注

[2] 亚特兰大市快速交通系统是由亚特兰大都市区快速运输局运营的地铁系统，总长约80千米，包含近40个地下、高架和地面车站。——译者注

送到其他分散地区。我们也没有太多资金可用于建设密集的高密度公共交通系统，将城市中某个区域的人们运送到城市中的其他目的地。当然，发达的公共交通系统确实为郊区的通勤者提供了与其他交通工具同样的便利。

那么，通过大幅提高汽油价格解决拥堵问题的可能性有多高呢？如果汽油价格超出人们的承受范围，他们将减少开车。根据估算，总体而言，要想切实改善拥堵状况，必须使得汽油价格保持在高于每加仑4美元的水平。当然，汽油价格在2011年确实超过了每加仑4美元，但我想强调的是，需要使这个价格水平成为常态，并使油价永远保持在这个水平之上。如果这种情况真的发生，我预计随着时间的推移，我们会看到交通拥堵程度的上升幅度变小，甚至可能有所下降。当然，你仍然会遇到同样的问题，即当一些人避开拥堵时段时，其他一些人会从其他路线、其他时段和其他交通方式转入。

还有一个可能的事实需要考虑，那就是2007年底开始的经济放缓抑制了过去几年交通流量的增长。不过，我认为对于多数大城市来说，拥堵问题并没有大幅缓解，只是增长幅度没有人们预期的那么大而已。

还有其他方法可以帮助高速公路更加通畅吗？增设公交专用道和拼车车道，协调交通信号灯，派出清障车上路以便在发生事故时可以迅速将事故车辆移开，安装匝道信号灯，我认为所有这些方法可能都有助于缓解交通拥堵。我并不反对使用这些方法。它们对更有效地使用道路会有帮助，但只能部分解决日益严重的交通拥堵问题。

划分更高密度的区域，鼓励人们在可以提供公共交通和使其真正发挥作用的地区生活和工作怎么样？你可以纸上谈兵地进行规划，如让所有住在某个区域的人都在某处工作，这样人们只需在这两个区域之间通勤即可。

但这并不是很多人真正想要的生活方式。这样的生活方式也许对一些年轻的单身人士、没有孩子的夫妇和退休人员有一定吸引力，但有孩子的美国人（这些人往往是处于黄金工作年龄的人）只要负担得起，通常不想让孩子生长在拥有高密度公寓大楼的大型社区中。事实上，甚至很多单身人士、空巢老人和退休人员似乎也不想过那样的生活。

说了这么多，我并不是想强调我一直在谈论的许多解决办法毫无可取之处。恰恰相反，我认为我们需要继续以一种经济有效的方式实施我前面所讲的那些措施。我认为，有时候我们确实需要修建更多道路，特别是当交通网络存在巨大的瓶颈时更是如此，因为这些堵点几乎在每个工作日都会造成数小时的拥堵。我认为，我们应该大力推广公共交通，尽管我承认自己经常想，如果把投入轨道交通建设的资金都投入到公交车上，再辅以公交专用道，也许会比建设轨道交通系统获得更大的回报。我同样认为，所有更有效的交通管理方式都值得我们认真思考。

根据一些测算，在缓解交通拥堵上，每有效投资1美元，应该能带来5美元或更多的社会福利，包括减少交通时间、汽油消耗和车辆磨损等。当然，这些估计有一个前提条件，那就是需要有效投资。我承认这绝非易事，但我们仍然大有可为。然而，所有这些努力加在一起，让我想起了刘易斯·卡罗尔在《爱丽丝镜中奇遇记》中的名句，爱丽丝在和红皇后跑过田野时，说道："在我们的国度，如果你快速奔跑很长一段时间，就像我们正在做的那样，你通常会到达另一个地方。"

"真是一个慢吞吞的国度！"红皇后回答说，"好吧，在这个国度，你看，你需要拼尽全力地奔跑，才能停留在原地。如果你想去别的地方，速度必须是现在的两倍。"我在这里只是想强调，虽然上面谈到的一切都对改善交通拥堵大有帮助，但如果我们想要去他处，必须以两倍于现在的速度全力奔跑。我们仍然面临着一个根本问题，那就是：困在交通拥堵中的人相当于排污者。他们给其他很多人造成了成本，而自身不必支付这些成本。只要这种情况持续下去，交通拥堵就永远是一个问题。

我们现在是否正在逐步转变做法，让人们通过支付拥堵费直接承担这些成本？伦敦市已经在尝试着这样做。在一个典型的工作日，大约 100 万人会进入伦敦市中心。到 20 世纪 90 年代末，伦敦市中心区域的平均车速仅有每小时 10 英里；到了 21 世纪初，平均车速更是下降到了每小时 8 英里。伦敦市中心地区的开车者平均有 30% 的时间处于堵得一动不动的状态。我想，美国一些城市的通勤者想必也很熟悉这种情况。事实上，有人发现，到 21 世纪初，开车穿过伦敦市中心比 100 年前乘坐马车穿过伦敦市中心还要慢。

伦敦市的公共交通相当发达，拥有公共汽车和地铁。它也是一个方便步行的城市，但它的交通拥堵现象越来越严重。该怎么办呢？于是，伦敦市决定考虑对造成交通拥堵的人直接收费。这有时被称为拥堵收费。几十年来，经济学家一直在讨论收取这种费用的想法。例如，1996 年诺贝尔经济学奖获得者威廉·维克里（William Vickrey）就曾在 20 世纪 50 年代末和 60 年代初撰写过关于交通拥堵收费的文章。

这是又一个典型的例子，即某个理论观点长期以来一直得到认可，但人们通常认为难以将其付诸实践。我的意思是，到底收取多高的费用才合适？制定某一座桥的收费政策不难，但应该如何制定对城市周边所有入口收费的政策呢？这些费用要随着时间变化而上涨或下降吗？要根据不同地点变化吗？费用如何收取？设法在每天早上阻止每一位开车者进城，这对于开车者和政府而言似乎都是一件耗资巨大的事。此外，如何确保这笔费用顺利收取？这样的做法似乎根本不太可能成功施行。

总之，在 2003 年，伦敦城开始实施这种拥堵收费。具体实施方式如下：如果开车进入一个被称为"内伦敦"的区域，你就要付钱。所谓"内伦敦"，是一个被指定的环路包围的区域。如果在工作日的早7点到晚6点半之间进入这个区域，就需要支付一笔费用。需要澄清的是，内伦敦指的并不是整个大伦敦市。事实上，它的占地面积只有大伦敦市的1%。如果你只是一名游客，那么你所知道的伦敦城很可能是其中心地区，包括金融区、议会大厦、主要旅游区、主要娱乐区以及西区，这些都属于内伦敦。

伦敦市政府在这个区域周围划定了一条环线，他们选择了一个已经建成的道路区域，可能稍微扩大了一点。如果你在这条环路上开车，则不需要支付任何费用，但如果你进入区域中，就需要支付费用。我觉得这个办法很有趣，因为可以想到，很多美国城市区域都是以这样或那样的方式被一条环路所包围的。居住在内伦敦区的个人如果开车，可以享受一折的收费优惠，如果他们把车停在了远离主街道的某个地方，他们就根本不需要支付任何费用。此外还有一些不需要付费的例子，比如摩托车、自行车、应急车辆、公共汽车，这些都不需要付费。

在一开始，伦敦市对每辆车每天收取5英镑的拥堵费。2005年，这笔费用涨到了每天8英镑，按1英镑兑换1.5美元的汇率计算，大概折合每天12美元。如果每年在250个工作日进入内伦敦区域，那就要交3000美元的拥堵费。这是一笔不小的费用。伦敦市选择了统一费率，即在收费时间段内按统一的费率支付，而不是变化的费率，这主要是出于简化收费的考虑。这笔钱是怎么收的？他们并没有设立收费站。你可以在零售店或售货亭，通过电话或互联网支付，甚至可以以手机短信形式来缴费。你可以按天、按周或按年预付费用，在付款时只需要输入车辆牌照即可。

摄像头会跟踪进入环路内区域的所有车牌，由软件识别车牌并匹配已经缴费的人。大多数人进出这片区域时都会经过多个摄像头。摄像头检测技术的有效性可能只有85%~90%，如果被抓到未缴费，车主会立即收到通知。这种做法的微妙之处在于，因为你已经提前缴费，所以你不知道自己是否会被抓拍到。你可以赌一把不缴费，并寄希望于能够逃过抓拍，但如果被抓拍后再缴费，罚款金额将是按正常费率计算的6倍以上，如果罚款没有在一个月内支付，则金额会再乘3倍。

这个收费系统在启动和运行过程中出现过一些小问题，例如在识别时难以区分字母O和数字0，以及字母I和数字1，但这些问题最终得到解决。现在最大的问题是，当一辆车被售出后，官方记录没有及时更新，原有车主会继续收到罚款通知。总的来说，这个做法施行后，进入伦敦市中心区域的汽车数量减少了大约三分之一到一半，交通延误现象也大幅减少。实际发生的情况似乎是许多人转换了出行方式，尤其是转而乘坐公共汽车。这是一种良性循环。更多的乘客想要乘坐公共汽车就需要有更多公共汽车，因此公共汽车可以更频繁地运行，去到更多的目的地，这反过来又促使更多人乘坐公共汽车，从而促进公共交通形成一个良性循环。

还有一些人会改变出行时间，有些人每天早上在区域开始收费之前进入，或是在晚上区域收费时段结束之后才离开。从财务角度讲，在设立初期，系统的总体成本高于收入。我想类似系统通常都会存在这样的问题，这是因为系统大大减少了汽车出行量，因而其带来的收入低于预期。不过，随着时间的推移，大部分问题得到解决，同时拥堵收费也带来了合理的额外收入。这些额外收入被专项用于公共交通的建设，其中约80%用于公共汽车。当然，从经济角度看，把所有这些因素累加起来计算略有一点冒险，但你可以想象它在节省时间和避免事故方面带来的价值，如果再考虑设立系统以及收费和罚款等的成本，将这些成本综合考量并进行合理的估算，看起来其收益远远超过了成本。

从政治角度来看，这似乎也是一个胜利。到目前为止，还没有人强烈要求取消拥堵收费，而这其中的政治因素也很有趣。通过该法案的是时任伦敦市长肯·利文斯通（Ken Livingstone），他是一位反传统的人物、一位坚定的左派，是当时英国首相玛格丽特·撒切尔的"眼中钉"。因此，是一位左派在竞选公职时承诺实施拥堵收费。肯·利文斯通以一种有意思的方式使得这项收费变得可信，因为他关于将收取的钱用于公共交通的承诺获得了人们的信任。人们相信，这不只是某种增税或敛财的手段。

针对进入城市的车辆收费似乎是一个不可想象的改变——这种做法根本无法接受，但本书一个持续的主题便是，有很多例子表明，针对某些似乎不可想象的事情，一旦问题变得足够大，潜在的经济压力会导致它们发生。伦敦实际上并不是第一个施行拥堵收费的城市。1975年，新加坡成为首个施行拥堵收费政策的国家，尽管作为一个拥有强大中央政府的小岛国，这被认为是一个证明拥堵收费规则可行的特例。不过，在20世纪80年代和90年代，还出现了其他例子。瑞典的斯德哥尔摩和挪威的卑尔根也开始实施拥堵收费，针对早高峰时段进入市中心的汽车收取一定费用。

美国也有一些城市试行了这种做法。在20世纪90年代，南加州奥兰治县和圣迭戈的几条道路上开始收取可变通行费。在过去几年里，我的家乡明尼阿波利斯周边地区也开始收取可变通行费，根据道路拥堵程度，通行费会有所提高或降低。越来越多的地方开始在周末收取比平日更低的通行费，仔细想想，这其实也可以算是一种拥堵费。

想想这种做法的可能性。毕竟，曼哈顿是一个岛，进出这座岛的交通状况很容易监控。旧金山位于半岛的一端，进出那里同样很容易监控。随着技术越来越成熟，这样做完全可行。车牌识别技术会越来越强。被称作标签与信标系统（tag-and-beacon）的技术正在不断发展，这种技术可通过贴在车窗上的标识记录车辆进出特定区域的情况。越来越多的地方在交通高峰时段收取比周末高的通行费，或是在工作日收取比夜晚和周末更高的停车费，这表明越来越多人接受了在交通拥堵时收取更高的费用是可行的这一想法。我认为总的来说，我们正朝着日益接受这种想法的方向发展。虽然不是马上，也许也不是未来几年，但十年或二十年后肯定如此。

交通拥堵问题符合一个更广泛的理论，即所谓的公地悲剧理论。这个理论得名于一位名叫加勒特·哈丁（Garret Hardin）的生物学教授，他在1968年所写的一篇文章中写到了该理论。这是一个重要的隐喻，哈丁借此推动了自己的分析。他指出，在中世纪时期，有一些被称为"公地"的区域，所有人都可以在那里放牧。公地不归任何人所有，进入公地也不受限制。在很长一段时间内，公地制度运作正常。人们将自己的牲畜带到公地去放牧。但是，随着人口的增加，越来越多的人在公地中放牧，于是一个问题开始出现，即追求个人财富与社会福利之间的冲突。随着人口的增加，公地的质量越来越差，公地因过度放牧而不断退化，土壤和草地遭到破坏，所有人的利益都受到了伤害。

但是在这种情况下，每个人都有动机更多地放牧，因为放牧的所有收益都归本人，而破坏公地的所有代价则会分摊给其他人。解决公地悲剧的办法是制定某种社会规则。你不能单纯制定一条规则，要求每个人都克制自己。这并不能解决问题，因为每个人都可以从追求个人利益的行为中获得收益，而这样做导致的损失却分摊给其他人。例如，一条规则规定了公地的所有权，因此拥有所有权的人有动机不过度放牧。这条规则可以限制公地上的牲畜总数，并以某种方式对放牧总量进行分配。

人们可能会制定某种分配规则：也许每个人都允许放两头牛，一个人可以将他一头或两头牛的放牧权卖给别人。你可以想象这样一种收费制度：每个人都需要支付一定数额的钱才能使用公地，同时设定的收费金额能够确保公地不会被过度使用，由此，一些基于实用和公平、切实可行的解决方案便会浮现。无论如何，必须找到某种方法来限制公地的使用，否则公地资源就会退化，并最终导致每个人都无法使用。

公地会随着时间的推移变得过于拥挤，因而需要某种形式的规则来限制其使用，这种观点已经被广泛接受。它适用于全球经济的各个方面。例如：它适用于全球海洋的过度捕捞，海洋是一种全球性的公地；它适用于全球性大气污染，空气也可以被视为全球性的公共资源。在美国，长期以来，高速公路上免费的路段在一天中的大部分时间里都像公地一样，所有人都可以使用而不用太麻烦，正如以前人们在公地上过度放牧并导致每个人都无法再使用它一样，现在，我们的道路上行驶着太多的车辆。

无论如何，我们都需要思考更多方案来避免交通拥堵。我们需要考虑控制拥堵的方法，并让人们为他们造成的成本支付费用。我们需要考虑拥堵收费。

重要术语　**拥堵收费（congestion pricing）**
在一天中的高峰时段，向进入拥堵区域的车辆收取费用，以此来缓解交通拥堵现象。

负外部性（negative externality）
一方导致另一方发生了实际的成本，但后者并未因此而获得相应补偿。

公地悲剧（tragedy of the commons）
在很多人共同使用公地资源时，每个人都拥有过度使用该资源的动机，因为个人将获得过度使用的全部收益，而过度使用带来的成本则由所有人分担；显然，如果每个人都遵循这种逻辑，那么公地资源就会耗尽，甚至永久损毁。

思考问题　1. 你是否赞成广泛收取拥堵费用？你赞成或反对的原因是什么？

2. 你能否想到任何市场交易，该交易目前不为社会和/或法律所接受，但你本人赞成其被允许？

第五讲
宗教与经济之间的双向联系

在有些国家,大多数国民都信奉同一种宗教,而在其他一些国家,比如美国,则是多种宗教林立。对于经济学家来说,这恰似我们熟悉的垄断与竞争之间的二分法。至少早在1905年马克斯·韦伯所著之《新教伦理与资本主义精神》中,经济学家和其他人就已经开始争论宗教在创造工作、储蓄和信任模式方面所起的作用,而这些模式可以为经济增长奠定更坚实的基础。

经济学怎么会和宗教扯上关系？把两者搅在一起难道不会有一点亵渎神明吗？很多人从心底里认为，宗教和经济学，甚至道德和经济学主要是一种对立的关系。按照这种观点，宗教关乎美德与灵性，经济学则关乎汲汲求财的行为，这些行为再向前一步就是贪婪和堕落。从这个角度来看，宗教应该是逃离经济学的避风港，是一段能够摆脱经济学荼毒的休息时光。不过，有些经济学家非常愿意踏入连天使都不敢涉足的领域。

我保证，我不会试图对亚当·斯密"看不见的手"的理论（即声称人们追逐私利的行为可以造福整个社会）做出某种愚蠢的解读，不会说什么"看不见的手"证明了上帝的存在，或是诸如此类的蠢话。然而，宗教确实是经济学研究的主题之一，这主要是因为下列两个重要原因。一是亚当·斯密曾写过关于宗教的文章，而经济学家们一贯主张，只要是他写过的东西就属于经济学。二是当今的经济学家也在研究经济学和宗教之间的关系，而正如老话所说，所谓经济学，就是经济学家们所做的事。

我想花点时间，对上述两个方面都稍加探讨。我之前已经提到亚当·斯密的名字。斯密写过一本名为《国富论》的伟大专著，这本书出版于1776年，被普遍视作经济学成为一种系统理论思考的开山之作。这本书用大量篇幅讨论了宗教问题。斯密提出了一种担心：如果宗教规模庞大且高度集权，正如他所处的时代以及当今世界上许多国家的情况一样，那么政府将一直担心宗教可能成为其对立面，最终导致两大体制之间发生权力斗争。

另一方面，如果政府赞助或扶持某一种宗教，那么有组织的宗教将变得集权化，成为权力结构的一部分。通过这种方式，政府或许能够阻止有组织的宗教对政府权力构成威胁。这样一来，正如斯密从这个角度讨论的那样，就会引发两个问题。当中央集权化的宗教得到资助，并以这种方式被政府引入时，这种宗教即成为一种垄断，不再有动机去取悦民众。它会变得充满官僚主义，而不是尽力满足信众的需求。规模化的宗教在站稳脚跟后，也会变得不完全可控，并可能在某个时候引发国家政权与宗教之间的冲突，这甚至可能演变成一场争夺主导地位的斗争，在几个世纪前，这可能会引发某种类型的内战。

相反，如果是许多规模较小的宗教团体，那么这些问题就不会存在。去中心化的宗教将试图满足民众的需求。实际上，由于存在某种形式的宗教市场，它们必须通过竞争才能做到这一点。去中心化的宗教最终不会成为强大的社会组织力量，并导致国家政权与宗教之间发生冲突乃至内战。如果说上述所有论述都带有一丝自由市场竞争思想的味道（亚当·斯密正是因此为人所熟知），那绝非巧合。斯密所喜欢的，是草根组织自下而上地争夺人们的忠诚，无论它们是生产某种东西的企业还是宗教组织。

亚当·斯密的理想制度是长老会制度。斯密出身苏格兰，长老会则起源于16世纪苏格兰牧师约翰·诺克斯（John Knox）领导的宗教改革运动。长老会教派的教义强调牧师和官员的民选、广泛分权和地方财产权。斯密非常赞赏长老会的这些教义思想，也乐见这个教派与当时的其他主要宗教派别（如英国国教或天主教）进行竞争。

赞同不同宗教组织展开竞争想法的并非只有亚当·斯密一人。几十年后，在写到与斯密同时期的社会时，托马斯·杰斐逊也对竞争性的小型宗教组织表达了支持。杰斐逊写道，在宗教问题上，"政府的箴言"应该反过来用，即"分裂则存，团结则亡"。正如我们将在本讲中讨论的那样，美国在宗教信仰方面是一个极大的异类。美国参与教会活动的人数和信教人数均远远超出人们对高收入国家的预期。这也许在很大程度上与美国存在的"亚当·斯密式"竞争性宗教市场有关，这个市场没有得到政府的任何直接扶持，因此需要靠吸引社区民众来生存和发展。

现代针对宗教开展的经济学研究呼应了斯密关于宗教间竞争行为的一些观点。在现代经济学研究中，经济学与宗教之间的联系是双向的。也就是说，既可以探讨经济学是否影响人们对宗教活动的参与，也可以研究参与宗教活动如何影响人们的经济行为。第一大类研究关注的是经济发展如何促进或阻碍人们的宗教信仰，以及一个国家的经济和政治发展环境如何影响人们加入不同宗教团体的意愿。例如，一些国家可能有既定的国教或宗教，而另一些国家可能没有，这些因素对人们实际参与有组织的宗教活动会产生什么影响？

此外，我们还要讨论另一种情况，即个人到底需要加入国家组织的主导性宗教，才能积极地从事商业或政府事务，还是不需要这样做也可以？

第二大类研究所关注的是，宗教行为或参与宗教活动会如何改变个人的行为，无论是他们在个人生活中的行为，还是他们对待他人和信任他人的方式。如果宗教确实会改变人们的行为，那么宗教行为显然可能会影响人们的经济行为，甚至可能影响长期经济增长。同样，你可以在亚当·斯密的著作中找到这些观点的根源，我非常喜欢读亚当·斯密的作品，因为他是一位务实且拥有远见卓识的老派道德家，总是能让我开怀大笑。斯密描述了两种不同的道德观，一种是自由或宽松的道德观，另一种是严肃刻板的道德观。

斯密首先描写了他所谓的上流社会人士，他们遵循的是自由或宽松的道德观。斯密写道：

> 在自由或宽松的道德观下，奢侈、放荡甚至无节制的狂欢，以及追求快乐以至于达到某种程度的放纵和不忠（至少对于两性中的一性而言如此），只要它们不伴有严重的猥亵行为，也不涉及谎言或不公，通常会在很大程度上得到宽容，很容易被原谅甚至完全赦免。

而这，就是所谓自由或宽松的道德观。

另一方面，斯密指出，普通人则需要遵循一种不同的道德观，即严肃刻板的道德观。对此，斯密写道：

> 轻浮的恶习总是会毁了普通人，轻率和放荡行为只要持续一周，就往往足以永久性地毁掉一个穷困的工人，并让他陷入绝望，乃至会驱使他犯下最严重的罪行。因此，较为明智和善良的普通民众对此类过度行为始终深恶痛绝，因为他们的经验告诉他们，对于他们这种处境的人来说，此类行为会直接造成致命的后果。

此处想表达的观点是，斯密口中严肃刻板的道德观可以帮助普通人遵循一种工作习惯，而这种习惯可能有助于他们在生活中取得更大的成功，那就是谨慎、储蓄、负责任和勤勉工作。在听到这句话时，很多人的脑海中可能会浮现一个流行的术语，即"新教伦理"，这个术语出自社会学家马克斯·韦伯在1905年出版的一本书，名为《新教伦理与资本主义精神》。正如我们稍后将要讨论的那样，韦伯在

1905 年提出的这一论点在具体细节方面并没有大量的实证支持，但宗教信仰与勤奋工作、储蓄和其他行为之间广泛的精神联系可能以某种方式帮助了资本主义的繁荣和发展。在本讲中，我们将首先讨论经济形势如何影响宗教行为，然后讨论宗教反过来如何影响经济行为。最后，我们将回到关于何为美德、何为罪恶的观念，并提出一些浅见薄识。

在 20 世纪的大部分时间里，社会科学中关于经济发展与宗教间联系的最突出论点是所谓的"世俗化假说"。该假说认为，随着经济的发展，宗教信仰和宗教活动将逐渐消亡。这一假说的支持论据并不十分明确，但许多支持这一观点的人可能会冒着过分简单化的风险，认为宗教是一种迷信，并因此认为随着以科学为基础的现代经济的发展，宗教将会逐渐消亡。然而，无论这种观点背后的动机是什么，我们都可以审视宗教和经济之间存在的实际联系，并观察其是否正确。

两位经济学家，即哈佛大学的罗伯特·巴罗（Robert Barro）和雷切尔·麦克莱里（Rachel McCleary）在这一领域开展了研究。在一项研究中，他们汇总了一个包含 81 个不同国家数据的大型数据集，这个数据集涵盖了诸多方面，包括大量经济数据、大量关于宗教活动参与率和宗教信仰率的调查数据，以及其他内容，例如政治制度类型、政治自由度以及是否有国家支持或资助的国教等。

然后，他们试图使用统计方法来辅助找出因果关系，即在所有这些数据中，哪些数据导致了什么结果。通过对这些数据加以研究，他们发现，当一个国家的人均收入较高时，宗教活动参与率就会较低。他们的研究得出了一个很有说明性的发现，即随着人均 GDP 从大约 8000 美元上升到大约 21 000 美元，每个月参加正式宗教活动的人数从总人口的 41% 下降到总人口的 24%。

有关各个国家宗教参与度与经济规模相匹配的长期数据很难获

得。一位名叫拉里·扬纳科内（Larry Iannaccone）的经济学家在这个领域进行了很多非常有意思的研究。他收集了一组不同来源的数据，这些数据可以追溯到20世纪20年代，从而使人们可以看到30个不同国家民众的宗教参与度。他发现，随着时间的推移，各国民众的宗教参与度总体呈温和下降趋势。不过，他指出，这种总体模式实际上是不同模式的混合。许多西欧国家（如英国、法国和德国）的民众宗教参与度下降幅度非常大，其他一些国家则或多或少保持稳定。

美国是一个例外，并不符合高收入国家民众宗教参与度较低的总体模式。拉里·扬纳科内整理了一组关于美国人长期宗教参与度的有趣事实。例如，他发现美国独立战争时期，教会成员占总人口的17%，到19世纪中叶，这一比例达到了美国总人口的34%，现在这一比例则已超过60%。

从较长时期来看，美国民众的宗教参与率一直在持续增长。扬纳科内的研究还发现，大约40%的美国人每周都会去教堂做礼拜，自20世纪30年代有调查数据以来，这个比例一直保持在同一水平。早期的调查还显示，大约95%的美国人表示，他们相信某种形式的上帝或神灵，并且一直有相当一部分美国人（尽管比例略低）相信存在天堂、地狱和来世以及其他与宗教相关的说法。根据记录，在美国，信仰宗教和参与宗教活动的民众比例与收入水平并没有特别的联系，但事实上，那些受过更多教育的人往往更有可能成为教徒。千真万确，在美国，收入和受教育水平不同的人往往属于非常不同的教派，或是以不同的方式进行宗教活动。因此，在美国，说信教的人主要集中在收入较低或受教育程度较低的人群无疑是不正确的。

在过去的150年里，美国人口中受雇为神职人员的比例大体上保持不变，大约每千人中有1.2人。总体而言，考虑到美国的收入水平，美国人去教堂做礼拜的比例比人们想象的要高得多。正如我在上面曾提到过的巴罗和麦克莱里关于经济收入与宗教活动参与率之间联系的研究称，根据他们的计算，去教堂做礼拜的美国人口比例大致相当于人均收入水平只有美国1/3的国家。

如果我们着眼于未来，又会得出什么结论？尤其是那些经济正在不断发展的发展中国家？其民众的宗教信仰会遵循什么样的模式？目前尚不清楚这些国家是会遵循西欧模式，即随着经济不断增长，宗教的地位逐渐下降，抑或是会遵循美国模式，即宗教一直是一股强大的力量，并随着经济增长而不断增强。诚然，在当今许多中低收入国家中，宗教是一股强大的力量。同样有趣的是，根据2005年的数据，欧洲和北美的基督徒人数仅占世界的35%。世界上大多数基督徒生活在南半球和东亚地区。认为基督教中心是西欧和北美的观点已经不再正确。

事实上，非洲的基督徒数量已经超过了穆斯林的数量。大多数穆斯林居住在北非/中东地区，就整个非洲大陆而言，基督徒的数量更多。有一定证据表明，在东欧等地区，各类宗教都出现了复兴态势。伊斯兰教也已经传播到了其原始地理区域之外。现在的大多数穆斯林并不居住在中东，而是居住在南亚、东亚或北非部分地区。我们很难确定经济发展与宗教的未来走势，但有趣的是，这些未来走势不会由欧洲或美国的情况决定，而是由亚洲和非洲的情况决定。在某种程度上，宗教的未来还由政府对宗教的管理情况所决定。

2009年，皮尤研究中心的一个分会发布了一份关于"全球宗教限制"（Global Restrictions on Religion）的报告。报告指出，世界上几乎70%的人口生活在宗教受到严格限制的国家中。这些限制既包括政府限制，也包括社会限制。这两者并不总是相同的，因为它们并不总是同时发挥作用。例如，在某些国家，政府和社会都限制信奉某个宗教以外的宗教。与此相对，虽然越南等国的政府对某些宗教施以严格限制，但社会对这些宗教的敌意并不大；在尼日利亚和孟加拉国等国，社会针对某些宗教存在很强的敌意，但政府却并未严格地明确限制这些宗教。

或许正如你所预料的，长期来看，存在国家支持的宗教似乎确实与更高的前往教堂做礼拜的比例有关，而这种现象也确实引发了亚当·斯密提出的问题：当政府偏爱某种宗教时，随着时间的推移，这种宗教可能会与普通人所寻求的东西渐渐脱节。它也可能慢慢发展为一种向政府发起挑战的权力结构，从而以某种方式成为总体社会结构中不和谐的一部分。

最后一个将经济发展与宗教联系在一起的问题是，一个人完全可以是教徒但不属于任何教会，也未定期去教堂做礼拜。这或许可以部分解释为什么西欧各国去教堂做礼拜的人数不断下降。可能有些人仍然信教，只不过不再加入教会。美国的一些数据表明，这种情况在美国可能也同样存在。如今，与他们的父辈或祖辈同龄时相比，年轻人加入任何特定教会的人都更少。如果询问年轻人对来世，天堂或地狱，奇迹，对上帝的信仰，以及是否存在绝对的对错标准等问题的看法，他们的回答与前几代人的答案并无不同，但他们中去教堂做礼拜的比例确实比前辈更低。

那么，美国的年轻人是会像他们的欧洲同龄人那样，虽然是信徒但并不加入教会，还是会随着年龄增长结婚生子，随后也会加入教会？如果我们的社会最终变成了虽然多数人相信上帝，但没多少人加入教会的样子，那么你必须想一想，宗教和从前还是同一回事吗？换言之，如果人们不再亲自去教堂做礼拜，那么宗教还会以同样的方式影响他们的生活吗？或者，这种单纯有信仰但并不归属于某个教派的行为只是一种泛泛的向善之心，与积极参与有组织的宗教活动并不一样？

我并不清楚这个问题的答案，但它引出了我们的下一个问题，即信仰宗教之人的实际行为选择将如何影响其生活中的经济行为？当然，我在这里强调的是经济生活,而不是其他类型的行为或内在的精神生活。

把选择是否信教当成一种理性选择来讨论似乎略有一点奇怪。毕竟,从某种程度上讲,宗教信仰与理性颇为不同,但大多数宗教传统都承认其至少涉及一定的个人承诺和决策。多数宗教对于信徒在宗教社区中的活跃程度有着各不相同的规定,因此,有必要探询为什么人们会选择对于宗教做出更大的承诺。例如,我们之所以选择信教,是否单纯是因为担心死后可能面对的恶果?对某些人来说,这也许确实是实情。

教堂曾经一度是公民集会的场所,这种说法是真的吗?一百年前,教堂在某种程度上确实是重要的社交场所。那时还没有电视和广播,人们还不像现在这样长时间住在城市里,所以见面、交谈、听音乐、听演讲,所有这些都是在教堂里发生的。宗教的另一部分是对自己所属的社区投资,回馈自己居住的社区,并通过强化某些习惯在一定程度上使自己在人间受益。如果你遵循所谓的"新教伦理",那么无论你是否是一名新教徒,都会因为遵循辛勤工作、努力储蓄、节俭谨慎、积极融入社区的信条而在经济上受益。

我们再来想一想所谓的新教伦理。马克斯·韦伯在 1905 年提出的观点到底是什么?它始于我们之前讨论过的旧有思维模式。回到中世纪,那时候的人们在社会中拥有固定的角色,并担心自己是否得到了上帝的认可。人们并没有把重点放在用尽一切办法改善自己的经济状况上。韦伯辩称,新教改革改变了这种心态。改革后的宗教强调个人应该勤勉努力、简朴节约,还鼓励冒险,并明确表示个人获取财务收益是可以接受的。

一个典型的例子是约翰·卫斯理的作品,其著作和思想奠定了卫斯理新教分支的基础。卫斯理对他的会众说过一句名言:"尽你所能地获得，尽你所能地节省，尽你所能地给予。"但即使早在1760年，这句话也引发了一些担忧。卫斯理当年曾感到很遗憾，因为他似乎更多地激励了人们遵循这个建议中的前两条，即"尽你所能地获得，尽你所能地节省"，并感觉自己在劝导人们"尽你所能地给予"方面没有取得效果。卫斯理还担心地注意到，随着他的信徒拥有更多的物质财富，他们往往不再那么虔诚，这是我们之前谈到过的世俗化假设的一种表现。

马克斯·韦伯曾在1900年前后撰文，解释了为什么在当时，以新教徒为主的国家（如英国、德国部分地区和美国）与西班牙或爱尔兰等主要信奉天主教的国家相比，经济实力似乎更加强大。然而，现代历史学家对韦伯的论证提出了强烈质疑。例如：现在属于德国莱茵兰的那片地区在当时的经济非常发达，但实际上那里的天主教徒多于新教徒；比利时是最早实现工业化的国家之一，而那里的天主教徒人数同样多于新教徒。

因此，考虑到几个世纪以来不同时期对经济增长的不同估计以及新教出现的确切时间，对于现代经济学家来说，很难证明信奉新教的欧洲各国在几个世纪内的增长速度比以天主教为主的欧洲国家更快。放眼当今世界，如果思考几十年前日本的崛起，以及更近期中国、印度、巴西等新兴经济体的出现，同样很难看出新教与经济发展之间存在联系，因为这些地区也并非新教的堡垒。

从研究论文中，我们很难论证出宗教信仰会促进生产性行为的结论。可以想象，某些人比其他一些人更注重自我提升，所以他们会去教堂做礼拜，会不断深造，会健康饮食和锻炼身体，还会尽量不做傻事，等等。但这并不是说，去教堂做礼拜导致了他们的这些行为，只能说做礼拜是这些行为中的一部分。这里很难厘清其中的因果关系，而研究人员早已认识到这个问题，并一直努力借助各种研究方法来解决它。

例如，有些研究针对因某种原因而在不同社区之间搬迁的青少年，他们在搬到新的社区后开始去教堂做礼拜（或是停止去教堂做礼拜）。此时可以将他们与其他没有搬家的青少年进行比较，并研究在搬迁过程中参与宗教活动与他们的生活改变存在因果关系。研究似乎确实表明，他们生活的某些方面，如身心健康情况、更多双亲健全的家庭、更持久的工作活动，在某种程度上与更多参与宗教活动相关。

但有趣的是，调查结果显示，宗教信仰似乎并未在总体上影响人们对资本主义、市场或政府监管的态度。换句话说，有宗教信仰的人对这些问题的态度各不相同，没有宗教信仰的人也是如此。不过，宗教确实在某种程度上提供了一个有助于经济活动的网络。

我的一个朋友研究中世纪历史，他告诉我，几个世纪前，你可以把你的黄金存入欧洲某个地方的本笃会（即天主教隐修院修会），然后带着该会的信件前往欧洲另一个地方，并可以在那里的本笃会取出等量的黄金，这有点像中世纪欧洲的自动取款机网络。因此，宗教网络可以形成某种信任关系，并以这种方式使经济活动受益。通常，同样信奉某些少数宗教的人知道他们可以相互信任，而这种值得信任的声誉有时还可以传递到教外人士中。我们可以想想世界各地的犹太人社区或摩门教徒社区，那些社区中存在彼此信任的关系。

我妻子是公谊会（Religious Society of Friends），即贵格会（Quakers）的一位成员。她的贵格会教友在谈起他们的祖先（他们在18世纪和19世纪移民到美国）时，有时候会表示："他们来这里是为了做好事，结果他们过得很好。"这部分是因为人们普遍认为贵格会教徒不会欺骗你，于是他们的生意非常兴隆。

在更近一些的现代世界里，对伊斯兰教的研究也得出了类似的观点。如果你处在一个发展中经济体，没有良好的法律体系来解决合同纠纷，而你又想和别人一起参与市场活动，那么你会希望得到一些额外的保证。知道某人是虔诚的穆斯林、基督教徒或其他宗教团体的成员则会提供这些额外的保证，从而有助于经济运转。当然，我并不想在这里夸大宗教在经济生活中的作用。

宗教是一个网络，连接了社会机构、政府、非营利组织、家庭、企业和其他相互影响的组织。长期以来，经济学家一直认为，市场环境中的激励往往比直接来自宗教的激励更重要。一个有名的例子是著名的英国经济学家约翰·斯图尔特·穆勒早在1848年就提出一个悖论，即爱尔兰的工人在国内时，按照穆勒的说法，可以称得上"既懒惰又漫不经心"，但是他们来到美国后，穆勒写道："再没有比他们工作更努力的工人了。"他们为什么会发生这种变化？他们的天主教信仰基本保持不变，但经济制度发生了变化。爱尔兰的经济体制使得他们认为不值得辛勤工作，而美国的经济体制则使得努力工作成为一件值得做的事。

显然，同样的观点也适用于日本、中国、印度、巴西和其他国家的经历，这些国家的人们信仰宗教的情况基本保持不变，但当经济制度发生变化后，人们的经济行为也发生了相当大的变化。似乎确实有一些证据表明，宗教制度可以支持经济活动，特别是在经济发展的早期阶段，合同法等其他制度可能还没有那么完善的时候。但是，所有主要宗教的信徒，以及许多较小宗教的信徒，似乎同样会对经济激励变化做出强烈的反应。

让我们试着更深入地梳理一下从道德行为到经济行为之间的联系。经济学家迪尔德丽·麦克洛斯基（Deirdre McCloskey）在过去十年左右的时间里一直在伊利诺伊大学芝加哥分校工作，她认为，谈到美德，有三种主要的类型。第一类美德即所谓"贵族的美德"。这类美德注重荣誉，即个人甘冒巨大风险也要寻求正义。当你想到所谓"贵族的美德"时，可以想想那些对亲朋好友非常友善，但在愤怒时会变得极其凶猛的人。他们追求真理和荣誉。你可以想一想现代世界中的一些人，例如动作片电影中的英雄人物所体现出的美德。这些人在其他方面可能是彻头彻尾的失败者，比如他们不一定是很好的配偶、同事或老板，但确实拥有此类美德。

麦克洛斯基所说的第二类美德是"平民或农民的美德"，即坚韧、谦逊、有信仰、尊重他人、慈善、团结他人，以及为自己在世界上的地位感到自豪等。在流行文化中，你可以想象一个家庭农场主的形象，他的身后是茁壮生长的庄稼。或者你也可以想象一张黑白照片，里面是一位几十年前的装配线工人，手上沾着污垢，下班后站在一群工友中间。又或者是一位像阿尔贝特·施韦泽①或特蕾莎修女那样的人物，也可能是不那么出名的人，例如某个非营利组织的工作人员，虽然并不声名显赫，但他们面对艰难的社会问题会尽力提供抚慰并帮助解决这些问题。

麦克洛斯基认为的第三类美德是谨慎、节俭和对自己负责的美德。这种美德并不是因为自己的高贵而自豪，也不是因为履行职责而自豪，而是果断采取行动，同时认为自己与他人处于平等的地位，镇定自若地与人们打交道，有一定的企业家精神，履行承诺，脚踏实地，努力造福于世界。

我在这里的观点与麦克洛斯基一样，不是要让你们认可将美德分为这三类从根本上讲是正确的，或者证明应该以某种方式对其加以重新表述。我的观点是，我们的文化有着悠久的传统，认可贵族的美德，同时也认可平民或农民的美德。但有时候，我们会把资产阶级的美德视为一种罪恶，认为它等同于自私自利或过分关注自己。这一点很奇

---

① 阿尔贝特·施韦泽（Albert Schweitzer，1875年1月14日—1965年9月4日），著名学者以及人道主义活动家，拥有神学、音乐、哲学、医学4个博士学位，并因自30岁起在非洲长期从事人道医疗工作而闻名。他于1913年来到非洲加蓬，建立了丛林诊所，从事医疗援助工作，直到去世。阿尔贝特·施韦泽于1952年获得诺贝尔和平奖。——译者注

怪，因为在现代经济中，我们大多数人所从事的，恰恰是资产阶级的工作，我们大多数人也都过着这样的生活。

　　在我看来，许多现代版本的宗教往往强烈支持如谨慎、节俭、责任、沉着、进取、为自己和家人尽力而为等美德。在这里，我并不是说这一定是宗教中最重要的部分，事实上，我所关注的是宗教与经济的关系，所以并不会涉及有关宗教的很大一部分内容，但在理解经济的实际运行时，像宗教这样与经济基础密切相关的机制显然是拼图中的重要部分之一。

重要术语　　**帕斯卡尔赌注（Pascal's wager）**

哲学家布莱士·帕斯卡尔（Blaise Pascal）提出的一项哲学论述。这种论述认为：信仰上帝是合乎情理的，因为如果上帝不存在，错误地信仰上帝代价很低，但如果上帝存在，错误地不信仰上帝则将付出永恒而高昂的代价。

新教伦理（Protestant work ethic）

著名社会学家马克斯·韦伯提出的一种理论，该理论认为新教价值观是西方世界早期经济发展的关键。

世俗化假说（secularization hypothesis）

认为随着经济和技术发展，宗教信仰将趋于衰落的假说。

思考问题　　1. 假设经济长期持续增长，你认为宗教在未来将会兴盛、衰落还是保持不变？

2. 你认为宗教的哪些方面对经济繁荣与增长的影响最大？

第六讲
预测市场：窥视未来之窗

对于下注政治选举结果的预测市场，人们已经相当熟悉。但实际上，我们身边还存在着各式各样的预测市场——有些在公司内部运行，旨在让员工做出更好的预测，还有一些则以外部互联网公司的形式运行。在某些情况下，这样的预测市场引发了巨大争议。2003年6月，美国国防部甚至短暂地提议运行一个预测市场，以预测未来发生恐怖袭击的可能性。

假设你对未来将会发生的某件事感兴趣：它可能与公共政策有关，比如预测欧元是否能够继续作为欧洲各国的统一货币，或者伊朗是否会成功试验核武器；它也可能是经济领域的问题，比如明年的通货膨胀率或国内生产总值会是多少。你也可以想象一些更微观的问题，比如，某一部刚刚上映的电影能否取得商业成功？自己所在公司推出的一款产品是否会大卖？大多数人在面对此类问题时，基本上都会尝试这样的方法：认真研究这个问题，换言之，咨询多位了解情况的人士，做背景调查，然后试图得出某种结论。

他们知道自己不是专家，并会试图从其他来源收集更多的信息。然而，这种方法难免存在一个问题：就算你仔细研究并咨询他人，往往也会带着自己特有的偏见和局限，而你询问的其他人也会带有他们的偏见和局限。举个例子，假设你问我一个关于非洲、拉丁美洲或亚洲某个国家的问题，或者一个关于替代能源技术突破的问题，或者问我著名演员罗素·克劳主演的新电影是否能获得2亿美元的票房，老实说，无论我做多少研究，都不会真正相信自己的回答。

同时，哪怕我咨询了一群人的意见，他们是否真的知道最佳答案，或者是否真的有动力给出最佳答案，也是一个问题。如果你在纽约市询问一群球迷，谁有可能赢得超级碗，他们往往会告诉你是某支纽约市的球队。这个答案不一定是他们最好的猜测，而只是表达对自己城市的忠诚，这完全没有问题，但它不一定能为我答疑解惑。

本讲的内容介绍了预测未来的另一种方式，即利用市场。其基本想法从本质上讲，是让人们针对未来将会发生什么下赌注，然后将人们的赌注视作对可能发生事情的预测。一个显而易见且对很多人来说应该不难理解的例子是体育博彩。例如，职业足球比赛博彩通常是押注比赛双方球队中的某一支会以怎样的比分获胜。

如果你问我一场比赛的结果如何，我的回答往往会受到我支持对阵双方中哪一支球队的影响。老实说，很多专家的预测往往也只是在瞎猜。但是，如果观察人们下注的结果，那么我们则可能正朝着相当准确的预测迈进。我并不是说这样做总是能找出正确的答案，但这样做确实比许多其他方法更接近真实。现在的问题是，我们能否采用这种方法来预测可能发生的其他类型的事件。

要想了解这种方法的优劣之处，我想先谈一谈 2003 年发生的一场风波。当时，美国国防部先是提出但随后撤回了一个提议，这项提议是关于设立一个预测市场的，它被普遍戏称为让人们针对恐怖主义下赌注。这个事件的始作俑者是美国国防部一个下属部门，即美国国防部高级研究计划局（Defense Advanced Research Projects Agency，DARPA）。该机构于 20 世纪 50 年代末成立，其目的是应对苏联发射人造卫星。

DARPA 负责资助了大量科技发展计划，包括帮助建立了后来成为万维网和互联网的网络雏形。DARPA 不断提出新计划想法，其中一些想法可能颇有点疯狂，但这往往正是研究的真谛所在。所谓研究，就是要在不知道什么能成功的情况下做出多种尝试，其逻辑在于正因为不知道什么能成功，所以才需要多方尝试并找出答案。2003 年 6 月，DARPA 提出了一项建议，设立一个所谓政策分析市场，投资者可以在市场上下注,并通过押注中东地区发生特定事件的概率来赚取利润。

这个提议引发了一场小风波,并招来大量新闻报道、专栏文章、新闻发布会和脱口秀节目的批评。对该提议的基本批评是,针对外国领导人的命运和恐怖袭击的概率下注是一个坏主意。该计划在宣布后第二天就遭到撤销,同时部分由于这个提案的负面影响,计划负责人、海军上将约翰·波因德克斯特(John Poindexter)于当年晚些时候辞职。为什么这会被认为是一个极其糟糕的主意呢?

多数反对观点表示,这项提议很愚蠢,莫名地令人反感,或是让人觉得不道德。但对我这样的经济学家来说,这些观点就像是猫薄荷①之于猫,会让我们因发狂而翻出肚皮、四肢朝上地扭来扭去。在我们来看,一边是或许会找到有关恐怖活动可能性的潜在有用信息(这些恐怖活动可能会导致成百上千人死亡并引发全球动荡),另一边则是获取这些信息可能会让人感到不得体。对我来说,如果真的要面对这样的选择,如何决定并不困难。

作为一名经济学家,我甚至不知道从哪里开始讨论这个问题。不过,我可以首先介绍一下这个计划的具体内容,相信这会让你更好地理解在考虑此类市场时可能出现的实际和更严重的问题。首先,我来简单地介绍一下具体的提议内容。这项提议背后的想法是关注中东主要国家,特别是埃及、约旦、伊朗、伊拉克、以色列、沙特阿拉伯、叙利亚和土耳其在政治、经济、社会和军事方面的未来走向,以及美国对上述各国的政策介入。

当时的想法是,首先邀请相关领域的一千名专家来押注,最终将参与人数扩大到一万人。这些专家押注的金额非常小,不超过100美

---

① 猫薄荷是一种对猫有强烈吸引力的植物,对猫有引诱作用,常用来吸引猫进行互动或玩耍。——编者注

元。他们押注的议题包括：美国是否会在未来某个时候从沙特阿拉伯撤军，在当年年底前埃及的货币是否会贬值到特定程度。

这个市场最广为人知和最具争议的一点是，可能有人会针对暗杀或恐怖事件押注。但实际上，这些议题并没有被列入该市场的范畴。仔细想想，这颇有一点奇怪。很多针对这个市场的指控实际上是关于那些根本没有被纳入市场的东西。

请记住，这发生在9·11恐怖袭击事件后没多久。美国确实需要对世界上的部分地区有更好的了解。没错，提出这项计划的原因之一是美国刚刚经历了重大恐怖袭击，但关于其他所谓针对恐怖事件下赌注的内容纯属批评者的臆想。建立这个市场背后的基本理念是，如果汇聚数百或数千名专家，同时这些专家又从各种渠道获取信息，那么建立一种机制来收集他们的意见并找出他们提供的信息中有帮助的部分，这当然大有用处！

该预测市场招致的一个常见反对意见是，这个市场可能会引发下面这样噩梦般的场景：恐怖分子渗透到该市场，押注将会发生恐怖主义行动，然后实施这些恐怖行动并使其预测成真，而他们还可以借此获利。这样一来，该市场实际上为实施恐怖主义行动提供了经济动机。当然，考虑到提议的实际内容，这种情况根本不太可能发生。请记住，这个市场只是面向专家等少数用户，这些用户所押下的赌注非常小，并且完全处于政府的监督之下，没有人能从中赚大钱。但也许更重要的是，如果有些人押注自己一旦实施恐怖主义行为就可以得到经济回报，那么他们实际上已经有很多方法可以这样做。许多允许这种间接预测的市场已经存在。

一个眼前的例子便是石油期货市场。该期货市场允许人们根据对未来石油价格的预测进行投机。如果预计中东发生政治动荡，那么往往会推高石油价格。事实上，有传言——尽管我必须强调，这些传言从未被证实——确实有传言称，在萨达姆·侯赛因入侵科威特之前，他试图在石油期货市场买入合约，以便从入侵中赚钱。

从更广泛的范围上讲，你如果知道恐怖主义事件将要发生，可以在许多市场上进行投资。你可以打赌保险公司的价格会下跌，可以打赌第二天股市价格整体下跌，可以打赌旅游相关行业的价格会下跌。同时，还有一些谣言称——我要再次强调，这些都是谣言——在9·11恐怖袭击之前，股市出现了异动，就好像有人试图在袭击之前进行此类投资。

这里的重点是，DARPA关于预测市场的提议是让政府组织一个专家小组，并提出感兴趣的议题。恐怖分子不可能真的渗透进去，也不可能从中赚很多钱。与此同时，那些预先知道暴力破坏将会发生并想要通过提前对此做出投资来赚钱的人，也已经有很多其他方法可以做到这一点。

针对该提议另一个常见的批评意见主要与心理感受有关，在某些人看来，试图通过一种异想天开的方法来收集严肃的信息令人反感，并不恰当。不过，你可以想一想美国政府为了在不自由和不开放的国家收集近期可能发生的政治和经济事件消息时所使用的种种方法。这些方法中当然包括公开来源的信息，但也包括监视人们的通信信息和在机场对嫌疑人进行搜查，还有战争行为，比如在战场上进行杀戮，以及贿赂、施压策略、勒索和不能见光的背叛等。与所有这些我相信在美国政府试图收集情报时多多少少一直在使用的手段相比，邀请一千名专家使用自己的小额金钱针对未来事件的预测投资，很难看出有什么真正令人反感的地方。也许这种做法很愚蠢，或者毫无用处，但从道德上讲，与贿赂和间谍活动中发生的许多事情相比，这种行为并不那么令人发指。

当然，这是一个没有真正建成的预测市场的故事。那么，已经建成的预测市场情况如何呢？有证据表明它们可能有用或是成功吗？下面我们就来分析一些实际存在的例子。也许最著名的一个此类市场是艾奥瓦电子市场（Iowa Electronic Market），这是一个由艾奥瓦大学负责运营的预测市场。艾奥瓦大学获得了特别豁免，可以不受管理股票市场交易和其他金融交易的政府法规限制，人们可以在这个交易市场上进行交易，前提是仅限于小规模交易并且专注于选举结果预测。

这个市场最初是针对1988年大选创办的。在市场上，人们可以买卖合约，每份合约将为布什、杜卡基斯或其他总统候选人在选举中赢得的每一个百分点普选票支付2.5美分。现在，艾奥瓦电子市场已经涵盖了全美各地的各种州级和国家级选举。如果你对此感兴趣，可以上网自己查看。现在，如果你查阅艾奥瓦电子市场预测的获胜者，比如说在11月大选之前的8月得出的预测结果，并将其与民意调查数据中预测的获胜者进行比较，你会发现，总体而言，艾奥瓦电子市场的预测往往更准确，看上去对这件事做出真金白银的投资似乎发挥了作用，并且比民意调查更有效。

还有许多私人公司和机构也会允许人们针对未来事件下注，比如较早创立的总部设在爱尔兰的著名政治期货公司InTrade和远见交易所（Foresight Exchange）。你可以访问它们的网站，并查看那上面有哪些你可以下注的问题。例如，美国会在2020年之前禁止持枪吗？希拉里·克林顿在2015年仍会担任国务卿吗？会有人建造出一个可运行的核聚变反应堆吗？天主教会会在2015年之前允许神职人员结婚吗？你可以针对这些问题，对你认为可能发生的结果下注。

另一个类似的机构名为好莱坞证券交易所（Hollywood Stock Exchange），你可以在那里对电影行业事件的预测押注。例如，这个交易所每年都会预测当年的奥斯卡奖得主，准确率约为90%。它还会预测即将上映的电影的总票房以及它们可能的表现如何。预测电影票房的想法似乎很自然，毕竟，如果能够预测选举结果，那为什么不能预测票房收入呢？不过，这同样引出了另一个想法：如果能够预测电影行业的收入,那为什么不能预测其他任何行业的结果呢?

此外,许多公司还尝试建立内部预测市场。也就是说,市场的参与者全都是公司的员工,邀请员工预测公司的未来。以下是进入21世纪后出现的此类市场的部分例子。惠普公司和西门子公司是首批设立内部预测市场的公司。这两家公司都成立了由20~60名员工组成的小组,小组成员使用真金白银下注并赢得真实的奖金。不过这些钱是由公司提供给他们的,或是公司以某种方式匹配他们投入的钱。这些内部市场并不涉及很大的群体,但它们仍然非常有趣,预测结果也相当准确。例如,惠普公司的一个内部预测市场对其打印机销售做出了更准确的预测,且其预测的方式比公司预测产品销售的内部流程更准确。

在西门子的一个例子中,内部市场预测该公司肯定无法按时交付某个软件项目,尽管公司内部的所有其他条件都表明,公司会按时交付。显然,在预测市场上投入真金白银使得人们更诚实。近年来,谷歌可能是在内部设立预测市场最知名的公司。事实上,谷歌有一位副总裁专门负责建立和跟踪这些内部预测市场。他们可能会提出下面这样的问题:5年后Gmail邮箱的用户会达到多少?公司能否实现季度利润预期?某个项目能否按时完成?某个新产品是否会获得成功?知名友商公司(比如苹果公司)是否会发布某款竞争产品?

谷歌已经发现,这些预测的准确性相当高,而且非常坦诚。任何在公司工作过的人都知道,公司的内部流程以及委员会会议等机制并不总能得出诚实的结论,比如某个项目是否能按时完成,是否会获得成功,或者公司是否会在市场上击败其他公司。如果你在一家依赖内部的某个部门得出结论的公司工作,你会相信他们所说的一切吗?我怀疑你不会。预测市场则可以让员工更加坦诚地吐露实情。

在谷歌,人们还发现了这种方法的一个有趣的附带好处:通过观察员工押下的赌注和他们拥有的信念,公司可以追踪内部的信息流。

例如，工位在一起的员工是否倾向于对市场做出类似的预测，以及这些预测在公司内如何传播。如果你像谷歌经常做的那样，安排员工在公司内部各个不同部门轮岗，那么就会在公司内建立起信息流网络。通过观察人们的预测，你实际上可以看到公司内部的信息网络是如何形成的。

那么，预测市场总是能得出正确的答案吗？它总是一个完美的机制吗？当然不是，也没有人声称如此。这个市场只是一个辅助的有用工具。事实上，谷歌显然出现过一个案例：一名员工编写了一个计算机程序，这个程序有点像负责交易的机器人，以保证他们能在这个市场上赚钱，并且他们在一定程度上成功了，直到他们被发现。你可以想象，人们会试图操纵市场，这样他们就可以以低价买入并以高价卖出，然后赚钱。我会在后文回顾一些可能发生的市场操纵问题。

预测市场的一个新领域是市场研究。每年，专门用于市场研究的资金约为250亿美元，如果算上公司内部的资金，这个数字可能还会更大。我所说的市场研究包括焦点小组、样品赠送以及进行各种市场调查等。但作为所有这些传统的市场研究的替代方案，你也可以建立一个预测市场。将你正在考虑的想法或可能推出的产品提供给一个大约200人的小组，给他们有限的游戏币，让他们预测他们认为整个小组会最喜欢，而不是他们个人最喜欢的东西。他们可以针对自己的预测给出理由，也可以在线进行多轮争论。大约一周以后，谁对小组的最终决定做出了最好的预测，谁就将成为这个预测市场的赢家，并获得真金白银的报酬。

人们经常会非常投入地玩这样的游戏，他们乐在其中，并且会给出真实、坦诚和详细的反馈。相较于其他市场研究方式，比如雇人站在购物中心的空地上，手拿调研表询问路人一系列问题的答案，或是在一个房间里随机找一群人组成焦点小组，这种方法至少同样有效。

谈到押注哪些产品会受到青睐或会卖得很好的问题，其他几类著名的预测市场也值得一提。其中之一是赛马市场。仔细想想，赛马的有趣之处在于，一些下注者是真正的专家，他们认真研究过赛马规则和其他各种问题，但也有很多人对特定马匹一无所知。

他们可以查看相关信息并判断哪匹马是热门、哪匹不是，但仅此而已。他们中的大多数人只是偶尔下注找个乐子。他们的赌注怎么就能准确反映将要进行的比赛结果呢？但总的来说，他们的赌注相当准确。在赛马中，系统性地偏离准确预测似乎主要出现在极端情况下，例如有时候，获胜的大热门马匹意外失手，或是完全不被看好，赔率高达 100∶1、200∶1，甚至赔率更高的冷门赛马赢得比赛。除此之外，赛马投注的结果的确相当准确。被开出 3∶1、5∶1 或 7∶1 赔率的马匹跑赢的概率与它们相应的赔率基本相同。

当然，从赛马这个例子出发只需要再简单多想一步，便能够想到股票交易所。毋庸置疑，股市行情的表现确实会犯错。它可能会错失即将发布亮眼业绩的股票，或是没有注意到即将发布欠佳业绩的公司。股市还可能会经历繁荣和萧条的时期，比如 20 世纪 90 年代后期的互联网泡沫或 2007 年到 2009 年经济衰退期间的低迷。话虽如此，如果你想弄清楚某个事件对一家公司来说是好消息还是坏消息，观察这件事如何影响该公司的股价是一种很好的方法。如果你正在考虑一家公司在未来 6~18 个月的表现如何，显然你可以先看一看该公司的股价与其他同类公司相比如何。没有其他更好的系统方法来了解公司将会发生什么。毕竟，如果有更好的系统方法，你完全可以在股市中使用这些信息，并变得超级富有。

现在，我想退一步，谈谈这些不同的预测市场是如何运作的，它们揭示了关于潜在信念的什么东西，以及是什么让它们成功，又是什么可能导致它们失败。预测市场合约主要有 3 种类型。每一种类型的合约都体现了不同信息，而这些信息反映出构建合约时所依据的潜在信念。第一类预测市场被称为赢家通吃预测市场。在赢家通吃预测市场中，合约成本会上下波动，并且只有在特定事件发生（例如某位候选人赢得选举）时，才会以固定价格加以清偿。例如，如果巴拉克·奥巴马当选总统，每份合约可能会支付1美元。现在，问题就变成了你愿意为这份合约支付多少钱？如果你认为这个结果几乎肯定会发生，那么你可能愿意为其下注90美分或更多，因为你很确定它会发生，这样你就会得到1美元。如果你认为这件事发生的概率不高，但也有可能发生，那么你可能会支付10美分或更少，只是碰碰运气。如果你认为这是一场50对50的赌注，那么你将愿意支付50美分，以便有机会赢得1美元。因此，通过查看人们愿意为这类合约支付的价格，便可以了解他们对结果预测的估值。你可以看到，随着合约价格变化和事件发展，结果发生的概率也会上升或下降。

第二类预测市场合约被称为指数合约。在这种合约中，合约偿付的金额取决于某个数字的上升或下降。我前面曾经提到，当艾奥瓦电子市场开始运作时，它使用的是指数合约，每增加一个百分点的选票，合约将支付2.5美分。如果我认为某个候选人会获得40个百分点的选票，那么我应该愿意为该合约支付1美元。这样一来，人们为合约支付的价格就体现了市场人士对结果的平均估值，即他们认为最终会出现的数字。

第三类预测市场合约称为点差交易合约，即交易者下注的对象是决定某个事件是否会发生的特定截断值，例如某位候选人是否会获得超过一定比例的选票。在某种程度上，这与职业体育博彩（尤其是足球博彩）相似。在体育博彩中，典型的押注方式是押某一支球队至少以特定的比分获胜。这个特定的点数会被向上或向下调整，以确保50%的钱押在赌注的一边，50%的钱押在赌注的另一边。

你可以思考一下这意味着什么，即做出的预测（概率恰好是一半对一半）告诉了你该市场的中间水平，也就是中位预期是多少。你可以想象针对不同的预测结果下赌注，例如他们会赢10分吗，会赢5分吗，会赢2分吗，等等，这样你就可以了解人们对这些事件的看法的整体分布情况。

为什么预测市场能够成功？原因之一是人们投入了金钱且与结果存在利害关系。在很多类似情况中，人们押下的是虚拟的钱并赢取一些真实的奖励，而获胜者还赢得了吹嘘的权利。在另一些情况下，人们确实投入了真金白银。目前对于这一点还没有达成共识，但对该问题的研究表明，在让人们参与并给出准确答案方面，游戏币实际上和真金白银一样有效。重要的是人们觉得他们在为某样东西而竞争。他们可能赢或输，可能被证明是正确的，也可能被证明是错误的。这对人们来说是一种强大的激励。

人的这种特性，再加上有时被称为"群体的智慧"的现象，使得预测市场能够获得成功。"群体的智慧"实际上是詹姆斯·索罗维基（James Surowiecki）一本出色专著的名字，索罗维基是一位优秀的经济学作家，其文章经常出现在《纽约客》杂志上。下面介绍一个他在书中提及的例子。伟大的英国科学家和统计学家弗朗西斯·高尔顿（Francis Galton）在1906年参加了英格兰西部食用家畜和家禽博览会。当时博览会正在举办一场"猜牛重量"的比赛。高尔顿观看了一会儿人们的猜测后，说服组织者将全部800多位参与者猜测的数据提供给他。

这头牛的实际重量是1198磅[1]，而所有人猜测重量的平均值是1197磅。这种猜测结果非常接近事实的情况特别常见。许多老师曾在课堂上做过一个经典实验，即软糖豆实验。这个实验是将一堆糖豆装进罐子里，然后让学生们猜测糖豆的数量。事实证明，教室中所有

---

[1] 1磅≈0.454千克。——编者注

人猜测的平均值不仅相当准确，而且平均而言，还比房间里除了1%或2%的人之外其他所有人的猜测都更接近事实（即比房间里99%或98%的人猜测的更准确）。

索罗维基还提到了另一个例子。1968年，一艘名为"天蝎号"的美国潜艇在亚速尔群岛附近失踪。人们无论如何都搜索不到这艘潜艇。打捞专家划定了一个搜救区，但这个区域宽达20英里，面积太大，同时深度达几千英尺①，在当时的技术条件下无法完成全面的海底搜索，人们对此感到束手无策。这时，一位名叫约翰·克雷文的海军军官召集了一群专家，让他们坐在一起，共同假设洋流情况，以及潜艇会以多快的速度下沉和艇长可能会做什么，如是等等。最后，他让这些专家针对所有这些不同方面做出最好的猜测，而在每个方面最接近小组猜测平均值的人将赢得一瓶苏格兰威士忌作为奖励。然后，人们综合这些猜测结果得出了一个估计的位置。5个月后，潜艇被发现了，距离专家小组平均估测的位置只有220英尺。

在一个群体中，每个人都知道一部分真相，即使不是专家，也知道一部分真相。如果你能把人们的看法整合在一起，就能得到一个相当准确的答案。如果参与者不是来自同一个群体，则无疑会对预测市场更有帮助。因为这样人们的预测不会仅仅反映出一些业已存在的共识。相反，他们最好能够以有意义的方式借鉴不同的看法，我认为这正是预测市场通常比公司内部委员会或某些组织表现更好的原因。

公司内部委员会成员彼此之间关系过于密切。他们会形成一种群体意见，而并不真正重视观点的多样性。他们不会充分地进行自我挑战，会沿着一条特定的思路开始，并持续沿着这条思路前进。但预测市场没有委员会的集体决策！持不同意见的人拥有发言权。人们可以根据自己的信念投入资金。这可能是预测市场通常如此准确的真正秘

---

① 1英尺≈0.3048米。——编者注

诀之一。

此外，预测市场实际上拥有一个特定的"时间实在性（time reality）锚"。这些市场针对的对象是特定时间的特定事实或问题。这可能使它们比其他一些机制，例如股票市场，做出更好的预测。在像股票市场这样的金融市场中，没有一个最终的截止时间让你得以知道公司的真实价值和它的实际业绩。你总是在展望未来某个时刻可能发生的事情。例如，你可能极度怀疑股价上涨得太高了。但你也知道，即使股价过高，它仍然可能在一段时间内保持高位或继续走高，所以你可能仍然会押注它在下跌之前会继续走高一段时间，这无疑是资本市场产生泡沫的原因。人们总是在追逐趋势，在股价不断上涨时买入，从而导致股价飙升得过高，然后再暴跌。

但是，预测市场不会这样运作，因为它们锚定了特定事件、特定时间和特定地点。预测市场确实存在被操纵的可能性，但它们不像你预期的那样，容易受到其他类型金融市场中可能发生的泡沫问题的影响。换句话说，预测市场不太关注将会发生什么（如价格未来是否会持续上涨），而更关注最终的结果。

对于像我这样搞学术的人而言，预测市场和群体的智慧理论实际上是一种让人保持谦逊的信念。毕竟，我们倾向于相信，只要我们更加努力地学习，只要我们掌握得更多，就能比其他人做出更准确的预测。我们在一定程度上相信，即使群体预测的平均值比 99% 的个人预测要准确，只要自己认真地学习、真实地努力，就会位居那 1% 预测更准确的人之列。在很多情况下，如果简单将专家与普通人进行比较，专家的预测会比普通人更准确，但在预测市场上并非如此。

在许多问题上，无论是专家的观点还是我个人的观点，都不太可能比许多人聚集在一起（甚至拿出自己的钱投注于某件事中）而达成的共识性观点更准确。认真想来，这一切会导致这样的悖论：真正的专家需要拥有足够的见识，以便认识到自己知识的局限性。

重要术语　**美国国防部高级研究计划局（DARPA）**
美国国防部下属机构，负责为广泛领域的研究项目提供资金。

指数合约（index contract）
其合同支付的金额基于某一个不断波动的数字，例如一个候选人获得选票的百分比。

预测市场（prediction market）
在该市场上，人们对其看好的结果押下小额赌注，预测准确的人将获得奖励或款项。

点差交易（spread betting）
基于决定某个事件是否发生的特定截断值（cutoff value）下赌注，例如候选人是否获得超过一定比例的普选票。

赢家通吃预测市场（winner-take-all prediction market）
这是一种合约，参与者支付一定金额并约定，当且仅当特定事件发生时（例如某个候选人赢得选举），他们将赢得固定金额的奖励。

群体的智慧（wisdom of crowds）
这是一种预测模式，在许多需要估测的情况下，大量相对知情的人所做估测的平均值比每个单独成员（甚至是专家）所做的估测结果都更准确。

思考问题　1. 你能想出一些适用于你工作过的地方的预测市场吗？
2. 预测市场的表现经常超过专家，你对此感到惊讶吗？为什么？

第七讲
犯罪与打击犯罪的途径

对于经济学家来说,犯罪是一种选择,有其独特的回报和风险。从这个角度思考犯罪有助于解释一些难以理解的社会现象,例如为什么美国的犯罪率在20世纪60年代和70年代急剧上升,而到了90年代又大幅下降?在这些领域开展的研究则有助于阐明与降低犯罪率相关的问题,包括治安、监禁和量刑等问题。

大多数非经济学家在谈论犯罪的原因时，往往会归结到那个经典的老问题：先天（nature）与后天（nurture）。人们犯罪是因为他们存在内在的道德缺陷，这是20世纪早期的普遍观点。或者，人们犯罪是因为成长环境、缺乏教育或缺乏其他经济机会，这是二战后的几十年间社会学文献中常见的观点。这些文献经常认为，犯罪分子基本上是因社会压迫而罹患精神疾病的受害者：在某种程度上，罪犯才是真正的受害者。正如经典音乐剧《西区故事》(West Side Story)中一名帮派成员所说的那样："嘿，我堕落是因为我被剥夺了机会。"

经济学家们对犯罪的看法则略有不同。为了让大家了解经济学家的看法，我想先讲一个关于芝加哥大学著名经济学家加里·贝克尔的故事。贝克尔因将微观经济学的分析视野扩展到包括非市场经济领域的广泛人类行为和互动之中而获得1992年诺贝尔经济学奖。贝克尔扩展经济学分析的领域之一就是对犯罪和打击犯罪行为的分析。他在获诺贝尔奖的演讲中，谈到了自己是如何开始研究犯罪的。

他讲述了20世纪60年代在哥伦比亚大学的一个经历。当时他正要去参加一位经济系博士生的面试。贝克尔说："当时我快迟到了，不得不考虑自己要怎么做。我正沿着道路边开车边寻找停车位。我不知道自己是应该一直找下去,直到找到一个可以使用我的大学停车证合法停车的停车场,还是应该把车非法停在街上。作为一名经济学家,你会怎么做?你会计算收到罚单的可能性、罚款的数额,以及把车停在停车场的成本。"贝克尔说:"好吧,我决定冒险一试,把车停在街上。"他告诉大家,最后他实际上并没有收到罚单。

然后,贝克尔说,在走向考场去面试那位可怜的博士生申请者的途中,他想到市政府应该也进行过像他一样的思考。政府应该思考过,需要间隔多久核查一次非法停车的情况。政府也思考过非法停车的人应该受到什么力度的惩罚。当然,贝克尔还必须从人们会如何针对政府的措施做出反应的角度思考所有这些因素。在贝克尔的故事里,他向那位参加面试的博士生申请者提出的第一个问题是,请对方帮他决定在这种情况下,违法停车者和警察的最佳行为是什么。这个问题是贝克尔在去考场的途中临时想到的。

我一直颇为同情那位可怜的考生。言归正传,到了1968年,贝克尔发表了一篇著名的文章,名为《犯罪与惩罚:一种经济学方法》(Crime and Punishment: An Economic Approach)。自此以后,从经济学角度研究犯罪与惩罚问题一直是经济学研究的一个活跃领域。该研究的基本结构是:一方面,可能的罪犯分子会考虑被抓获的概率,以及被抓获后面临的惩罚;另一方面,政府则会考虑执法力度,以及抓获罪犯后应施如何种惩罚。所有这些因素之间的相互作用就成为一种分析犯罪的经济学方法。

这种针对犯罪进行分析的经济学方法带来了什么洞见?首先,它确实有助于超越先天与后天的争论。经济学家从本质上解决了这个争论,他们认为两者都很重要,诸多因素决定了一个人是否会犯罪。有些人可能具有与其他人不同的道德观念,而这些观念或多或少是与生俱来的。与此同时,不同的执法会带来不同的刺激,针对不同罪行,需要派出的警力和惩罚成本有所不同,人们拥有的合法就业机会也各不相同，所有这些因素会共同发生作用。

你会说，这似乎是显而易见的，但再往深里想，事情并不那么一目了然。下面我们思考一下美国犯罪率发生的巨大变化。例如：在20世纪60年代和70年代，美国的犯罪率急剧上升；而在20世纪90年代，犯罪率又急剧下降。如果你知道是什么影响了犯罪率，那么你需要说明是什么因素的改变导致了犯罪率发生变化。通常情况下，如果说由于未知的原因，一大群人突然改变了他们的道德观念或他们的动机发生了变化，从而导致犯罪行为变多或变少，这种说法并不会让人太满意。相反，更有意义的通常是找出人们面对的具体激励因素是什么，无论是法律的威慑，还是会激励人们更多或更少犯罪的经济和其他社会因素。

现在，我们已经不再纠结犯罪到底是天性使然还是其他因素所导致的，而是进入了考量激励和权衡、取舍的经济学世界。换句话说，经济学可能无法很好地解释犯罪存在的原因，但在解释犯罪率为何上升或下降时，考虑激励因素的变化确实会有很大帮助。经济学视角对分析犯罪的另一个重要影响是，执法活动在以下两个主要方面存在差异：其一是因犯罪而被抓获的确定性程度，其二是被抓获后受惩罚的严重程度。

在考虑被抓获的确定性时，你可以将其归结为对街上有多少警察、警察拥有的资源、法院相对迅速审理案件的能力等因素的综合考量。在考虑惩罚的严重性时，可以考虑监禁的期限、死刑的使用、罚款的数额、不同类型的惩罚等因素。一旦使用这种兼顾了确定性和严重性的方式表述犯罪与惩罚问题，你会开始发现一些有趣的见解。例如，有些犯罪行为可能很少能被发现，所以如果这些犯罪行为没有受到严厉的惩罚，人们就会有动机赌一赌违法而不被抓到。

例如，你因酒后驾车被警察拦下，即使你实际上没有发生事故或伤害任何人，也可能受到相当严厉的处罚。这不是因为你发生了车祸，也不是因为平均而言某个人一次酒后驾车具有极大的破坏性，而是因为人们知道，警察只会拦下和抓到极小部分酒后驾车的人，而警察不想让你赌自己不会被抓到，所以他们会把处罚措施定得非常严厉。

再举一个例子，请想象某一种经济犯罪，比如垄断联盟组织或公司串谋抬高价格。这种行为可能很难被发现和定罪。如果被抓到后只需要返还已经赚取的超额利润，那么公司很可能会赌一把，看看自己能否逃脱惩罚。因此，如果抓到某些人操纵价格，你不仅需要对他们的实际犯罪行为进行惩罚，还需要罚到让他们觉得最好不要赌自己不被抓到。美国的反垄断法规定：如果公司做出违反竞争的行为，它们最终会被处以已得额外利润三倍的罚金，支付三倍损害赔偿金，并且其高管还可能入狱。

另一方面，惩罚过于严厉也并不总是一个好主意。有时候，确定性更重要。事实上，许多罪犯通常并不担心惩罚的严厉程度，因为他们从一开始就认为自己不会被抓住。对于这些罪犯来说，更严厉的惩罚不会对他们的选择产生太大影响，但更大的获得惩罚的确定性则可能会产生较大影响。

另一个不好解决的问题是：如果制定了极端严厉的惩罚措施，那么这些惩罚在无辜者被定罪的情况下将特别不公平，而这种情况不可避免地会不时发生。惩罚的严重性是摆在明面上的，即警察抓住了某个人，然后对其施以特定处罚。确定性则不那么明显，因为你不会真正看到那些没有被抓住的人。但在许多经济模型中，就防止犯罪而言，惩罚的确定性确实经常看似比严重性更为重要。

另一个不认同针对一些犯罪行为判处过重刑罚的观点是，重罚可能会给罪犯带来不恰当的激励。例如，如果绑架行为将被判处死刑，那么绑架者很可能有更大概率杀死受害者。毕竟，他们无论如何都会被判处死刑。如果有一条法律规定第三次犯罪者可能会被判处终身监禁，即所谓"三振出局法"，那么犯罪者可能会有动机杀死第三次犯罪行为中的任何证人，以避免被认出。毕竟，杀死这些证人的最糟糕惩罚可能也是终身监禁，与第三次犯罪的惩罚相同。同样，如果已经被判处终身监禁并不得假释，那为什么不杀死一名狱警或其他囚犯呢？毕竟，你已经终身出不了监狱大门了。

思考惩罚的确定性和严重性如何影响普遍的犯罪行为已经成为近几十年来一个活跃的研究领域。如果在犯罪时无论是否持枪都会受到同样的惩罚，那为什么不使用枪支呢？考虑到这种想法，许多州对持枪犯罪者都会追加处罚，其思路是以适当的方式加大惩罚力度，使其与罪行相称。总的来说，对犯罪进行经济学分析也强调，零犯罪是一个完全不合理的目标。犯罪行为永远不会被消除，做到这一点的成本实在是太高了。想象一下，仅仅为了彻底消除一些简单的犯罪，比如非法停车或超速，我们需要耗费多少资源。因此，关于犯罪的公共政策总是会涉及权衡、取舍。

很多人并不喜欢以这种方式来思考犯罪，我们也几乎从来没听政客这么说过。但事实上，当我们选择某种程度的警力投入或刑期时，实际上是表明某种程度的犯罪行为确实存在，同时这种程度的犯罪是我们可以接受的，因为试图完全消除这种程度的犯罪将耗费太多成本。许多减少犯罪行为的措施在一定限度内收益大于成本，但如果不断加大力度，其成本最终可能会大于收益，我将在本讲结束时再次阐述这个观点。

我在本讲的主体部分真正想做的是简单阐述一些经济证据，这些证据表明，从经济学角度审视犯罪确实很有用。我会尽我所能，这对我来说并不总是那么容易，但我会尽量不表现得像一位经济学帝国主义者，并强调经济学视角才是最重要的，或者强调经济学视角回答了所有关于犯罪的问题。不过，我确实认为，经济学视角能够阐明我们在现实世界中观察到的很多情况。

首先让我们来思考一下因果关系问题。你如果要考虑打击犯罪的成本和收益，需要估算一下自己可能会采取的不同措施，比如：增加街头警察数量、延长刑期、增加私人保安力量、安装监控摄像头，或者其他你能想到的措施。如此一来，便出现了几个基本问题，其中最大的问题是在这种情况下很难找出因果关系。例如，假设在某一个高犯罪率地区有很多监控摄像头，而在某一个低犯罪率地区你看不到任何摄像头。这是否证明了监控摄像头在打击犯罪方面毫无用处呢？毕竟，没有监控摄像头的地方意味着没有犯罪行为。

再假设某个城市或州的犯罪率很高，监狱中关押着很多犯人：这是否证明了高犯罪率导致很多人被关押，还是证明了恰恰相反的因果关系？这些不同类型的因果关系很难厘清。在分析很多打击犯罪的政策时，经济学家试图做的是，弄清楚是犯罪行为导致了打击犯罪的政策，还是打击犯罪的政策未能完全阻止本来犯罪率更高的犯罪行为。这些成本和收益确实很难厘清。

经济学家已经进行了大量研究，尝试了许多不同的方法来解开因果关系之谜。例如，一种可能的方法是在打击犯罪政策发生变化一段时间之后，观察其如何影响了犯罪行为的数量，这是一种合理的方法。另一种方法有时被称为自然实验。你可以想象做这样的事情：随机选择全国100个地区，再随机选择其中的50个地区，为这些地区提供更多警察。然后观察这些不同地区会发生什么。增加警察数量是否会导致犯罪率发生变化？因为这一切都是随机分配的，所以你可以相信自己可能会从中得到一个合理的答案。

上面的例子是假设的。在美国的政治体制下，不太可能随机分配警察等打击犯罪的资源。但是，自然实验的想法可以用不同的方式加以使用。你只需要寻找在现实世界中，有没有一种情况会导致某些地方打击犯罪的力度上升或下降，而这种升降与该地犯罪水平无关。如果存在这种情况，那么它就可能构成一个自然实验，即人们有时所说的准实验，而你可以对这种情况进行分析。芝加哥大学的史蒂芬·列维特（Steven Levitt）在这个领域做出了一些最具创新性的工作，他是畅销书《魔鬼经济学》和《魔鬼经济学2》的作者。

这里列举几个列维特研究中的例子，以便帮助你了解他的基本思路。例子之一是，许多州都发生过要求降低监狱拥挤程度的诉讼。由于监狱确实过于拥挤了，这些诉讼往往会胜诉，但这里的关键问题是：这些诉讼发生在不同的时间，因此提起诉讼和判决的时间可以被认为是一个随机的决定。针对这种情况的另一种思路是，有一些州（这些州几乎可以被视为随机选择的）因为发生有关监狱过度拥挤的诉讼，而在某个时间释放了一批囚犯，而其他一些监狱拥挤程度非常相似的州则没有释放囚犯。

当然，这并不是一个被设计出来的实验，但它提供了一种可供研究人员开展研究的自然实验。这类研究发现，在一项较大的监狱过度拥挤案件胜诉并使得在押犯人数量大大减少后3年左右，与其他监狱拥挤水平相似但未发生诉讼，因而在押犯人数量没有减少的地区相比，前者的暴力犯罪率上升了约10%，经济犯罪率上升了约5%。

我想再举一个例子。在选举前的一段时间里，各个城市的市长在街上增派警察是很常见的做法。事实证明，如果仔细观察，你会发现不管犯罪率上升还是下降，市长们都倾向于这样做。此外，由于并不是所有的城市都在同一时间举行市政选举，所以可以认为有一些随机选出的城市，这些城市与其他城市没有什么不同，有时会发生与犯罪率变化并无真正关系的警力增加。这再次提供了一个自然实验环境，可用来分析更多的警察将如何影响犯罪水平。

这里再举另一个例子。有一家名为路捷（LoJack）的公司可以在你的车里安装一个私人汽车安全系统。该系统带有一个发射器，如果你的车被偷了，那么追踪起来会变得容易很多。但是，要运行这个系统并将其与警察的系统进行连接，必须获得特定监管机构的批准。事实证明，20世纪90年代获得监管机构批准安装该系统的城市是相当随机性选出的。它们不是犯罪行为更多的城市，不是打击犯罪力度更大的城市，也不是更关注减少汽车盗窃或有其他任何倾向性的城市。这些城市与其他城市的主要区别是，一些城市获得了批准，而另一些则没有。你可以把这个系统的引入当作一个随机性的自然实验，你将发现，它似乎确实通过阻止潜在犯罪行为减少了汽车盗窃案。

你还可以证明，周边地区的汽车盗窃案似乎并没有上升，所以该城市的盗车案并没有转移到周边城市，而是犯罪率整体下降。此类研究已经开展了很多。在打击犯罪的过程中，人们经常对这些内容存在争议：认定的随机变化、如何估计影响、影响是短期的还是长期的，等等。这里的重点是让你了解经济学家如何解开了因果关系问题，并搞清楚打击犯罪的措施如何真正地对犯罪行为产生影响。

我想让你们了解，经济学家在讨论打击犯罪与犯罪之间的联系时会基于大量的证据，而不会只是简单考虑平均警力水平、平均犯罪率和各州的平均入狱率等。此外，我认为所有这些都应该能让你了解在学术研究中创新意味着什么，以及真正思考、寻找、发现和分析这些自然实验又意味着什么。事实上，史蒂芬·列维特作为一名经济学家之所以受到高度评价，原因之一是他拥有一种真正的天赋，能够找到方法来厘清这类因果关系问题，不仅是在犯罪方面，在研究其他一些主题方面也是如此。

现在，让我们再来看看美国犯罪率的波动情况。美国的犯罪率为什么在20世纪60年代和70年代会急剧上升？在20世纪90年代又大幅下降？

美国的犯罪率在20世纪50年代末到60年代开始急剧上升。例如，在20世纪50年代，美国大城市的犯罪率与全国平均犯罪率相似。但到了1970年左右，大城市的凶杀率已经达到全国平均水平的

4~5倍。是什么发生了变化？是什么导致了这种变化的发生？标准的解释是，发生变化的是犯罪行为大幅上升，但警察和监狱的数量并没有相应增加，其结果是每起犯罪行为遭到逮捕的人数减少，同时被定罪犯人的服刑时间也缩短了。被抓获的确定性和抓获后的严重性都有所下降。

把这两个因素结合起来看，平均而言，1970年的罪犯在监狱中服刑的时间比1960年犯下同样罪行的人减少了60%。还有一个因素，即婴儿潮一代的影响。所谓"婴儿潮一代"，是指从1946年到20世纪60年代初出生的群体。到了20世纪60年代，美国拥有数量庞大的青少年，而我们知道，年轻男性的犯罪率通常高于其他任何人群。不过，值得注意的是，20世纪60年代美国的失业率非常低，因此至少在这个时期，似乎可以说缺乏机会并非导致犯罪的原因。

问题是，如果把这些因素综合考虑，首先计算出年轻男性的比例上升了多少，再统计出他们的犯罪数量，这样你便可以估计出人口结构的变化会导致犯罪率上升多少；同时考虑服刑时间减少的因素，并估计这会对犯罪产生怎样的影响。将所有这些因素综合起来，你会发现，犯罪率上升在很大程度上根本无法解释。是从战场回来的越战老兵犯下的罪行吗？是与非裔美国人从南部迁移到北部内城有关的犯罪吗？即使把所有这些能找到的因素加起来，也无法解释犯罪率上升的一半。于是，人们开始转向非标准的解释。

例如，史蒂芬·列维特认为，收看电视可能是一个关键因素。我说的不是收看暴力犯罪节目，而只是单纯看电视。电视在美国是逐步得到推广的。政府在如何分配广播频谱方面遇到了一些问题。因此，美国的一些地方在20世纪40年代末就有了电视信号，而其他一些地方则直到20世纪50年代中期甚至后期才开始能看到电视。事实证明，那些电视覆盖率先上升的地方，犯罪率也率先上升了。

如果比较在同一座城市里，在成长过程中家中尚没有电视的孩子和几年后看着电视长大的孩子，你会发现收看电视的孩子犯罪率实际上要高得多。人们尚不清楚为什么会出现这种情况。是小时候看电视会对一个人的大脑产生什么影响吗？这是否与父母、家庭结构或社区的其他方面有关？是否存在某种群体动力，导致犯罪率开始上升，并且以某种方式得到强化，从而持续上升？这是一个很难最终得出答案的问题。有关20世纪60年代和70年代美国犯罪率上升的问题，上述所有原因都有一定道理，但它们听起来都有点像"事后诸葛亮"，很难用统计学方法加以检验。所以，这个问题仍然是一个真正的谜团。

那么，20世纪90年代美国犯罪率下降的原因是什么？从1991年到2001年，美国的犯罪率下降了约1/3。凶杀案发生率、其他暴力犯罪率、经济犯罪率等均回落到了20世纪50年代的水平。这种变化完全出乎人们意料。当时很多专家曾预测，犯罪率将再度飙升。他们预计，作为婴儿潮一代的影响之一，年轻男性人口将激增，因此犯罪率会继续上升。那么，为什么犯罪率会下降呢？

在此，我将引用史蒂芬·列维特根据他自己的研究以及其他许多人的研究成果汇总的一个证据摘要。他指出，可以通过四大因素来解释所发生的事情。首先，在20世纪90年代，全美警察人数增加了5万~6万，相当于全国的警力增加了约1/7。其次，监狱服刑人数增加了很多。2000年，美国监狱中服刑的犯人数量是1971年的4倍。再次，20世纪90年代发生的第三件事是"快克"（一种高纯度可卡因）的泛滥逐渐消退。20世纪80年代末，在美国，可卡因制作方面出现了一项技术突破。用这项技术制作的毒品价格低廉，以5~10美元的价格出售，但能带来极强的快感。在几年时间里，它成为一个巨大的赚钱工具，并导致了许多与毒品有关和与帮派有关的暴力犯罪。但幸运的是，这种趋势逐渐消退。

最后，也是最具争议的一点，列维特认为1973年堕胎合法化的法案也对降低犯罪率助力良多。当然，各种政治立场的人都不大喜欢这种解释，尽管这并不意味着它没有道理。列维特的论点基本如下：如果你认为那些父母并不想要的孩子更有可能走上犯罪道路，如果你认为堕胎合法化减少了父母不想要的孩子数量，那么你就一定会相信，堕胎合法化应该可以帮助降低犯罪率。他指出，1973年比1991年早了18年，而1991年恰是20世纪90年代犯罪率开始大幅下降的一年。列维特提供了一些证据，表明在堕胎合法化较早的州，犯罪率下降得更快，而这可以再次被视为一种自然实验。

当然，我承认，堕胎与犯罪之间的这种联系在研究人员中引发了极大争论。关于堕胎率下降的具体时间，以及在合法化之前堕胎情况并未得到很好衡量等问题存在争议，人们也并不能确定堕胎合法化对于生育率到底造成了什么影响。此外，还有很多其他有待考量的因素。我想说，这种解释与其他证据相比显得过于薄弱，但社会科学往往就是试图将各种解释组合在一起得出结论，某些解释总会比其他解释更为有力。

列维特认为，这四大因素结合起来很好地解释了20世纪90年代犯罪率下降的原因。当然，关于每个因素到底占多大比例也存在争议，但总体而言，它们很好地解释了发生的情况。此外，20世纪90年代的美国经济非常强劲，因而可能提供了更多就业机会，并为人们提供了除犯罪之外的更多选择。

现在，让我们稍微调转视角，不再关注过去，转而思考现在和未来的政策。我们可以从犯罪经济学和以经济学方式思考犯罪中吸取什么教训？当然，你们在这里看到了我对现有证据的解读，所以它可能是一家之言，但和往常一样，我将努力阐明根本的论点所在。

首先，释放一些狱中的犯人怎么样？这大概是一种观点。把更多的人关起来可以减少犯罪，这可能是真的。综合所有研究成果后，一个公正的总结是，多关押10%的人可能会减少2%的犯罪。相反，少关押 10% 的人会使犯罪率增加约 2%。这些犯罪减少的原因包括由于人们被关押并丧失行为能力，从而可能减少了这部分人犯罪行为的发生，还包括由于更多人被关进了监狱，警察有余力阻止更多犯罪行为。

现在让我们做一个粗略的计算。假设将一个人关押一年的成本约为 5 万美元，同时大体上讲，任何时候都有大约 230 万人被关押在监狱或看守所，所以假设我们释放其中的 1/10，那就是 23 万人。这样做会导致全国犯罪率上升 2%，这是一笔实实在在的成本。但请记住，我们释放的是罪行最轻的罪犯，即那些没有任何实际暴力记录的罪犯。另一方面，以每人 5 万美元的价格计算，释放这些罪行相对较轻的犯人将节省 115 亿美元。在州和地方预算非常紧张的时候，这无疑意味着一大笔钱。

也许我们可以设计出一些其他类型的惩罚措施。在有些时候，也许罚款比监禁更为有效。毕竟，罚款意味着政府有钱进账，而将人送进监狱则意味着政府资金的支出，这一点很重要。政策可能改变的第二个方面是考虑改变罪行被发现的确定性，我的意思是雇用更多的警察。把大量不同的统计证据放在一起综合估算可以发现，警察人数增加 10% 可以使犯罪率降低 4% 左右。

让我们再粗略地计算一下。假设每增加一名警察，其每年的工资、福利和装备成本为 10 万美元。实际成本可能更高，但这是一个相对合理的整数估计。粗略地说，美国有 70 万名警察，如果我们将警察人数增加 10%，就是额外增加 7 万名警察，按每名警察的成本为 10 万美元计算，那么每年增加的支出为 70 亿美元。这将使犯罪率降低约 4%。请记住，被抓获的可能性确实是影响犯罪的部分原因。20 世纪 90 年代，美国犯罪率下降的原因之一就是警察人数的增加。

在这里，你可以看到进行权衡、取舍的可能性。如果我们降低在押囚犯的人数，就可以把节省下来的钱中的一部分用于增加警察人数。

其结果便是，我们可以节省经费，犯罪率也会降低。这些措施结合起来，将有助于实现我们真正想要达成的目标。

还有很多其他方法可能减少犯罪。例如，可以考虑一些减少吸毒的方法。如果我们通过政策减少青少年怀孕，改善人们的就业环境，提高低技能工人的工资，或强化家庭纽带，所有这一切都可能有助于降低犯罪率。

总的来说，我在这里真正主张的是超越自由派和保守派的观点，真正尝试以务实的方式思考这些问题。我提出的一些可能的建议带有真正的自由派基调，比如减少监狱里关押的犯人数量；其他建议则带有典型的保守主义基调，即通过增加警察数量来严厉打击犯罪。关于这个问题，就像许多其他问题一样，我在这里要传达的根本信息并不是要说服你们同意我的建议，而是希望提醒你们：我们应该认真对待经济学分析。当个人的动机和权衡发生变化时，他们会改变决定。试图衡量人们会如何改变自己的行为，以及公共政策在制定打击犯罪的政策时应如何考虑这一点，是一件重要的事情。犯罪是一个重要的社会问题，因此在公共资源和私人资源都很稀缺的世界中，我们的确需要考虑成本和进行权衡、取舍。

重要术语　**自然实验（natural experiment）**
由法律或事件引发的一种情况，其中某项因素或多或少地随机分布在群体中，从而使得社会科学家更容易得出关于因果关系的可辨性推理。

思考问题　1. 将犯罪视作经济学研究领域的一部分是否令你感到不适，或者你是否能理解为什么这会令许多人感到不适？
2. 你认为在本讲中还有哪些导致犯罪率上升或下降（不是导致犯罪发生的原因）的因素没有被充分考虑到？
3. 你对降低美国犯罪率有什么建议？

第八讲
作为一种个人选择的
恐怖主义

成为恐怖分子或自杀式炸弹袭击者是一种个人选择。媒体报道经常对恐怖分子的动机做出并不严谨的断言，而经济学家则已经收集了大量数据，并研究了收入、教育和其他因素如何对恐怖主义行为产生影响。恐怖组织中也有相应的分工，有些人是策划者，有些人则负责实施恐怖行动，前者往往受教育程度更高，在组织中的地位也更高。

人们经常声称，解决贫困问题是减少恐怖主义的正确途径。例如，21世纪初，就在2001年的9·11恐怖袭击发生后不久，乔治·布什在一次演讲中表示："我们与贫困做斗争，因为希望是应对恐怖主义的答案……我们将对贫穷、绝望、教育匮乏和失败的政府发起挑战，这些政府往往为恐怖分子提供了可乘之机。"同样，时任世界银行行长詹姆斯·D.沃尔芬森也表示，反恐战争"不会取得胜利，除非我们首先解决贫穷问题，从而消除不满的根源"。

2000年诺贝尔和平奖得主、韩国前总统金大中曾说："恐怖主义的根源是贫困。"美国前总统奥巴马也说过："极度贫困的社会……提供了疾病、恐怖主义和冲突的最佳孳生地。"我可以滔滔不绝地举出更多例子，而且我强烈支持以各种方式减少贫困，但将贫困与恐怖主义挂钩的说法可能是错误的，或者至少非常片面。

让我们来谈谈经济学家如何看待经济因素与恐怖主义的联系。我想首先谈一谈为什么贫困不太可能是导致恐怖主义的原因。如果把世界作为一个整体来考虑，根据世界银行的统计数据，大约1/4的人口每日生活费不足1.25美元，全球几乎一半人口每日生活费不足2美元。这些人中真正成为恐怖分子的非常非常少。事实上，如果你认为他们可能成为恐怖分子，我猜很多人会觉得那是对他们人格的侮辱。

此外，上述全球贫困情况已经持续了很长一段时期。事实上，随着中国、印度和其他一些国家的经济出现爆炸式增长，近几十年来全球范围的贫困率有所下降。如果贫困是恐怖主义的诱因，那么我们本应该看到，随着经济增长推动各国变得更加富裕，近几十年来恐怖主义活动会有所减少，但这似乎并不是正在发生的趋势。

质疑贫困是导致恐怖主义的另一个原因是审视高收入国家恐怖主义分子的经历。请想一想20世纪70年代以来出现的恐怖组织：意大利的红色旅①绑架并谋杀了意大利前总理；德国的巴德尔-迈因霍夫集团②谋杀警察和政府官员并劫持了一架飞机；在美国，共生解放军③实施了一系列银行抢劫和谋杀，也许最出名的是绑架美国传奇报业大王威廉·兰道尔夫·赫斯特的孙女帕特里夏·赫斯特。所有这些组织都植根于发达经济体，其成员显然并不是快要饿死的人。

按照世界通行标准，他们没有遭受到太大的压迫。他们中的大多数人实际上受过良好的教育。事实上，许多研究都查看过恐怖分子的

---

① 红色旅（Red Brigades，意大利语为Brigate Rosse，常被缩写为"BR"）是一个意大利的极左翼军事组织，成立于1970年，主要创建者为特伦托大学的一名社会学学生雷纳托·库尔乔（Renato Curcio）。最初的成员是一些左翼激进的工人和学生。该组织声称它的宗旨是对抗资产阶级，其最著名的行动之一是在1978年绑架并处决了意大利前总理阿尔多·莫罗。——译者注

② 巴德尔-迈因霍夫集团（Baader-Meinhof gang）又称"红军旅"（德语：Rote Armee Fraktion），是德国的一个左翼组织。该组织主要自1970年至1998年活动。在其近30年的活动过程中，造成了大量人员伤亡。1977年，其猖獗的活动导致联邦德国发生了大规模的社会危机，史称"德意志之秋"。——译者注

③ 共生解放军（Symbionese Liberation Army，SLA）是美国激进左翼组织，于1973年由加州黑人越狱犯唐纳德·德弗里兹建立，鼓吹在美洲搞革命，目标是"消灭剥削人民的资产阶级寄生虫"，吸引了一些激进青年。该组织抢劫银行，绑架报业大王赫斯特的孙女，最后被洛杉矶警察局特种部队歼灭。——译者注

生平数据，以了解贫困与恐怖行为之间是否存在联系。普林斯顿大学的经济学家艾伦·克鲁格（Alan Krueger）——我要坦承，他在我任职于经济学杂志时担任过我的老板，同时也是我的朋友——为这项研究做出了很大贡献，并收集了大量不同国家的资料。

克鲁格在研究中将研究对象之一的某国恐怖组织成员与该国普通民众进行了比较。他发现，该组织成员的贫困率略低于普通民众，而受教育程度高于普通民众。克鲁格还研究了一个名为信仰者集团（Gush Emunim）的以色列组织，这个组织声称，他们出于宗教原因而在1980年杀害了约旦河西岸的几位巴勒斯坦市长，并试图炸毁圆顶清真寺。研究结果发现，该组织成员包括工程师、教师、战斗机飞行员和计算机程序员，这些人的收入和受教育程度都远远高于平均水平。

在另一项类似的研究中，加利福尼亚兰德公司经济学家克劳德·贝雷比（Claude Berrebi）研究了20世纪90年代约旦河西岸和加沙地带的情况。他发现，自杀式炸弹袭击者来自贫困家庭的可能性不到其他人群的一半。他还发现，60%的自杀式炸弹袭击者拥有高中学历，而周边人口中这一比例仅为15%。他列举了另一个例子，也得出了类似的观点。参与9·11恐怖袭击的恐怖分子中，至少有4人会驾驶飞机，因此他们肯定接受过一定程度的教育。其他15人主要出身公务员或小商人家庭。与其原籍所在国的其他人相比，这个群体的受教育程度高于平均水平，他们绝对不是最贫穷的人。他们只是在某种程度上接受了激进思想的人。

一旦认定这些人是遭受了极端思想的毒化，我们便开始更接近恐怖主义的真正决定因素。在某些情况下，受教育程度越高的人越容易感到愤怒。他们对世界的感情更强烈，并且无论出于什么原因，他们都更愿意采取暴力行动。他们显然从未受到过与强烈感情相符的道德约束。当然，我在这里并不是说，多数大学生在毕业后都会成为恐怖分子或诸如此类的人。我想说的是，你会发现，在许多国家，恐怖阴谋的中坚人物受教育的程度高于平均水平。骚乱和暴力行为往往在大学生中获得强大支持，其程度远远超出了贫困的农民群体。

为什么恐怖分子往往出身于收入高于平均水平的家庭？为什么恐怖分子的受教育程度高于平均水平？你本来可能认为，穷人和受教育程度较低的人拥有的财富较少，可能会拥有更多愤恨。出现这种情况的部分原因是，恐怖分子并不全是自愿加入，通常需要被恐怖组织选中执行某项恐怖任务。选择谁来实施恐怖活动的过程（你可以将其视为"恐怖分子的雇佣决定"）有助于解释为什么那些被选中的人往往在收入和受教育水平上高于其所在地区的平均水平。

几年前，一位名叫纳斯拉·哈桑（Nasra Hassan）的巴基斯坦记者采访了一些恐怖分子及其家人。她在采访中了解到的一个情况是，恐怖组织中负责策划恐怖行动的人和领导人中，有很多是志愿者。一个恐怖组织的行动策划者对她说："我们最大的问题是有成群结队的年轻人过来找我们，争先恐后地要求被派去执行自杀式任务，只从中选出几个人是一件困难的事。"当然，有可能，甚至非常有可能的是，这个策划者关于人人都想加入他们团体的说法有些夸大其词。但是，同样不难想象，人到了一定年龄后，当被某些蛊惑性言论激起情绪时，其中一小部分人会对恐怖活动或多或少地产生一点兴趣。

还有一个恐怖行动策划者也解释说，他们可以自由挑选他们想要的人。事实上，他们解释说，他们有一定的选人规则。他们会拒绝任何18岁以下的人、大家庭中唯一挣钱养家的人和已婚的人参与恐怖行动。此外，他们试图筛选那些真正致力于完成恐怖任务的人。

那么，鉴于恐怖活动的策划者可以挑选执行者，他们会倾向于在组织中挑选那些从广义上讲能力更强的人，这么做无可厚非。通常，这意味着被选中的人受过良好教育。毕竟，致力于长期学习并有毅力完成学业的人也可能有毅力去完成其他任务。事实上，有一项关于自杀式炸弹袭击者的研究发现，当袭击的目标更重要时，袭击者的受教育程度往往更高。这完全有道理，因为袭击活动的策划者会将他们认为最可靠的成员分配到他们试图打击的最重要的目标上。

恐怖分子是受教育程度相对较高的人，而他们之所以采取极端暴力行动，是因为他们认为这将有助于带来至少在他们眼中可取的改变，这种想法引发了前文提到的我的朋友艾伦·克鲁格提出的一个关于恐怖主义的有趣而具有挑衅性的观点，他花了很多时间思考这个问题。他认为，恐怖主义在某种程度上更接近于投票。克鲁格指出，低收入人群和受教育程度较低的人更有可能进行街头犯罪，这当然部分是因为从经济上看，他们犯罪行为的替代品看上去更糟糕，因此他们通过犯罪可获得的收益看起来相对较好，而如果他们因犯罪被抓，经济损失看起来也相对较小。

有关投票有一个有趣的问题（后文将专门讨论这个话题），那就是你可能会以为高收入者的投票率最低，因为对他们而言，放下其他事去投票所耗费的时间成本最高。但对于投票和恐怖主义来说，实际情况恰恰相反。高收入者人群的投票率更高，这大概是因为投票结果以某种方式与他们息息相关，因此他们更有理由关心投票结果。同样，恐怖分子是那些有着极其坚定信念的人，坚定到他们愿意对其他人做出可怕且不可原谅之事，并在此过程中赔上自己的性命。

我有时想，与其把恐怖分子比作投票的人，还不如将他们比作那些策划在投票中进行欺诈的人，即那些极度希望达成其想要的结果，因此会打破规则去促成这种结果实现的人。在这个类比中，欺诈者面临很多困难，而其中一个困难是，如果他们真的想进行大规模的选民舞弊，那就需要对社会具有广泛的控制，以便操纵各地的选票计算。最擅长实施这种舞弊行为的往往是专制性政府，因为它们能够实现这样的社会控制。但是，我强烈怀疑，如果恐怖组织获得了权力，它们很可能会以暴力的方式压制普选，这样就能够保住手中的权力，而不需要将其交给其他任何人。

现在让我们先探讨一下社会科学文献中是如何定义恐怖主义的，以及关于恐怖主义有哪些更广泛的数据。到目前为止，我一直专注于研究特定的恐怖分子及其生平背景。但如果你从事社会科学研究，就需要考虑因果关系。你需要思考，为什么某些国家比其他国家更容易发生恐怖主义。你需要掌握一些实际数据，因此需要对正在发生的事情做出一些实际定义。

我相信你们很多人都知道，在如何定义恐怖主义时，有很多不同的说法和政治博弈。这种博弈基本上就是把你不喜欢之人的行为定义为恐怖主义，而把与你志同道合者的行为定义为某种合法行为，并断言那不是恐怖主义。现在，学术文献中关于恐怖主义及其含义的定义不下几十种。我的研究领域是经济学，不是语言分析，因此我不想纠结这些说辞，但对相关背景稍加解释仍很有必要，因此我将讨论几个被普遍接受的主要定义。

首先，我想重点介绍一下美国法律有关恐怖主义的定义。联邦法律将恐怖主义定义为"由次国家[①]团体或秘密代理人针对平民目标实施的有预谋的、出于政治动机的暴力行为"。这个定义包含了一长串术语，但其中有几个关键概念。其一是恐怖主义是有预谋的行动，而不是自发的暴乱或起义。其二是恐怖主义是出于政治动机，不是为谋取私利而采取的犯罪行为。同时，恐怖主义针对的是平民目标，这不仅是指平民在针对军人的行动中受到伤害，还指恐怖活动的真正目标便是平民。此外，恐怖主义涉及次国家团体或秘密代理人，也就是说，它不是两支军队间的战斗，而是以其他的形式进行。

[①] 次国家（subnational）通常指的是一个国家内部的地域划分或行政单元，反映了国家内部行政管理的复杂性和多样性。——编者注

有几个组织一直在努力统计全球各地的恐怖活动。要想建立可用于社会科学研究的数据集，这样做非常必要，这使得你可以研究恐怖活动，并将其与不同国家的政治、经济或社会条件进行比较，看看其中是否存在什么模式。所谓"全球恐怖主义数据库"（Global Terrorism Database）可能是最全面的非保密恐怖事件数据库。它由马里兰大学的国家恐怖主义和应对恐怖主义研究联盟（START）运营，其资金来自美国国土安全部。

这个数据库建立于1970年。它收录了3.8万起爆炸事件、1.3万起暗杀事件、4000起绑架事件，以及许多其他事件的相关数据。数据库中的每个恐怖事件至少包括45个变量信息，针对近期的事件，则每起均包括了120个不同变量的信息。粗略而言，他们平均每年大约会收录2000起恐怖事件的相关数据。为了让你有一个大概印象，我这样表述一下：在大约一半事件中，没有人真正遭到杀害，而只是某栋建筑被炸、某条管道被毁，或是发生了一次袭击，但被挫败且造成的损失很小。

他们使用的恐怖主义行为定义包含了3个标准。它在某些方面与美国国务院的定义相似。第一个标准是，该行为必须旨在实现某些政治、经济、宗教或社会目标。第二个标准是，必须有证据表明，该行为意图胁迫、恐吓或向比直接受害者更多的受众传达其他信息。第三个标准是，该行为必须超出合法战争活动的范围。当然，对于此类定义，人们总是担心其措辞不够准确，可能有些过于宽松，有些过于严格，或是在某些情况下不符合条件。这3个标准的用处在于，你可以问自己，恐怖主义行为是只符合3个标准中的1个，还是3个标准中的2个，抑或是3个标准全都符合？如果无论符合标准中的几个，所得结论都基本相同，那么便可以认为精确的定义在此处不是一个重要问题。你找出的模式相当稳健。

使用此类数据，能够发现各个国家呈现出怎样的情况呢？自然，很多关于恐怖主义的研究都强调国际恐怖主义——也许是因为它似乎更像是针对美国和其他高收入国家的直接威胁，同时在这些国家，本土的恐怖主义并不常见。然而就美国而言，确实有本土恐怖分子的先例。例如，1995年，蒂莫西·麦克维（Timothy McVeigh）在俄克拉荷马城联邦大楼前引爆卡车炸弹并造成160多人死亡，数百人受伤。再例如，被称为"炸弹客"的特德·卡钦斯基（Ted Kaczynski）在20年的时间里持续发送邮件炸弹，共造成3人死亡，多人受伤。

对大多数国家来说，国际恐怖主义并不是一个比本土恐怖主义更严重的问题。根据不同数据集的统计，只有15%~20%的恐怖主义事件是国际性的。其余的全都发生在某个国家内部。事实上，在全球恐怖主义数据库中，30%的行动是由大约20个恐怖组织实施的。换句话说，恐怖主义行动或多或少地集中在这些团体中，尽管并不是高度集中的。该数据库列出了从1970年到2008年间，超过2000个活跃的恐怖组织，其中一些是典型的国际组织。

纵观这些恐怖组织，你可能会问，如果某个国家变得更加富裕，该国发起恐怖主义行动的可能性是会上升还是会下降？当然，这只是一个平均数或总体模式，并不适用于所有国家的所有时期，但实际上，随着国家变得更富裕，恐怖主义似乎也会变得更猖獗。人们经常引用一个与这种模式相反的例子，那就是发生在爱尔兰的情况。20世纪90年代，爱尔兰的经济在欧盟成立和更广泛的世界经济发展的背景下也蓬勃发展，这种发展似乎夺走了爱尔兰恐怖主义的大量能量。它令年轻人，尤其是年轻男性，拥有了不同的前景，并为他们提供了不同的渠道来释放能量。

全球的总体格局要复杂得多。许多世界上最贫困的国家都集中在非洲和亚洲，其中一些国家暴力事件和内战频发，但这些国家并不以恐怖主义而闻名。在此我想到的是埃塞俄比亚、孟加拉国、柬埔寨和尼日尔等国家。而那些恐怖主义的发源地，按照全球标准，其中许多国家实际上是中等收入国家，而不是世界上最贫困的国家。你会看到一种趋势，即随着一些国家从贫困国转变为中等收入国家，这些国家的恐怖主义活动实际上会增多。

的确，世界上最富裕的国家并没有孳生出多少恐怖主义，但值得记住的是，这些国家的居民和公民曾参与恐怖主义活动。比如我前面谈到过德国的巴德尔-迈因霍夫集团和意大利的红色旅，同时今天高收入国家的公民加入国际恐怖组织的情况也并不罕见。

同样作为事实的是，城市化程度更深的国家似乎也存在更多恐怖活动。总体而言，恐怖主义似乎更能在那些并不绝对贫困、存在城市、至少在某种程度上存在社会制度的国家扎根。针对许多国家进行的研究发现，民主程度可能会对恐怖主义产生相互冲突的影响。一方面，民主为那些心怀不满的人提供了一种宣泄不满的方式，这样一来，民主便可以减轻恐怖主义孳生的一些动力。民主可以成为一种社会压力的舒缓剂。

另一方面，民主往往并不擅长应对极端暴力的局势，独裁政府反而可以镇压持不同政见的恐怖组织。大多数民主国家很难因为认定某个组织可能参与了恐怖主义而去镇压它。此外，恐怖分子生活在民主国家的一个困难是其同道之人非常少，他们的事业往往非常不受欢迎，在民主国家几乎没有发声的机会。也许他们可以选出一两个象征性的代表，但民主并不能为他们提供实现目标的方法。相比之下，高度专制的国家作为一个政体往往会镇压恐怖分子。

在另一个类别中，你可以设想一些在某种程度上失灵的国家。这些国家的政府非常虚弱，同时这些国家往往存在大量恐怖主义。还有一些国家，它们或是完全正常运作的民主国家，拥有言论和新闻自由，并实行公共问责制，同时这些国家存在权力更迭机制；或是一些中等水平的国家，同样拥有权力更迭机制，但对言论或新闻自由存在更多压制，对政府的问责也不全面。人们普遍认为，高收入、高民主国家并没有因为民主程度的提高而出现更多的恐怖主义。

但在中等水平国家范围内，有些研究发现，民主程度的提高实际上会导致更多恐怖主义的出现。随着国家变得更加自由，人们拥有比专制政权下更大的行动自由，从而他们也能够开展更多的恐怖活动。

回顾过去40年间全球各地的恐怖主义活动，判断一个地方现在是否可能存在恐怖主义的一个指标是，该地区在过去几年中是否发生过恐怖主义行动。换句话说，恐怖主义不像是雷击或百年一遇的大风暴。恐怖主义一旦扎根，就会持续一段时间。似乎有些地方存在着恐怖主义和冲突的根源。这表明，在考虑打击恐怖主义的成本和收益时，真正重要的是不要让恐怖主义生根，因为它就像一种特别令人厌恶的杂草，一旦扎根就会一直存在下去。

在本讲的最后，我想谈谈我对经济和恐怖主义之间关系的看法。设想随着世界经济的增长，随着民主在越来越多的地方站稳脚跟，恐怖主义活动将减少，这固然是一个很好的想法。但不幸的是，这种想法可能并不正确。随着一些国家按照世界标准从极端贫困国转变为中下水平或中等水平国家，我们在历史上看到的模式是，这些国家的恐怖主义活动可能会增加。随着一些国家摆脱独裁统治（独裁统治拥有极其严厉的镇压恐怖组织的权力），走向更高程度的民主，至少在其中一些国家，某些能量将得以释放，在某些情况下，这也会导致恐怖主义。

虽然相信消除贫困和传播民主会减少恐怖主义行动无可厚非，但根据我们掌握的证据，这种理想似乎不太可能成真。此外，恐怖主义行动通常不是由互不相关的个人所采取的行动。相反，它是某个组织的一部分。这意味着，如果要打击恐怖主义，需要考虑打击制造恐怖分子的组织。

那么，这些组织到底是什么？当然，它们会因国家和地方而异。在一些地方，它们可能是政治组织。在某些情况下，它们可能会是教育组织，或者社会组织、宗教组织。但所有这些组织，它们在如何将个人塑造为恐怖分子的大框架方面存在一些相似之处。这些组织会挑选那些特别容易成为恐怖分子的人。它们会逐渐将那些被选中的人带入一系列内部团体，一个比一个更深入的内部团体。这会让那些人感到自己很特别，就好像他们是天选之子。这还使得他们与其他人隔绝，无法了解其他人对他们被要求做的事情以及他们想做的事情有何反应。

打击恐怖主义的方法之一是思考并了解这一过程。这意味着需要确定恐怖主义孳生之地并加以铲除。当然，这说起来容易做起来难。找到恐怖主义的孳生地就需要加入这些恐怖主义团体并了解它们，在某些情况下，铲除恐怖主义还可能需要警察或军事行动。不过，我猜测，在许多其他情况下，对另一些人而言，这些人正全身心地高度致力于大致相同的事业，哪怕是一项不受欢迎的事业，他们绝对拒绝以任何方式鼓励或容忍恐怖主义活动。对他们而言，铲除恐怖主义的行动可能意味着鼓励和奖赏，甚至使他们成为英雄人物。

有关恐怖主义的最后一个问题是，单纯考虑恐怖主义行动在人类生命和痛苦或财产损失方面造成的直接成本是远远不够的，尽管这些成本可能异常高昂，令人难以承受并心碎。从更广泛的意义上讲，恐怖主义行动的破坏程度并不等同于，甚至并不接近于在一国领土上发动战争。恐怖袭击可能会毁掉一些实物资产，但其通常不像海啸、大地震或战争造成的损失那样严重。我们可以将一些极端恐怖事件（比如9·11恐怖袭击事件）的经济成本与极端自然灾害（比如2011年初袭击日本海岸的海啸）的经济成本加以比较。

那场海啸造成了约1.8万人死亡，并导致了引发核灾难的风险。9·11恐怖袭击造成了3000人死亡，当然还有巨大的财产损失。显然，这两起事件都是可怕的。试图比较它们几乎让人觉得缺乏同情心，但我在这里想强调的是，恐怖主义行动造成的损失不仅仅是实际的财物损失或生命损失。恐怖袭击或在公共场所发生爆炸而导致人员死亡与海啸或地震导致人员死亡存在根本的不同。

恐怖袭击涉及一种破坏性的认知，即有人希望你不幸。人们认为，即使恐怖主义爆炸被制止，这种破坏性认知引发的媒体关注也会传播开来。从这个意义上说，它所引发的恐惧意味着恐怖主义行动的企图部分成功。无疑，我们很难明确如何衡量这些恐怖主义行动的间接成本，也很难将其与采取行动防止恐怖主义行动的成本加以权衡。举个例子，我们可以想一下美国机场因额外安全预防措施而耗费的时间。

美国每年大约有8亿人次的航空旅客。假设由于采取额外的防范恐怖分子的措施，每个人需要多花15分钟才能通过安检。将这两个数字相乘，就会发现每年旅客排队的时间增加了约2亿小时。以每小时20美元的价格计算，每年排队安检多浪费的时间价值将达到40亿美元，而这还不包括更多的安检人员和机器的实际成本，所有这些也都将大幅增加成本。

当然，考虑到美国经济的庞大体量，40亿美元外加其他成本并不算天文数字，但这肯定是一笔非常可观的重要成本。你还可以想一想其他各种防范恐怖主义活动的措施，包括加强边境安保，使物品更难通过美国边境，对通信进行监控，甚至包括采取海外作战等手段。在此我当然不会试图评估各项政策决定的成本和收益。我更广泛的观点是，对于任何此类决定，随着政策不断推进，最终在某个时候，试图以这些方式防止恐怖主义的成本将超过收益。我将让你们来确定在某些领域我们是否已经越过了这个拐点，或是即将越过这个拐点，还是这个拐点将出现在未来的某个时候。

单纯依靠经济学的洞见无法让我们全面了解恐怖主义。我们需要社会学家、心理学家、政治学家、历史学家以及外交官、警察、情报专家和军事将领等诸多人的贡献，但经济学确实可以发挥一定作用。事实上，好的经济学，真正最好的经济学，通常也会包含上述所有其他专业领域的基本要素。

思考问题

1. 一些经济学家认为，恐怖主义在某些方面更类似于一种投票行为而非普通犯罪。这种说法的优劣之处分别是什么？

2. 美国法律将恐怖主义定义为"由次国家团体或秘密代理人针对平民目标实施的有预谋的、出于政治动机的暴力行为"。这个定义的优劣之处分别是什么？

第九讲
婚姻作为一个搜索市场

在经济学家眼中,婚姻既是一种市场,也是一种合约。经济因素会影响结婚率,影响婚姻双方选择的模式以及离婚的可能性——离婚可以看作一份终止婚姻合同的协议。近年来,婚姻市场最有趣的一个变化是向选型交配转变,即人们越来越倾向于和与自己相似的人结婚。

在我看来，自己的婚姻超乎寻常地幸运，如果用一句话简单概括，那就是"一直处在恋爱中"，这么说也许稍显矫情和过分浪漫，而如果更详尽地表达同样意思，则可用一系列表述，例如彼此的归属感和亲情，分享彼此生活日常和重大事件的巨大乐趣等。能够和妻子分享令我的幸福感加倍、烦恼减半。信不信由你，我本人颇有一些怪癖，娶了一个似乎真正喜欢和欣赏这些怪癖的人，这实在是一件美妙的事情。

和你爱的人分享过往经历同样是一件美妙的事情。当然，我不想在这里假设我设法确切地表达了我妻子的感受，但撇开具体细节不谈，我的妻子总是告诉我，至少总体而言，她发现自己基本上认同我关于我们一直像在谈恋爱的说法。所以问题变成了在这个世界上，经济学家如何看待这种亲密的个人关系，并以某种方式将其转变和塑造成一种经济理论？

经济学家总是有本事化繁为简，他们将婚姻简化成下面的问题。人为什么要结婚？好吧，这大概是因为人们认为结婚比保持单身要好，或者现在结婚比以后结婚要好。同样，人为什么要离婚？因为人们认为离婚比维持婚姻关系要好。这些问题和答案可能看起来过于简单，但如果应用于一个大的群体，它们就可成为开展社会科学研究的一个有用起点。

它们让你能够解决一系列问题，例如为什么在过去大约 25 年间结婚的人越来越少，为什么 20 世纪 70 年代离婚率飙升。人们在爱情、灵魂、精神和忠诚方面似乎不太可能在上一个十年与下一个十年之间便发生根本性的变化。我们一旦稍微放下个人的浪漫幻想，开始分析数据，并从简单粗暴的经济学视角审视人们为什么会如此选择，便有望能对这一趋势做出相对有力的解释。在此我不是要自省，我为什么如此爱自己的妻子。相反，我想问的问题是：有哪些广泛适用的社会因素发生了变化，使得随着时间的推移，在不同的时间和地点，婚姻有时成为一种不那么具有吸引力的选择，或使离婚成为一种更有吸引力的选择？

不过，从经济学的角度审视婚姻，不仅是要考虑什么会影响个人在决定结婚或离婚时的选择。它着眼于结果，有时候经济学家把结婚或离婚选择称为婚姻市场。好吧，"婚姻市场"这个词看上去可能有点奇怪。它显然并不是一个真正意义上的买卖市场。它不像比萨饼或二手车市场，而是一个涉及搜索并做出持久承诺的市场。2010 年的诺贝尔经济学奖被授予三位经济学家：彼得·戴蒙德（Peter Diamond）、戴尔·莫滕森（Dale Mortensen）和克里斯托弗·皮萨里德斯（Christopher Pissarides），以表彰他们"对于存在搜索摩擦（search friction）情况的市场的分析"。

所谓"搜索摩擦"到底指的是什么？对于大多数人来说，将其应用到劳动力市场，这个概念就相当清楚了。寻找工作需要一个搜索的过程，以找到一些可能的选择。一路走来，你经常不得不做出决定，是选择找到的第一份工作，还是选择从事一份兼职并继续努力寻找更好的工作，又或是接着寻找，希望更好的工作机会出现，哪怕眼前错过了一些机会。

这个想法同样适用于劳动力市场中的招聘行为，招聘同样需要一个搜索过程。你必须决定是选择第一位求职者，还是先雇用一个临时工，或者是先尽力撑过人手不足的时间，等待一个更适合企业的更好人选。这个理论的基本想法是，工人和雇主都在搜索，都在搜寻那个难以捉摸的完美匹配。

许多市场都涉及搜索。例如，住房市场涉及寻找房子并决定是否要买一套。住房市场和劳动力市场一样，其特点是确实要做很多搜索，搜索实际上是这些市场行为的核心部分。同样，婚姻也是一种搜索市场。

在任何特定时间，都有许多单身人士至少在理论上希望结婚。但是，他们不会全都和第一个出现的对象结婚。这里存在一个搜索过程，我们称之为保持单身或正在约会。当构建有关婚姻市场的经济学框架时，我们开始思考，哪些人在婚姻市场上找到了对象，哪些人被抛下了（类似于在婚姻市场上失业），哪怕他们希望找到合适的对象，却仍然单身。

要研究这个市场，首先让我们谈一谈婚姻以及离婚的一些趋势。在描述这些趋势时，我会大量引用宾夕法尼亚大学的两位经济学家，贾斯汀·沃尔弗斯（Justin Wolfers）和贝特西·史蒂文森（Betsey Stevenson）汇编的一些统计数据。我们首先从结婚率开始谈起。我们确实有相当多关于过去 150 年美国结婚率的数据。从 1860 年到 1980 年左右，尽管存在较小的波动，但每年都有大约 1% 的美国成年人结婚。

有时候，结婚率会高一些，就像二战后的几年，当时大量士兵从战场上归来。在大萧条时期，由于经济不景气，很多人不愿结婚，因而结婚率略低。不过，如前面所说，从 1860 年到 1980 年的 120 年间，长期而言平均结婚率是每年大约1%，但在最近几十年里，结婚率一直在下降。在过去30年左右的时间里，美国每年只有接近0.5%的成年人结婚。

另一方面，离婚率则在总体上呈上升趋势，并伴随着一些剧烈变动。如果回到1920年左右，在每千对夫妇中，每年大约有5对离婚。到了1940年，每年每千对夫妇中会有约10对离婚。第二次世界大战结束后，离婚人数激增，每千对夫妇中约有15对离婚。但二战结束后到1960年左右，每千对夫妇中离婚的数量又降至大约10对。

大约在这个时期，即20世纪60年代和70年代初，离婚在法律上变得更加容易。"无过错离婚"理念开始在各州法律中传播开来。在这种情况下，离婚率开始攀升。1979年，离婚率最高达到了每千对夫妇中有23对离婚。到2010年，离婚率再次回落，每千对夫妇中只有15对离婚。我们看到，在20世纪的大部分时间里，离婚率缓慢增长，在20世纪70年代达到峰值，之后离婚率又开始下降。

我们把结婚率曲线和离婚率曲线放在一起，便可以看到首次结婚者的数据，以及随着时间的推移，他们的首次婚姻会发生什么。例如，对于那些奉行离婚快乐，在20世纪70年代首次步入婚姻殿堂的人来说，其中48%的人在25年后离婚。如果我们假设在接下来的几年里，这个群体中会有更多的人离婚，便构成了你有时听到的"一半婚姻将以离婚告终"说法的事实基础。但是，这一统计数据只适用于那些在20世纪70年代结婚的人。

再看一看其他人，比如那些在20世纪50年代首次结婚的人，他们中只有大约20%的人在25年后离婚。在20世纪60年代首次结婚的人中，约35%的人在25年后离婚。很明显，我们很难判断那些新近结婚者的离婚情况，因为对于那些在过去10年或15年结婚的人来说，我们还没有25年的经验来了解发生了什么。不过，我们可以看一看最近婚姻的离婚率及其模式，并将其与早年间结婚的群体几年后的离婚模式进行比较。我们可以看出，模式的演变显示离婚率呈现下降趋势。

20世纪90年代首次结婚的人同样符合这种大趋势，这个趋势可能会发生改变。对于20世纪90年代首次结婚者而言，他们在25年后的离婚率将高于那些在20世纪60年代首次结婚者的离婚率。换言之，25年后，20世纪90年代首次结婚的人中，超过35%的夫妇会离婚。不过，这个数字远低于20世纪70年代的离婚率。毫无疑问，在20世纪90年代首次结婚的人中，最终走向离婚的人数远远到不了一半。

如果我们按照年龄模式来思考婚姻，同时考虑结婚率和离婚率的总体变化情况，便会发现长期来看，不同年龄段的人的婚姻状况存在不同的模式。我们可以研究20世纪的人口普查数据，并查看任何一年结婚的人口比例，从而得到上面的数字。根据粗略统计，30岁至55岁年龄段的成年人中，大约有70%的人处于婚姻状态。过了那个年龄段之后，死亡和离婚开始导致处于婚姻状态的人数下降，到了80岁这个年龄段，只有大约1/4的人处于婚姻状态。

我前面描述的这个大模式中存在两处例外。第一个例外是在1960年的人口普查中，25~35岁的已婚人口比例远高于平均水平，增至80%左右。请记住，在此之前结婚率恰好处于二战后的高点。有趣的是，另一个明显的例外是2000年的人口普查所显示的，经历了20世纪70年代和80年代的离婚率升高以及结婚率缓慢下降，其结果显然是成年人口中处于婚姻状态的人变少。如果审视该人口普查数据中30~55岁年龄段的情况，你会发现其中只有60%的人在2000年处于婚姻状态，远低于此前的相关数据。还记得吧，在1960年，这一比例大约为70%，甚至可能更高。

不过，根据2000年人口普查结果，老年人处于婚姻状态的可能性也更高。例如，看一看2000年人口普查中80岁年龄段的数据，你会发现其中大约 40% 的人处于婚姻状态，远高于 20 世纪大部分时间中普遍存在的大约 25% 的比例。同时，还有一些问题和有趣的证据，与有时被人口普查局称为"POSSLQs"的现象有关。POSSLQ 代表的是"合用住所的异性"（Persons of the Opposite Sex Sharing Living Quarters）。换句话说，这些人住在一起，但实际上并没有结婚。这个数字没有得到很好的衡量，但从我们掌握的一点证据来看，这个数字似乎随着时间的推移而不断上升。这样一来，美国就越来越像一些欧洲国家了，这些国家的结婚率和离婚率通常较低，但同居率相对较高。

显然，过去 10 年间（也许是 15 年或 20 年间），婚姻市场已经发生了变化，结婚率更低，离婚率也同样变低，同时已婚人群的年龄分布也与过去不同。为什么会发生这些变化？让我们思考一下是什么影响了婚姻市场，并看一看人们从婚姻中获得的经济收益。

婚姻的收益可分为 3 类：我们可将其称为（用经济学家的话来说）生产互补性、消费互补性和风险共担。下面，我来谈一谈这些术语的含义以及应如何理解它们。首先是生产互补性。想象一下，家庭需要生产大量产出，其中一些产出可以在市场上购买。你可以购买想要消费的东西，而有些产出需要在家里生产。例如，你通常会在市场上购买住房，而不会自己建造房子。但是还有很多服务，比如做饭、打扫卫生、洗衣服、抚养孩子，在很大程度上都是由家庭生产的。

这些任务通常需要花费大量的时间，而不是金钱。当然，你如果有足够的钱，也可以付钱让别人来做这些事，或者让别人做其中的一部分。生产互补性的理念是，通过劳动分工来分担这些任务从经济角度考虑有意义。夫妻中的一方可以专注于赚钱，另一方则可以专注于家庭的非市场任务。当然，根据某些"伟大"的平等主义理论，也许两个人应平等地分担所有任务，一半精力用于做市场工作，一半精力用来做非市场工作。但在现实世界中，我们都在某种程度上有所专长，因此可以说，至少在某种程度上，专注于家庭生产也是有意义的。

当然，这种劳动分工也可能因大量有关性别的刻板印象和偏见而得到强化。但除了刻板印象和偏见，术业有专攻在经济方面的优势也是真实存在的。它们可以成为婚姻经济优势的一部分。

第二个术语是消费互补性。根据消费互补性理念，一个家庭不断消费各种物品，包括消费住房、消费食品、消费交通、消费假期等。可以想见的是，对于家庭所消费的某些东西，两个人共同消费可能比一个人消费更便宜，一个3口或4口之家共同消费也可能比一个人消费更便宜。同时，即使从金钱角度来看并没有节省，但一个团体共同做某件事也可能比一个人做同样的事更快乐。换言之，消费存在互补性。

当然，这并不适用于所有事物。例如，大多数夫妻可能不会经常共享很多衣服。但诸如居住空间、食物、交通、娱乐、假期等事物——所有以人均成本计算更便宜或与所爱之人一起做更快乐的事情——都涉及了消费互补性。事实上，我有时会说，经济学家口中的"我爱你"实际上是"我想与你分享消费互补性"。

选择拥有终身伴侣的最后一个经济原因是共担风险。在日常生活中，我们有时会遇到问题。如果健康恶化了，谁来照顾你？如果丢掉了工作，在你找到新工作期间，谁来付房租？如果你的车坏了，谁有另一辆车可以帮你代步？如果你的孩子生病了，谁能帮忙照顾病儿？当然，如果情况变得非常糟糕，通常会有一些政府计划可以提供帮助，但这些计划往往是针对那些受到严重伤害和极度贫困的人所提供的。对于日常生活中的许多小挫折和困难，也包括许多大事，有一个小小的双人保险来共担风险确实很有帮助。

这些正是思考婚姻市场的要点所在。过去几十年来，社会情况发生了许多变化，而这些变化改变了婚姻收益的来源。20世纪下半叶发生的一系列经济转变降低了生产互补性带来的潜在优势，增强了消费互补性带来的优势。相应地，在婚姻市场中，婚姻带来的潜在收益也相应发生了一些变化。

在此，我想试着列出一些已经发生的经济变化。第一个变化是所谓家用技术的变化。家庭的生产技术已经出现了巨大的发展。在20世纪50年代和60年代，随着冰箱、洗衣机、烘干机、蒸汽熨斗、洗碗机等家用电器日益普及，家庭的生产技术出现了一个特别巨大的飞跃。当然，在那之后，又出现了微波炉和咖啡机等电器。所有这些变化的结果是，做家务所需的时间大大减少。

根据一项估计，手洗一堆衣物需要连续劳作4个小时，包括用肥皂水清洗、在搓衣板上搓洗、用手漂洗、在绳子上晾干。有了洗衣机和烘干机，将衣物送入机器和取出的时间可能只需要半个小时，这中间你可以离开去做其他事情。预制食品也改变了家庭生产。现在有太多产品比以前便宜很多，也更容易买到。所有这一切已经使得家庭生产技能变得不像从前那样有价值，因而许多人不再发展这种技能。事实上，我听到过一种说法，女性解放的最大一步不是某人发表了一个著名演讲，甚至不是女性获得选举权，而是得益于电力和家用电器的普及，女性从家庭生产任务中解放出来。

过去几十年中发生的第二个重大变化是生育率下降。我将在下一讲中更多地讨论生育选择和父母身份。在这里，我只想强调，孩子对于婚姻的重要性已经远不如以前了。早在1880年，75%的已婚人士生活在有自己孩子的家庭中。现在，随着预期寿命的延长、每个家庭的孩子数量减少以及人们选择晚婚，只有大约40%的已婚人士生活在有自己孩子的家庭中。平均而言，每个家族的孩子数量也减少了。随着每个家族孩子数量减少和有孩子的家庭数量减少，专门从事家庭生产的价值相较于从前再次降低。

离婚法案的变化也改变了婚姻的动机。新的离婚法在很多方面发生了变化，但我想关注的重大变化是支持无过错离婚的趋势。如果离婚必须给出理由，那么一方必须说出是谁的错。另一方通常可以通过拒不同意离婚来阻止离婚。如果不需要给出理由，双方都没有过错，那么任何一方只要愿意，都可以相当容易地退出这场婚姻。这改变了婚姻中的谈判力量。

根据原来的法律，即20世纪50年代的过错离婚法律，更想挽救婚姻的人拥有更大权力。如果一方愿意，他们可以合法地维持婚姻。而根据20世纪70年代以来通行的无过错原则，更想结束婚姻的人拥有更大的权力。显然，这将改变人们选择专业分工的意愿，特别是那些专门从事家庭生产的女性。过去，如果你是一名女性，多年来一直承担了所有的家务，那么你的丈夫很难与你离婚，除非你或多或少地希望这种情况发生，或是出于某种理由同意离婚。而现在，一个多年来辛苦做家务的女性知道，她的丈夫几乎随时都可以离婚，因此她会更倾向于保留能够从事有酬工作的职业选择，毕竟，谁知道在5年、10年、15年或20年后会发生什么呢？

还有一个重大转变，那便是工作模式的改变。1950年，女性的劳动参与率约为33%。也就是说，1/3的成年女性在有偿劳动市场上工作。但随着时间推移，到1980年，女性的劳动参与率已经高达50%。到1990年，这一比例上升到60%，此后大致保持在这一水平上下，变化不大。这种变化是由许多因素造成的，但它表明女性对家庭生产的关注有所减少，因此婚姻更多的是共同消费在市场上购买的商品，而不是共同生产。

劳动力市场的一个长期变化是，一个世纪前，标准的每周领薪工作时间（当时主要适用于男性）通常为60小时。当时每天的工作时间更长，每周工作5个整天，同时人们通常在周六工作半天。现在，大多数人的典型每周工作时间为大约40小时。人们拥有更长的周末以及更多的假期和休闲时间，而且人们更加重视共享消费而不是生产。

另一个变化是人们的平均收入大大提高。如今的普通人比50年或100年前的普通人富足得多，这不仅是因为他们的收入更高（尽管这也是事实），还因为他们拥有各种各样的娱乐可供选择。例如，电视在20世纪50年代和60年代普及，现在我们更是拥有了神奇的网络通信和娱乐。20世纪50年代，人们通常不会在加勒比海的游轮上度假，边享用各式各样的美食边通过电话和电子邮件与家里的朋友交流。此外，这一变化也再次强调了共享消费，而不是共享生产。

最后还有一个变化，即教育、工作和科技领域发生的转变也改变了情侣相识的方式，同时这种改变往往印证了对于消费互补性的重视。1960年，大学中的男生与女生比例为1.6∶1。因此，简单的数学计算就能告诉你，在那种情况下，很多受过大学教育的男性不会在大学里遇到他们的妻子。现在，情况则发生了逆转。目前，大学中的女生人数已经超过男生，大学中的男女生比例为1∶1.4。同样，简单的数学计算就可表明，许多接受过大学教育的男性会娶受过大学教育的女性。同时，男性也会在职场上遇到自己的伴侣。

男女匹配的过程正在发生这样的变化。科罗拉多大学经济学教授特拉·麦金尼什（Terra McKinnish）曾进行过一项研究，其结果表明，在异性成员比例较大的行业或职业中工作的人，结婚后更有可能离婚。如果能够在职场接触到更多异性，那么男性离婚的可能性会增加，女性也是如此。麦金尼什将这种现象称为"另一种形式的在工作中'骑驴找马'"。

情侣相识方式的另一个变化是在线交友服务。鉴于我是那种出现在线交友服务之前就已经结婚的中年男人，我在这方面没有实际经验。但我的感觉是，很少看到一位女性在征友广告中声称自己非常擅长打理家务、擅长烹饪、清洁、洗衣、持家、管理家庭财务和维修，而且非常擅长抚养孩子。这些并不是你在21世纪吸引配偶的优势。

相反，人们强调的完全是与消费互补性相关的东西，诸如：我喜欢徒步、音乐会和旅行。就像那首老歌所唱的那样："你是否喜欢一边轻啜着椰林飘香一边淋着雨?"这样的个人征友广告集中反映了所有其他变化的结果。无疑,这些影响和重塑婚姻收益的因素有助于解释婚姻和离婚模式发生的变化,即人们越来越晚结婚,越来越少结婚,但同时也越来越少离婚。

婚姻收益的基础已从生产互补性转向消费互补性。婚姻中一方负责照看孩子和家庭生产所带来的收益正在下降。与看似收入稳定、职业道路明朗的人结婚所带来的收益则大幅上升。人们更重视教育和职业发展,而不是以组建家庭和养育孩子作为婚姻的基础。

美国人更倾向于晚婚。1950 年,女性的初婚年龄略大于 20 岁,男性的初婚年龄略低于 23 岁。这种情况直到 1970 年前后并没有发生太大变化,但此后,初婚年龄开始稳步上升。现在的女性初婚年龄约为 26 岁,男性初婚年龄约为 28 岁。与 20 世纪 70 年代结婚的人相比,这种变化至少带来了相对更稳定的婚姻。

与此同时,离婚率也呈现下降趋势。与 20 世纪 70 年代相比,现在的婚姻似乎更容易持久。所有这些趋势加在一起,就形成了经济学家所说的选择性婚配现象。所谓选择性婚配,是指婚姻市场对人们的分类方式与以前不同,主要的变化是具有相似背景(尤其是教育背景)的男性和女性越来越有可能结婚。接受过大学教育的人尤其可能与同等学历的人,而不是受教育程度较低的人结婚,与之相伴随的,是越来越多的女性进入大学。

在 19 世纪末,接受过大学教育的女性并不多见,而这些受过大学教育的女性约有一半人从未结过婚。在 1960 年的人口普查中,处于 60 岁年龄段、接受过大学教育的女性有 29% 从未结过婚。到了 2000 年,在人口普查中,处于 60 岁年龄段、接受过大学教育的女性只有 8% 从未结过婚。这里发生了巨大的转变。过去,接受过大学教育的女性结婚的可能性比未受过大学教育的女性要小,特别是在其

20多岁的时候。

现在，受过大学教育的女性比未受过大学教育的女性更有可能结婚。在步入30岁年龄段后，受过大学教育的女性比没有大学学历的女性更有可能结婚。从这个意义上说，受过大学教育的女性是晚婚趋势的先锋，她们在事业稳定后结婚，生孩子的数量较少，但在余生的大部分时间里保持婚姻状态。

我还想列举婚姻市场分类的最后一个例子，这是一个很多人都已经注意到的现象，至少我和我的妻子都已经注意到，那就是当环顾我们的朋友时，我们知道有很多35岁至55岁年龄段的女性没有结婚，尽管至少在我们看来，她们是很好的结婚对象。她们为人很好，生活优渥，有很好的工作。而我们并没有发现有那么多35岁至55岁年龄段、条件很好的单身男性。这又是为什么呢？

一个名叫马克·吉米恩（Mark Gimein）的财经记者曾经阅读过一些关于非对称竞价理论的经济学文章，即在拍卖中，一些竞价者比其他竞价者更有实力。这种理论让他想到了上面那个问题的答案。现在，我们能提出一个关于分类市场如何运作的合理解释了。想象一下，你可以根据所有20岁或25岁男性的结婚吸引力对他们进行排名，也可以用同样的方式对所有女性的结婚吸引力进行排名。

让我们假设（这很可能是真的）在我们的社会中，女性是最终选择是否谈恋爱和是否结婚的一方。有些女性在青春期和20岁出头的时候，就发觉自己是极具吸引力的结婚对象。她们有很多选择，但会以微妙或直接的方式推迟做出选择。她们会将一些想娶她们的男人推到一边。同时还有其他一些女性，更多地处于结婚对象范围的中端或低端，她们认为自己拥有选择，但不一定有那么多选择。这些女性更有可能试图寻找在婚姻吸引力分布上比她们等级更高的人，并会嫁给那个人。如果这种模式出现，结果会怎样？

处于吸引力分布中间位置的女性嫁给了吸引力等级靠上的男性，而那些看似极具结婚吸引力的女性，在其 30 多岁准备成家立业时，环顾四周，会发现可供选择的男性似乎都比她们真正想要嫁的人更接近理想分布的底部。这会让多年以来一直颇具吸引力的她们觉得自己"低嫁"了，于是她们中的许多人选择不结婚。

婚姻作为一个搜索过程会产生一些快乐的结果，比如当你结婚时，你会真正了解自己以及自己的伴侣到底是什么样的人。然而，它同样也会带来一些可能并不令人愉快的结果，比如所有那些决定不断寻找结婚对象的男女，最终会后悔自己在 20 岁出头时错过那个人。我当然相信真爱的存在，不过在生活中，我在 30 岁时迎娶了一个 28 岁的女人，我们俩都受过大学教育，并且都获得了高等学位。相遇时，我们俩都有工作，而且都保住了工作。我直到 37 岁才有了第一个孩子。

这种模式对我来说或多或少是自然而正常的。也许我生儿育女的时间稍微有点晚，但我既有朋友结婚比我早，也有朋友结婚比我晚，同时也有朋友比我晚生孩子。不过，如果退后一步并从社会科学家的视角看待这个问题，我会发现，自己之所以认为这些决定正常，在很大程度上是因为我出生于 1960 年，而不是出生于 1940 年或 1990 年。从社会科学以及对婚姻市场的思考中可以得出的一个结论是，无论我们是否愿意相信这一点，我们都是时代的产物。

重要术语　**选择性婚配（assortative mating）**
具有相似特征（如具有相似的收入和教育水平）的两个人更有可能结婚。

消费互补性（consumption complementarity）
如果两个人共享消费，则消费会更便宜或更令人感到愉快。

生产互补性（production complementarity）
如果两个人分担，则可以更高效或更愉快地完成生产任务。

风险共担（risk pooling）
负面结果（如健康状况不佳或收入损失）的风险被分担，无论是通过婚姻还是通过购买保险。

思考问题　1. 你认为与前几代人相比，当前的婚姻模式和结婚动机在哪些方面发生的变化最大？即使你的理由没有以明确的经济学术语来表达，它们如何与本讲中描述的经济学理论相吻合？

2. 选择性婚配可能带来的问题和好处是什么？

第十讲
生育与父母身份

过去,孩子是一项投资,他们意味着家族生意得以延续,以及父母年迈后得以安享晚年。在当今的社会中,孩子已经成为一种消费,因为父母实际上需要付出大量成本来抚育孩子。经济学家一直在努力解释家庭经济模型中的这种变化,他们在其中一些方面取得的成功比另一些方面更大。

对生育选择的研究在经济学领域具有悠久的历史，至少可以追溯到 18 世纪末和 19 世纪初经济学家托马斯·罗伯特·马尔萨斯的著作。马尔萨斯实在是太出名了，以至于他的名字已经成了一个专有名词。如果你将某人称为马尔萨斯派，或者将某种预测称为马尔萨斯式预测，人们就会知道你所谈论的是人口过多的问题。下面，让我们谈一谈马尔萨斯其人以及他都说过些什么。

马尔萨斯可能是有史以来首位正式的政治经济学教授。在 19 世纪，"政治经济学"经常是经济学的代名词。马尔萨斯出生于 1766 年，于 1834 年去世。他的父亲是一位著名的律师，其家族的朋友包括苏格兰哲学家、经济学家、历史学家、启蒙运动及西方哲学史代表人物之一大卫·休谟和法国启蒙思想家、哲学家、启蒙运动代表人物之一卢梭。马尔萨斯接受过极其良好的教育，拥有剑桥大学学位，曾担任英国圣公会牧师以及东印度学院（East India College）的历史和政治经济学教授。

马尔萨斯是经济学思想史上一位有趣的人物，原因有很多。例如，他是最早认识到我们今天所说的"衰退"（他将其称为"过剩"）的人之一，并曾就此撰写过文章。不过，马尔萨斯在今天最著名的文章是他1798年首次发表的《人口原理》(An Essay on the Principle of Population)。这篇文章开宗明义地提出了他认为是基本事实的几个论点——虽然今天我们可能会将它们视为需要检验的假设。

其中一个事实是，生活资料按算术级数增长，而人口则是按几何级数增长的。马尔萨斯所说的生活资料按算术级数增长是指食物和其他基本生活必需品的供应每年都会以固定的水平呈线性增长，而他所说的人口按几何级数增长则是指人口是按指数速率增长的。例如，如果人口数量每年增长3%，那么人口总是每24年就会翻一番，然后随着时间的推移再次翻一番，依此类推。如果随着时间的推移，两个要素中的一个，生活资料以固定水平实现算术级数的增长，而另一个要素，人口在特定时间段内翻倍，那么人口的几何增长速率将不可避免地超过生活资料的增长速率。

在这种情况下，人类可以避免灾难发生的方法并不太多。例如，人们可以因为道德约束和知道过多生育的危害而不生孩子。作为一名牧师，马尔萨斯希望人们能受到这样的约束，但他并没有真正指望这一点。因此，他预测，随着人口增长超过生活资料的增长，灾难和饥饿将不可避免。自马尔萨斯的文章面世以来，世界人口在过去几个世纪里急剧增加，在某些时期和某些地区也确实出现了饿殍遍野的情况。

大体而言，从公元前后到1800年前后，世界总人口的增长相对较少，全世界的人口总量一直维持在10亿左右的水平。但在那之后到2000年前后，世界人口急剧增加到60亿。目前的预测是，世界总人口将在2050年达到90亿左右，此后将略有下降。然而，马尔萨斯的预测或假设不仅包含了人口的增长，还包括人口增长速度将超过生活资料的增长速度，随后人口的增长将因饥荒而受到限制。然而，我们到目前为止似乎并未看到这样的模式发生。

以美国为例，在19世纪，普通女性生育孩子的数量持续下降。1800年，每位美国妇女平均会生育7个子女。到1900年，每位美国妇女平均生育子女的数量下降到了 3.5 个。从 2000 年至今，每位美国妇女的平均生育数量降到了略高于 2 个。这种模式不仅出现在美国，全世界都出现了类似的出生率急剧下降的模式。欧洲大多数国家、俄罗斯、中国、日本的出生率都已经低于平均每位妇女生育 2.1 个孩子的更替水平，即确保人口总量保持稳定的生育水平。事实上，日本的总人口在 2006 年前后达到了顶峰，预计在未来几十年里也会逐步下降。

这无疑是人类生存状态的巨大变化。1800 年，许多女性成年后 70% 的时间花在了生育和抚养年幼的孩子上。到了 2000 年，随着孩子数量减少和预期寿命延长，世界上许多地方的女性在生育和抚养孩子方面只花费了成年后时间的 14%。但至少到目前为止，人口数量的增长速率尚未超过生活资料的增长。平均而言，今天的人们拥有更多的收入和财富。虽然我们生活的世界中仍然有相当多人未解决温饱，但对于整个世界来说，肥胖问题实际上已经比食物短缺问题更严重。

此外，饥饿并不是导致生育率降低的原因。我再次强调，我并不是说我们在全世界养活 90 亿人口，以及高人口水平对环境的长期影响方面不存在严重问题。不过，现在的情况并不符合马尔萨斯的预测，即并未出现人口无休止增长导致大规模饥荒的情况。导致生育率下降的不是饥饿，而是收入水平的提高和各种技术进步。收入水平和技术与生育率之间的这种相互作用表明，从经济学角度对生育率和父母身份的整体情况加以探索可能会让我们大有发现。

让我们来思考一下养育孩子的经济框架。养育孩子既有直接的成本，也有直接的收益。其成本往往会在孩子长大后逐渐消失，但如果孩子在你生病或退休时照顾你，则潜在的长期收益就依然存在。同时还有孩子数量和对孩子的投资质量之间的权衡取舍。孩子越多意味着家庭的时间和金钱资源需要分配的份数越多，而孩子越少则意味着可以将更多资源集中在每个孩子身上。养育孩子的直接成本可以分为两类：一类是自付费用，即父母直接花在养育孩子上的钱；另一类是机会成本，即将花在养育孩子上的时间用于其他用途可实现的价值。

在低收入、低技能、以农业为主的经济体（如19世纪早期的美国）中，抚养孩子的自付费用相当低，因为其他赚钱机会并不多，尤其是对女性而言。在那个时候，你不会因为抚养孩子而被迫放弃丰厚的外部收入。事实上，19世纪抚养孩子的许多直接成本都被孩子为家庭带来的经济利益所抵消。他们可为家庭提供劳动力。许多与农业、储存食物、收集木材、取水有关的任务都可以分配给孩子。

到了晚年，孩子成为退休生活的一种辅助。例如，20世纪早期的一些证据表明，一家之主是65岁以上男性的家庭从孩子那里获得了约1/3的收入。进化论（尤其是人类进化论）的研究强调了孩子的数量与对孩子投资的质量之间的这种权衡取舍。如果总体而言父母的投资对后代成长并不是太重要，那么从进化的角度来看，拥有大量后代是合理的。例如，青蛙和鱼等物种就是如此。

如果父母的投资对后代的成长确实非常重要，就像熊或大象等大型哺乳动物通常的情况那样，那么该物种往往会生育更少的后代，同时父母对每个后代的投资更多。当然，在人类社会中，我们没有太多此类限制。但在低收入国家，大多数人受教育程度不高，同时即使接受了教育，也没有太多方法可以利用这些教育，所以在进行这种孩子数量与投资质量的权衡取舍时，人们往往更侧重数量方面。在某种程度上，通过生育很多孩子来实现多元化，比试图在少数孩子身上投入大量资金要好。在高收入国家，情况则往往相反。让我们来思考一下现代的成本效益计算。

在美国这样的高收入国家，养育孩子的自付费用有多高？养育一个孩子的自付费用相当高，但这项成本并没有随着时间的推移而大幅上涨。美国农业部自1960年开始估算抚养一个孩子需要花费的费用，现在你可以回顾一下过去半个世纪的估算数据。例如，1960年，一个中等收入家庭抚养一个孩子的平均花费为2.5万美元。如果根据通货膨胀率加以调整，这相当于2009年的18.3万美元。

根据美国农业部的数据，2009年，抚养一个孩子大约需要花费22.2万美元，即成本的实际增长率约为22%。事实上，由于此后的经济增长，花在养育孩子上的支出的实际增长速度低于整体经济的增长速度。无论是在1960年还是现在，住房都是养育孩子的最大成本，而且在此期间，住房支出发生了实际增长。与此同时，医疗保健费用也出现了大幅上涨。此外，食品也是这两个时期抚养孩子的最大支出之一，但经过通货膨胀调整之后，食品的成本随着时间的推移有所下降。总而言之，养育每个孩子的自付费用接近25万美元，这还不包括大学学费或孩子成年不离家，在地下室住到30岁的费用。这个数字让我对自己的三个孩子有了略微不同的审视。不是更好，也不是更坏，只是和以前不太一样而已。

此外，这笔费用通常不会被孩子为家庭做出的贡献所抵消。饭后收拾桌子或清空洗碗机等家务活与过去耕田、拾柴以及挑水、洗衣和装罐头食品等家务劳动不可同日而语。对于父母来说，现在是要付出更多，而且在孩子还小的时候，无法从他们身上获得等价的直接劳动收益。

女性挣工资的机会成本也发生了变化。记住，机会成本就是你为了养育孩子而放弃的东西。过去，女性在家操劳照顾孩子；现在，父母双方通常都在外工作，所以他们需要做出权衡取舍，以更少的工作时间或更少的工资换取照顾孩子的时间，否则就需要承担成本找一个日托机构。我们曾谈到，女性正在大量进入劳动力市场。女性的职业道路正在发生巨大的变化，并形成了一种激励机制的循环。

如果你想进入劳动力市场，就需要去获得更高学历。一旦拥有了更高的学历，你就有更大的动力进入劳动力市场。如果你像我一样在大学校园里工作，就会注意到，现在大多数大学的女生数量明显多于男生。例如，在1970年左右，大约10%的医学院学生是女性，而其他一些专业，如法律和商科，女生所占的比例则只有个位数。到20世纪90年代初，女性已经占医学、法律和商科学生总数的40%左右，法学院的女性学生数量现在已经超过男性。

你可以看看1960年至1964年前后出生的女性，看一看她们什么时候生育孩子以及有几个孩子。受过更多教育（因此有更多工作机会）的女性往往晚育，孩子数量也更少。例如，在只有高中学历的女性中，64%的人在25岁之前生育了第一个孩子。相比之下，只有20%拥有大学学历的女性在25岁之前生下了第一个孩子。到了40岁时，这种差异趋于平稳。到了那时，83%高中毕业的女性生育有一个孩子，74%大学毕业的女性至少生育了一个孩子。

随着时间的推移，平均每位妇女生育的孩子数量逐步下降。高中毕业和高中辍学的女性平均每人生育2.5个孩子，而大学毕业的女性平均每人生育1.6个孩子。从经济角度来看，一个显而易见的解释是，生育孩子的机会成本（即女性在怀孕和照顾孩子，尤其是年幼的孩子，期间可能放弃的工资成本）对受教育程度更高、选择更多的女性来说要高得多。事实上，在美国，我们看到婚姻和生育模式出现了分化。对于受过大学教育的女性来说，她们通常先结婚，几年后生孩子，生完孩子后可能会休息一段时间，但之后她们会重返工作岗位。

对于只有高中学历的女性来说，早婚或未婚生子的情况要普遍得多。而对于这一低技能群体来说，婚姻带来的好处并不一定那么大。用上一讲的话来说，在现代经济中，对于低技能的人来说，从生产性互补中获得的婚姻收益并不高。如果你没有受过教育，也没有收入，那么也不能很好地共担风险或互补消费。在我自己的家庭里，抚养孩子的最大花费显然不是我们花在他们身上的钱。我的妻子拥有大学学历和极具吸金能力的MBA（工商管理硕士）学位，而她决定不再在一家投资银行工作，而是离开职场几年负责抚养我们的孩子。

当然，我认为，从她一生幸福的立场出发，她做出了正确的决定，这也正是我的愿望。但是，从她一生的金钱收入和我们家庭财务状况的角度来看，毫无疑问，这个选择是一个巨大的损失。此外，这个成本还不仅包括她数年的工作收入。有强有力的证据表明，当女性离开职场一段时间，然后在 5 年或 10 年后重回职场时，她们的工资会永久性地下降，即使对工作年份进行调整后，她们的收入也可能比原来降低 15%。

有时候，人们的经济决策会因技术变革而发生重大变化。电力和电网的应用，以及汽车、计算机和互联网的出现都是例子。在生育选择方面，最大的技术变革是避孕药。目前，避孕药的使用已经非常普遍。几乎 80% 的 45 岁至 55 岁美国女性在一生中的某个阶段都服用过避孕药。避孕药的影响极其巨大。《经济学人》杂志在 2000 年 1 月 1 日出版了一期千禧年特刊，选择避孕药作为 20 世纪最伟大的科技进步。有趣的选择！

在此我不想详细介绍避孕药的历史，简单说来，避孕药在 1960 年左右就已经是一种可以买到的药品。但在当时，它一药难求。那时，许多州的法律都禁止使用避孕药。大约过了十年，随着各州法律和医生态度的改变以及最高法院的一些裁决，健康的女性或单身的女性才可以服用避孕药，而不必声称这种避孕药可以治愈某些特殊的疾病。

在避孕药问世之前，女性经常需要做出选择。她们要么选择性生活和极有可能成为母亲的机会，要么选择上大学、研究生和职业生涯。她们如果选择早婚，实际上也是选择了性生活，那么很有可能便走上了成为母亲的道路，而不是求学和步入职场之路。当然，20 世纪 50 年代末和 60 年代也有其他避孕方式，比如隔膜和避孕套，但避孕药的效果要好得多，尤其对于那些没有使用其他避孕方式经验的年轻人来说更是如此。

哈佛大学的两位经济学家克劳迪娅·戈尔丁（Claudia Goldin）和劳伦斯·卡茨（Lawrence Katz）曾对此进行过详细的阐述。他们认为，1957年出生女性的初婚年龄比1950年出生的女性晚很多，同时1957年出生女性的大学毕业率也比1950年出生的女性高很多，这并非巧合。在美国，1957年出生的女性在青春期时可以方便地选择使用避孕药，而大多数1950年出生的女性在青春期时则并不拥有这种选择。技术改变了选择，而这种选择的改变最终也会改变人们的态度。

从长期看，子女带来的经济利益也在减少。与19世纪和20世纪初相比，需要子女在年老时支持自己的需求有所减少。例如，现在我们老了以后有社会保险收入，有医疗保险来负担医疗费用，还有医保补助。此外，许多人还有养老金计划，或养老金个人账户（IRA）和401K退休储蓄计划。所有这些加在一起，在很大程度上承担了过去家庭为老年人提供收入保障的作用。当然，在照顾老人方面，成年子女仍然扮演着重要的角色，既包括亲自照顾，也包括管理财务等。但是，这已经与过去那种完全依赖子女养老有所不同。

最后，孩子的数量与投资质量权衡取舍也发生了变化。自20世纪70年代末以来，劳动力市场发生了一个重大变化，即技能的回报大幅增加。例如，在1980年，25~34岁年龄段大学毕业生的收入是高中毕业生的1.2倍，但现在他们的收入是高中毕业生的1.6倍。因此，父母少生孩子并在每个孩子身上投资更多，与多生孩子并在每个孩子身上投资更少相比，前者所获得的回报也增加了。我认为，这在我们更广泛的文化中已经以各种方式表现了出来。我们经常会看到所谓的"直升机父母"，即那些总是围在孩子身边的父母。孩子们有大量的课外活动和日程安排，而家长们通常全程参与。人们不再有多个孩子，并将他们扔到运动场或公园里自由玩耍。他们现在只有一两个孩子，会参加这些孩子的每一场比赛和每一次训练。

现在，任由孩子们整个夏天都在操场上和朋友们一起跑来跑去的想法似乎很疯狂。难道没有更有效的方式来利用他们的时间吗！现在有更多关于安全的规定，比如关于儿童座椅的规定，以及永远、永远、永远不要独自留下你十来岁的孩子的规定。在某些州，把 11 岁的孩子独自留在家里现在已经被视为危害儿童的行为。这些都是一场更大运动的一部分，是对更少数量的孩子进行投资的一部分。当然，这些措施有时候可能有点过头。作为家长，我有时确实觉得这有点过头了。但是，让你的孩子进入更好的大学并获得高薪工作所带来的回报比以往任何时候都要大。人们看到这种情况正在发生，而家长们对这种激励措施做出了反应。

对我来说，这种在更少孩子身上投入更多资金的现象真的很有趣。它提出了一些根本性问题，比如如何衡量在孩子身上花费的时间和金钱。具体来说，抚养孩子到底是一种像做饭那样的家庭生产，还是更像一种休闲活动，一种为了快乐和享受而做的事情？经济学家针对这两种观点都进行了实验：将抚养孩子作为一种家庭生产方式加以思考，或是将孩子作为一种奢侈品消费加以思考。但似乎没有任何一种理论完全符合事实。

无论受教育程度如何，父母与孩子相处的时间似乎都在增加。多年来，经济学家一直在对时间使用进行研究，让人们记录如何度过自己的时间。事实上，从 2003 年开始，美国劳工统计局开展了一项被称为"美国时间使用调查"（American Time Use Survey）的研究。一天结束之时，接受调研者需要记录他们在当天的每个小时都做了什么。由于这是一个在全国具有代表性的群体，你可以扩展这个样本，并预测美国经济中每个人的所作所为。

这些针对时间使用的研究表明，自 20 世纪 60 年代以来，用于照看孩子的平均时间有所增加。已婚父亲照看孩子的时间增加了一倍，增加到平均每天约一小时，已婚母亲照看孩子的时间增加到平均每天约两小时。还有一项名为"跨国时间使用研究"（Multinational Time Use Study）的研究收集了许多高收入国家1960年前后的数据，并将其与2000年前后的数据进行了比较。研究发现，随着时间的推移，各国用于照看孩子的时间均呈现出类似的增长趋势。教育水平较高的人与孩子相处的时间增加的趋势尤其明显。

几年前，我编辑的《经济展望杂志》上刊登了一项研究，该研究由芝加哥大学的乔纳森·古里安（Jonathan Guryan）和埃里克·赫斯特（Erik Hurst）以及马里兰大学的梅丽莎·科尔尼（Melissa Kearney）共同完成。他们发现，受教育程度较高的父母与孩子相处的时间比受教育程度较低的父母要多。接受过大学以上教育的母亲每周花在照顾孩子上的时间比高中或以下学历的母亲多了4.5小时。如果观察全职母亲群体，并比较受教育程度较高和较低的母亲，你就会发现，这种模式普遍适用于各个子群体。再观察养育孩子所花时间的类别，包括基本儿童保育、教育性儿童保育、休闲性儿童保育以及与儿童保育相关的旅行等，受教育程度较高的父母相较于受教育程度较低的父母，花在孩子身上的时间似乎总是更多。同样的模式也适用于其他国家。

对于普通人，尤其是那些听说过一直围着孩子转的高成就"直升机父母"的人来说，这些发现可能并不令人惊讶。但对于真正想搞清楚这背后原因的经济学家来说，要分析父母在投入资源抚养孩子时具体做了什么，需要首先厘清一些概念问题。例如，在某些经济模型中，对养育孩子有一种解释，即将养育孩子视为家庭生产的一种形式。大多数典型的家庭生产模式是，随着受教育程度的提高和工资的增加，人们倾向于在市场上购买更多的东西，减少在家庭里生产东西。换言之，收入较高的人倾向于购买更多的预制食品，购买更多的房屋保洁服务。他们更有可能购买修剪草坪服务，聘请家庭装修师，以及做诸如此类的事情。

如果养育孩子是一种家庭生产的形式，那么它应符合这样的逻辑：随着个人受教育程度的提高和收入的增加，他们应该购买更多的儿童保育服务。但是，人们并没有这样做！他们购买了更少的儿童保育服务，并花更多的时间陪伴孩子。因此看上去，养育孩子似乎不应该被归于与其他类型家庭生产同样的领域。

另一种观点是，你可以把养育孩子看作一种令人愉悦的消费，类似于休闲活动。显然，声称养育孩子可被视作一种休闲也许会让我遭雷劈，但毋庸置疑的是，很多休闲活动也都存在令人出汗乃至感觉不舒服的情况，比如去健身房或请私教健身。

对于那些受教育程度和收入水平较高的人来说，花钱购买休闲时间更为困难，因为享受休闲时光意味着他们放弃了本可以赚到的更多收入。因此，受教育程度较高的人往往报告说，他们花在休闲活动上的时间比较少。而如果把照顾孩子看作一种休闲，那么它显然是一种奇怪的休闲，因为随着机会成本的增加，随着你所放弃的收入增加，你反而增加了照顾孩子的时间。

还有另一种观点，是把养育孩子视作一种奢侈品。在经济学中，奢侈品有一个特定的定义：它是指这样一类商品，即在人们的收入增长一定百分比时，其消费会增长更大的百分比。如果你的收入增长10%，你就会购买更多这样的商品，同时你增加的购买量会大于10%。例如，去餐馆吃饭就符合这种模式。受教育程度和收入较高的人会在下馆子吃饭上花更多的钱，而且随着收入的增加，这一比例还会不断上升。

那么，将养育孩子视作一种奢侈品是什么意思？这可能源于这样的信念：父母与孩子共度的时光回报非常高。经济学家可能会说："当你接受过很多教育，拥有很多资源时，花时间陪伴孩子是一件很有趣的事情。"另一种想法是，这是父母在为孩子的未来进行教育投资。你可以通过购买和雇用获得很多东西，例如草坪护理和家庭护理服务，但花钱为自己的孩子找到真正好的教育投资则要困难得多。受过高等教育的父母为孩子提供了高水平的辅导、支持和丰富的体验。他们可能真心认为，无法从雇用的普通儿童保育人员那里得到这一切。

这种理论也与竞争越来越激烈的现状相符。在这个精英当道的世界里，你需要给孩子一点优势。如果你想让你的孩子在未来取得成功，需要现在就对他们进行大笔投资。在克服了对将孩子视为奢侈品这一说法的震惊之后，我承认，这个想法颇有些道理。在50年、100年或200年前的美国，养育很多孩子可被视作一种多元化投资，前期成本相对较低，在短期和长期都能带来可观的回报。然而，在现代经济中，孩子已经更接近一种消费品了。

今天，养育孩子的成本更高，而孩子为家庭提供劳动所带来的短期经济回报和将孩子作为经济保障所带来的长期回报则大大降低。当然，就像任何消费活动一样，有些人会比其他人更喜欢孩子，也有些人会选择消费其他东西。但总的来说，这些因素加在一起，最终会导致孩子数量的减少。那些为了享受养育孩子的收益而付出高昂代价的人，由于放弃了其他收入，往往会少生孩子。但那些单纯喜欢孩子并且有足够的收入负担这一切的人，把孩子视为一种奢侈品，随着收入的增加，他们花在养育孩子上的时间和金钱的比例也越来越高。

重要术语　**人口转型（demographic transition）**
一种长期模式，即随着一个国家收入增长和国民预期寿命增加，人口出生率会下降。

奢侈品（luxury good）
人们的收入增长一定百分比时，这些商品的消费会增加更大的百分比。

马尔萨斯人口论（Malthusian theory）
认为随着时间的推移，人口增长将超过资源和生活资料增长的理论。

思考问题　1. 通过你自己的经历或你朋友的经历，你认为影响生育选择的最重要经济因素是什么？

2. 在某种程度上，你认为孩子是像其他形式的家庭生产（如吃饭和洗衣），还是更像一种令人愉悦的休闲产品，抑或是像一种奢侈品？

第十一讲
小选择与种族歧视

有些时候，市场有助于消除歧视。想要吸引优秀员工的雇主会竞相争取他们，这有助于克服歧视。但也有些时候，市场会强化歧视。例如，如果你雇用少数族裔或女性担任某个职位，客户就不再与你做生意，那么你的业务可能会停滞不前。有关种族歧视的经济学理论阐明了市场和种族歧视如何相互作用，以及1964年《民权法案》等立法如何打破了现有的歧视模式。

即使进入21世纪已经十年①，非裔美国人作为一个群体在各项社会经济指标上的表现仍然差于美国的平均水平。对于像我这样的人来说，数据往往能说明一切。同时，尽管我长期追踪这些数据，它们对我来说并不陌生，但这些数据还是会令我震惊，并感到某种不适。以下是一些非裔美国人现状的数据，它们均摘自美国政府的标准统计资料：2008年，美国的整体贫困率（即低于官方贫困线的人口比例）为13%；对于黑人来说，这一比例为25%。

如果只看儿童，2008年，美国有18%的儿童生活在贫困线以下的家庭中。而非裔儿童中则有34%，也就是大约1/3生活在贫困线以下。那么失业率呢？非裔美国人的失业率一直较高。1982年经济衰退时，全美失业率最高达到约10%，同期非裔美国人的失业率高达20%。在2007—2009年的经济衰退中，美国全国失业率再次达到近10%，而同期非裔美国人的失业率则达到了15%。此外，你还可以看一看有关婚姻和儿童的数据。2009年，白人群体中27%的男性和20%的女性从未结过婚，而在同一年，黑人中有43%的男性和41%

---

① 本书对应的课程创作于2011年左右。——译者注

的女性从未结过婚。

再看一下家庭群体的数据：在白人中，25% 有孩子的家庭是单亲家庭；2009 年，非裔美国人家庭中，60% 有孩子的家庭是单亲家庭。还可以看一看教育的数据：2009 年，美国总人口中有 29% 的人拥有大学或更高学历；然而，只有 19% 的非裔美国人属于这一类别。再看预期寿命数据：2007 年，白人男性的出生预期寿命为 76 岁，而黑人男性的出生预期寿命只有 70 岁。此外，你还可以看一看有关经济、健康、社会和其他方面的许多数据，例如哪些人是犯罪行为的受害者，哪些人进了监狱。这些统计数据丝毫不存在争议，它们全都出自标准来源。争议之处在于，你如何解释它们背后的根本原因，以及从这些数据出发，应该得出什么政策建议。

不可否认的是，在美国遭受歧视的不仅仅是非裔美国人。意大利、希腊等南欧裔人口也遭受种族歧视，许多德国移民的日子也不好过，尤其是在第一次世界大战期间。美国历史上曾出现过身为美国公民的日裔美国人被关进拘留营的时期，也出现过到处都可以看到"爱尔兰人不得入内"标牌的时期。美洲原住民当然也面临着偏见，同时反犹太偏见、反天主教徒偏见、反西班牙裔移民偏见都曾在历史上爆发，而对女性的歧视则是另外一种巨大的偏见。世界各地都存在各种各样的宗教歧视和种族歧视，我确定还有很多其他例子我没有列举出来。为了讨论起来更聚焦，我将在本讲重点讨论非裔美国人问题，他们是美国唯一曾遭受了系统性奴役的群体。奴隶制有时被称为美国的原罪，因为它与美国作为自由国家的理念直接冲突。

当然，反歧视法案确实适用于所有遭受歧视的群体，但在此让我们聚焦非裔美国人的问题。公立学校针对非裔美国人实行种族隔离政策，曾引发了1954年美国最高法院针对布朗诉托皮卡教育局案①做出裁决，这个群体还促成了1964年《民权法案》的出台，该法案的主要目标是消除针对非裔美国人的法律歧视。

对于非经济学圈内人士而言，种族偏见应该从道德罪和正义问题的角度进行分析，这当然是正确的。我们可以回想《吉姆·克劳法》②的丑陋规定，以及诸如"只有白人可用的饮水机和厕所"的标志，还有非裔美国人长期以来遭受的许多更严重的侮辱、不公平和彻头彻尾的暴力。但同样真实的是，经济领域同样充斥着许多日常歧视现象。毕竟，奴隶制本身是一种经济制度，这种制度支持买卖人类以供驱使和生产商品，然后在市场上出售。

长期以来，非裔美国人在应聘某些工作、社区安家、旅馆住宿和餐馆就餐或获得银行贷款方面一直遭受歧视。随着20世纪60年代以来法律的变化，这类经济性歧视确实有所减少，尽管我们下面讨论的证据表明它们仍然没有真正消失。

所谓的审计研究提供了一些最明显的证据。你让两个简历基本相同的人去应聘一份工作或申请银行贷款，只不过其中一个人是黑人，另一个人是白人，或者你只需寄出两份简历，简历显示两人资历基本相同，但一个人的名字显示其是非裔美国人，另一个名字不是。你也

---

① 布朗诉托皮卡教育局案（*Brown v. Board of Education of Topeka*），是美国历史上非常重要和具有标志性的一个诉讼案。该案于1954年5月17日由美国最高法院做出裁决，种族隔离的法律因为剥夺了黑人学童的入学权利而违反了美国宪法第14条修正案中所保障的同等保护权，学童不得基于种族因素被拒绝入学。本判决终止了美国社会中存在已久的白人和黑人必须分别就读不同公立学校的种族隔离现象。——译者注

② 《吉姆·克劳法》（Jim Crow laws）指1876年至1975年，美国对黑人实施种族隔离与歧视的法律或制度工具。该法使黑人在教育、旅游、交通、生活设施与公共场合被隔离，黑人的投票权、工作权、受教育权、公平住房权、平等交通权等权利被剥夺。——译者注

可以派两个人去租公寓或买房子，其中一个人是黑人，另一个人是白人，他们的家庭情况和财务状况都是一样的。你会发现，非裔美国人群体总体而言一直没有得到平等的对待。

统计方法也可以应用在歧视问题的研究方面。在综合考虑了所有其他可以衡量的特征，比如年龄、工作经验、教育、测试分数、成绩、婚姻状况等，并调整了所有其他因素后，你仍然会发现，黑人的工资通常低于同等水平的白人，男性更是如此。

市场参与者之间的互动导致了歧视，这对经济学家来说并不容易厘清。优秀的经济学家加里·贝克尔在芝加哥大学工作多年，早在1957年，他就撰写了一篇关于歧视经济学的开创性著作。这原本是他的博士论文，后来成为一本专著。贝克尔于1992年获得了诺贝尔经济学奖。所以，这类工作显然是经济学家的核心研究领域。

贝克尔首先扩展了经济理论的基本思想，假设经济行为中的一些参与者拥有歧视的偏好。然后，他试图系统地思考这种偏好可能产生什么结果。例如，他得出的结论之一是，市场可能会迫使那些有歧视偏好的人付出代价。想象一下这样的情况：某人经营着一家公司，但他有歧视的偏好，公司不会向肤色较黑的人支付同等的工资，这些人可能是非裔美国人、印度移民、中国移民等任何人。这样一来，他会雇用不到这些工人，因为这些人会去其他雇主那里工作。

其结果便是，这个人将失去一个可能的人才来源。他还会失去不喜欢管理层态度的员工，也许还会失去不喜欢管理层态度的顾客。所以，至少存在他因为持歧视态度而遭受损失的可能性。如果一个餐馆老板不愿意为某人提供服务，那么他会失去那个人的生意，也许还会失去其他人的生意。简言之，从理论上讲，在某些情况下，赢利动机可能会导致雇主或提供服务的人跨越歧视界限，以赚取更多的钱。

另一方面，什么因素会阻止市场采取行动打破歧视壁垒呢？正如贝克尔等人后来所言，如果雇主普遍存在歧视，而且这种态度得到广泛认同，那么主动歧视实际上不会让任何人蒙受损失，因为少数族裔人才根本得不到聘用，或者只能以较低的歧视性工资获得聘用。此外，如果许多员工和许多客户普遍支持歧视，那么即使你本人并不持有偏见，经营一家公司的你也可能会因为试图对抗这种趋势而蒙受损失。换言之，你如果试图公平对待少数族裔和非裔美国人，可能会因失去客户或其他潜在人才而蒙受损失。

在美国历史上，大多数时候，客户和员工的歧视可能比少数企业管理者的歧视观念更成问题。我之所以这样说，是因为如果只有少数企业管理者存在歧视，而总体上客户和员工大多并不认同这种歧视观念，那么持有歧视性观念的管理者将被否决。他们中一些人会因此蒙受损失，甚至可能最终破产。另一方面，如果管理者是公正的，但他们周围的客户和员工都持有歧视性观念，那么即使管理者想要公正，他们也可能被周围的社会力量推翻。换句话说，歧视实际上最能借助数量众多的客户和员工发挥作用，而不取决于少数企业高管的态度。然而，如果法律支持歧视，那么歧视者便不会受到不利影响，因为他们不会因其他人不歧视而遭受损失。

贝克尔派的分析还得出另一种可能性，即隔离市场（segregated market）的可能性。请考虑这样一种情况：如果一个群体不想与另一个群体打交道，那么另一个群体可以建立一种平行经济，拥有自己的企业、商店、银行、住房等。

美国历史上曾出现大致符合这种模式的情况，即20世纪20年代和30年代纽约市哈莱姆区的情况。它肯定是种族隔离的产物，但这里的居民有着非常广泛的技能和背景，其中有商人、律师、医生，有富人、中产阶层和穷人。至少在理论经济的模型中，你最终可能会看到这种情况：两个群体并不融合，而是作为两个独立的经济体运作，如果在这两个经济体中，技能根据生产率或多或少地得到回报，那么这两个群体之间可能不会有太大的工资差异。

然而，另一种可能出现的情况是，持有歧视性偏见的客户拒绝让一些少数族裔直接做某项工作。不过，他们虽然不想看到少数族裔的人做那份工作，但愿意购买少数族裔制造的东西，也许是在某个遥远的工厂生产的商品。这可能会导致另一种隔离现象，即少数群体被迫扮演某些经济角色，但由于社会偏见，这些角色通常隐藏在幕后。从理论上讲，这最终可能会导致的结果是：少数族裔因为拥有一定的技能而可以获得平等的回报，但他们的工作选择非常有限。

我在这里试图阐明的更广泛的观点是，歧视偏好可以以多种不同的方式与市场互动。其中一些互动可能会使现有的歧视程度恶化、加剧。在其他情况下，市场则可能会产生反对歧视的压力，或可能导致不同类型的地理或工作隔离。

这种分析得出的最后一个有趣问题是：一个占主导地位的群体是否会因为歧视而损害自己的利益？从广义上讲，他们确实损害了自己的利益。因为让国家中的其他公民接受良好教育并充分发挥自身潜力是更好的选择，这会让你国家的经济更强大。然而，在占主导地位的群体非常庞大的情况下，歧视少数人群给该占主导地位群体造成的损失可能没那么大。

历史上也出现过一些情况，比如种族隔离时期的南非，当时占主导地位的群体规模相对较小，从长远来看，这确实可能使其处境变得更糟，因为种族隔离限制了黑人人口的生产力、教育和发展潜力，从而限制了南非整个国家的经济增长。从本质上讲，南非白人选择在有意设计出的小池塘里做一条大鱼，而不是选择在可能大得多的池塘里做一条中等的鱼。

其他解决歧视问题的方法表明，相对较低的歧视程度可能会一步步导致更极端的结果。托马斯·谢林是一位获得诺贝尔经济学奖的经济学家。2005 年，他因在博弈论方面的研究而获奖，博弈论研究战略决策如何相互作用。他最著名的分析之一便是主要在 20 世纪 70 年代开展的关于居住隔离的研究。

你当然可以使用计算机模拟此类分析，但直观起见，你也可以想象在一个棋盘上进行此类分析。棋盘上的每个方格代表某人居住的地方，每个格上摆放的硬币可以代表主流群体（例如硬币正面）或少数群体（硬币反面）。每个群体都可以有自己的歧视偏好，也就是说，如果有一位邻居来自另一个群体，他们是否乐于接受？如果有两位邻居来自另一个群体，或者如果邻居中有一半以上来自另一群体，情况又会怎样？他们会搬走吗？他们在什么情况下会搬走？你将所有硬币随机摆放，从不同的初始设置开始，让他们拥有不同类型的偏好，然后让他们以随机顺序移动，直到他们适应某种模式。

这种模拟可以得出一个有趣的结论。例如，假设棋盘上的每个人都可以接受隔壁住着 1~2 个来自其他群体的人，但如果隔壁住着的人中有一半或更多来自其他群体，他们就会搬走。从某种程度上讲，这是一种比较温和的歧视。它并不是完全避免与其他群体接触，而只是要避免自己的群体在人数上处于劣势。但是，如果两个群体都有这样的偏好，那么随着人们不断搬家，最终的结果通常是两个群体完全隔离。

你可以将这种理论应用到现实生活中。近几十年来，针对非裔美国人的调查经常发现，他们觉得生活在黑人与白人各占一半的社区是理想的状态，但调查数据也表明，他们确实感觉到生活在一个全白人社区可能会让他们不舒服。

针对白人群体的调查显示，如果所居住社区中黑人比例不超过 1/3，60% 的白人会觉得没问题，但如果黑人数量超过这个比例，很大一部分白人可能会感到不舒服。这两种情况出现的部分原因可能在于，对成为多数的偏好意味着占据多数的群体可以从本群体中选出公职人员，并通过多数派统治在某种程度上统治所在的社区。

当这些略显温和的偏好相互作用时，结果便是更为极端的居住隔离。一项针对芝加哥、克利夫兰和底特律的研究发现，这些城市中只有约 3% 的黑人居住在黑人比例在 40%~60% 的社区。大多数黑人居住在黑人比例高得多的地区。总体而言，自 20 世纪 60 年代以来，居住隔离情况有所减少，但至少截至 2010 年人口普查的数据显示，这种现象并没有减少很多。这里得出的一般结论是，即使基于其他决策而产生相对温和的歧视，也可能导致相当严重的种族隔离，而且这种隔离实际上是一步步发生的。

例如，让我们从一个全白人社区开始。想象一下，有些居民愿意容忍最多 5% 的黑人邻居，其他人可能会容忍 10% 或 20% 的黑人邻居，如是等等。当一些黑人居民搬进社区时，那些对黑人邻居容忍度最低的人就会搬走。这将导致出现更多空房子。如果这些空屋被更多的黑人填补，那么将引发下一批白人搬走，最终，这个过程可能会一步一步地创造出一个以黑人为主的社区，即使这不是最初的目标或最初的情况。

另一种思考歧视如何从一个小问题扩散为更大问题的方式是统计性歧视理论，它与经济学中另一个伟大的名字有关：肯尼斯·阿罗，他于 1972 年获得诺贝尔经济学奖。阿罗是 20 世纪真正伟大的经济学家之一，坦率地说，他堪称所有时代最伟大的经济学家之一。他的多项研究均值得荣获诺贝尔奖，而我要讨论的是他在获得诺贝尔奖一年后发表的一项特别的研究。

统计性歧视理论阐述的是歧视性行为的另一种产生模式，它并不像加里·贝克尔的研究或托马斯·谢林的棋盘模型一样，由歧视偏好导致。相反，阿罗声称，我们可以先假设存在某种事实模式，即假设两个群体在劳动生产率方面存在差异。造成这种差异的根本原因可能是任何因素，例如可能是教育水平、营养水平、父母抚养情况或环境因素，也可能是贫困或奴隶制的遗留问题等。在这个理论中，根本原因并不重要。

雇主在决定雇人时，肯定希望雇用生产率更高的员工，但在没有真正雇用员工之前，他们并不知道谁的生产率更高。因此，他们会尝试了解员工的背景，以了解是否有与生产率存在某种关联或相关的因素。他们会查看考试分数、做出的成绩和推荐信，同时还会查看员工是否属于平均生产率较低的群体。根据这种统计逻辑，他们会歧视某个生产率较低群体的所有成员。雇主可能会多多少少做出推断并自问："为什么要冒险呢？我知道平均而言，这个群体的表现不会那么好。"你可以想象，同样的逻辑不仅适用于种族，也适用于年龄较大的员工或其他类似的情况。

这样就会带来一个意料之外的问题。当一个群体遭受统计性歧视时，该群体的成员对教育和工作经验进行投资以提高生产力的动力就会下降，因为这些投资不太可能在市场上获得回报。因此，无论最初是什么原因造成了统计性歧视，它都会导致恶性循环，即提升生产力的动力减少，从而导致生产力降低，而造成统计性歧视的基本问题会持续存在。你可以听到这种恶性循环正在回响，也可以听到对非裔美国人社区的某些群体没有动力争取获得高学术成就的担忧。毕竟，在歧视现象普遍存在的美国，学术成就又能给他们带来什么呢？他们为什么要努力学习并努力取得成功？这就是统计性歧视和低生产力相互强化的方式之一。

总体而言，从歧视经济学中得出的教训是，如果歧视现象在雇主、客户和员工中普遍存在，那么它就是一个非常重要的因素。歧视偏好上的细微差异可能会导致整个经济中出现严重的歧视。大量隔离现象可能会形成恶性循环，降低激励，导致人们不再愿意投资人力资本，这又进一步强化了统计性歧视。

从经济角度来看，制定反歧视法的希望在于我们能够突破这些模式。美国最著名的反歧视法案是1964年的《民权法案》。许多著名经济学家都对它进行了研究。该法案是如何打破歧视模式的？美国《民权法案》在许多领域禁止种族歧视，重点是就业和公共餐饮住宿场所，如酒店、餐馆、医院等。当然，1954年美国最高法院对"布朗诉托皮卡教育局案"的判决已经禁止学校实施种族隔离，此外还有其他立法禁止投票权和其他某些领域的歧视。

这些法律的有趣之处在于，当你审视任何法律的影响时，你要探寻的是：在法律颁布后，某种趋势是否会突然中断。例如，你可以比较全职黑人男性工人和全职白人男性工人的工资，看一看《民权法案》通过后发生了什么。1964年，平均而言，白人男性工人每挣1美元，黑人男性工人只能挣62美分。几十年来，这一水平大致保持不变，直到1972年，这一比例跃升至白人男性每挣1美元，黑人男性工人能挣到72美分，在此之后又一直保持在这一水平之上。

鉴于近几十年来，美国经济中仍存在许多其他遗留问题，如教育匮乏、普遍不平等、缺乏技能和低薪工人问题等，《民权法案》并没有实现工资平等的目标。《民权法案》并不能解决所有问题，但在该法案颁布后，白人与黑人的工资差距发生了巨大而永久性的变化。黑人工资的上涨在很大程度上是由于就业模式的转变。直到20世纪60年代，美国南方纺织业工人几乎都是白人，但到了1970年，黑人工人所占比例已经达到了20%，到1980年，黑人工人所占比例达到了1/3。政府合同规定也施加了一定压力。一些纺织行业的高管表示，他们真的很欢迎《民权法案》，因为该法案让他们摆脱了作为决策者的困境。在面对抱有偏见的员工时，他们可以说，这并非他们的选择，是联邦政府要求他们这么做的，这让他们在某种程度上可以选择他们真正想做的事情。

在更普遍的范围内，美国南方制造业在20世纪50年代开始向非裔美国人开放。在20世纪50年代之前，经常可以看到招聘广告上明确表示只招聘白人，或是只招男性或女性。在那之后，这种做法已经被禁止。随着在学校废除种族隔离的法律得到更有力的执行，教育行业也发生了巨大的变化。

1968年，在美国南方，80%的黑人学生就读于黑人比例在90%以上的学校。仅仅4年后，到1972年，这一比例就下降到25%。每个学生能够获得的资源发生了巨大的变化，成绩也有了实质性的提高。观察南方20~24岁年龄段黑人中高中毕业生所占比例的数据，会发现这一比例在1960年为35%，在1970年为57%，在1977年为71%。这相应地又促使几年后黑人大学生人数急剧增加。

1964年《民权法案》通过后，就连婴儿死亡率这样的指标也发生了很大变化。黑人婴儿的死亡率下降了约1/3，从1965年时每100个活产婴儿中有4个死亡下降到1971年的每100个活产婴儿中有2.8个死亡，这一时期也成为第二次世界大战后黑人婴儿死亡率下降速度高于白人婴儿死亡率的一段时期。导致这种情况的部分原因是《民权法案》强制公立医院进行整合，同时该法规得到了强力实施。如果公立医院继续像许多南方医院那样实行种族隔离，特别是像在20世纪60年代初所做的那样，政府威胁将停止向这些医院提供资金。

《民权法案》产生影响的另一个迹象是居民迁移模式的变化。在20世纪60年代之前大约50年的时间中，黑人大量搬离南方。而大约从1970年开始，黑人一直呈现出返回南方地区的移居模式。显然，在那段时期，情况发生了变化。

有趣的是，如果针对20世纪60年代以来美国的种族歧视是否已经减少进行调查，尤其是如果询问非裔美国人，你经常会得到这样的答案："嗯，歧视情况并没有什么改变。歧视仍然很普遍。"在我看来，这个答案从根本上存在一定错误。我认为这么说往往是因为人们担心，如果坦承情况已经有一定好转，那么会被理解为一切都很好，不需要做其他事情了。

我们经常会遇到一种奇怪的情况：同一个人先是会说马丁·路德·金和民权运动是美国历史上伟大而重要的一部分，然后转过头来就说"好吧，但什么都没有改变"。我认为从逻辑上讲，一个人不可能同时持有这两种观点。

当然，一个非常令人沮丧的事实是，自20世纪70年代以来，非裔美国人的境况并没有得到更大的改善。毫无疑问，自20世纪70年代以来，所有种族中的低技能男性在美国经济中的境遇都很艰难，但有充分的证据表明，《民权法案》和其他旨在使种族歧视非法化的举措取得了巨大而有力的成功。需要明确的是，我所说的成功并不是说它把我们带入了某种没有歧视的乌托邦，而只是说，它在短时间内为很多人带来了很多显著的改善。

虽然政治并不是我在这里要讨论的主题，但很明显，划分选区和赋予黑人投票权确实促使更多的黑人当选立法机构议员。所以总的来说，我认为民权运动不仅促进了黑人的进步和政治的进步，而且可能还对近几十年来美国南部整体经济增长做出了贡献。

本讲主要阐述何为歧视经济学，而不是倡导特定的政策。不过，也许有必要简单谈谈我们对歧视的政策观点。首先，尽管《民权法案》和其他相关立法及法院判决取得了进展，但关于非裔美国人在美国经济中的统计数据显示的情况却很严峻。这确是事实。

我们应该如何应对这些事实？基本上有三种方法。你可以称它们为结果平等、待遇平等和机会平等。结果平等政策有时被称为平权行动，其理念是在做出招聘决定、大学录取决定或贷款决定时，需要审视发放对象中少数族裔的总数以及其所占的百分比。如果少数族裔所占的百分比看起来过低，那么就需要重新做出决定。

此类政策可能是较为温和的政策引导，也可能是对需要选择的少数族裔数量设定一个固定配额。审视自己的决定，确保在数据方面不存在巨大的差异。这并不是一件坏事，但设定的配额越严格，引发的问题就越多。如果对于某个城市或地区的某个特定工作或机会而言，少数族裔中没有足够的人符合所需资格该怎么办？如果在这种情况下继续坚持雇用少数族裔，人们会不会认为他们只是因为配额而被雇用，而他们实际上并不是那么优秀？当然，这些问题都有可能的答案。我提出这些问题只是想解释为什么此类措施会引发如此大的争议。

待遇平等始于每个群体都存在着广泛的可能性分布这一理念。例如，平均而言，非裔美国高中毕业生的考试成绩确实低于白人，但也有一些非裔美国人的成绩很高，而有些白人的成绩很低。如果你因为某个群体的成员身份而排除某个人，那么你就没有根据重要的可观察特征平等地对待他们。从这一洞察中可以得出的行动指南是：积极实施反歧视法，这些法律约束了就业、银行信贷、汽车销售、住房等多个领域。你基本上希望关注那些在可衡量的特征方面具有相同水平的人，并确保他们受到平等对待。

我们从歧视经济学中知道，即使是看似很小的歧视偏好也会发展成为巨大的歧视。我们还知道可能会出现恶性循环，但我们仍需要面对一个问题：如果一个群体的平均资质较低，仅对他们提供平等待遇是不够的，因为平等地对待他们意味着那些落后的人将继续落后。

这就将我们带到了最后一个领域，即机会平等。毕竟美国宪法的宗旨是追求幸福，而不是追求平等的结果。其含义是人人都有机会，但没有人能确保得到一定的结果。林登·约翰逊总统在1965年霍华德大学毕业典礼上的一次演讲中对这一观点做出了引人注目的阐述。他说：你不能把一个多年来一直被锁链束缚的人解放出来，把他带到赛跑的起跑线上，然后对他说你可以自由地与所有其他人竞争，并且仍然理所当然地认为这样他就已经得到了完全的公平。

以一个在贫困线以下家庭长大的孩子为例，他也许有一个不得不工作谋生的单亲父亲或母亲，所上的学校里有很多学生不能保证每天出勤，也许高中就已经辍学，居住在一个犯罪率很高、其他方面也面临很多困难的社区。这个孩子在走向人生未来时会遇到困难。现在简单地告诉他，不会基于种族对他进行歧视，实际上只涉及了问题的一小部分，因为他的困难贯穿了从童年到成年的整个生活，而这意味着当工作或机会来临时，他并不具有同等的资质去抓住机会。

在我看来，机会平等问题在很大程度上存在于成长的早期。让机会平等真正发挥作用，并不只意味着人们在成年后有平等的机会找到工作。相反，它要求我们必须专注于帮助弱势儿童，而且不限于狭隘的方式。学前教育、正规学校、健康、饮食、运动、社区安全、成人和社区导师，所有弱势儿童需要所有这些方面的帮助。

如果制定一项广泛的政策来关注所有弱势儿童，它将不成比例地帮助到非裔美国人，因为该群体中贫困人口的比例更高。歧视确实在美国历史上和世界各地都普遍存在。歧视经济学有助于解释为什么无论从哪里开始，微小的歧视都可能演变成更糟糕的事情，我建议今后我们需要保持警惕，尽力防止歧视的发生。

重要术语　　**歧视（discrimination）**
种族或性别等本应无关紧要的因素影响雇用、销售或借贷等经济决策的现象。

统计性歧视（statistical discrimination）
做出的歧视性决策是基于某个群体作为一个整体的平均特征，而不是相信该群体的所有成员都是独立的个体，他们只不过具有某些共同特征而已。①

思考问题　　1.《民权法案》在哪些方面对美国的歧视状况产生了影响？

2. 你如何看待机会平等、结果平等和歧视之间的联系？

3. 歧视经济学研究得出的哪些结论与美国在 21 世纪面临的问题最为相关？

---

① 国内对统计性歧视的通行解释为：将一个群体的典型特征看作该群体中每一个个体所具有的特征，并利用这个群体的典型特征作为雇用标准而产生的歧视。——译者注

第十二讲
合作与囚徒困境

囚徒困境是博弈论中一个著名的问题，它讲的是这样一种情况：合作（保持沉默）对每个参与者来说都比追求看似狭隘的自身利益（坦白）更好。此外，这个问题的根本逻辑还有助于经济学家分析许多其他问题，包括企业操纵价格、支付公共电视费用以及核武器制造等多个领域的问题。

首先，我们来做一个快问快答游戏。我对你说出一个词，你迅速说出它的反义词。现在我说的词是"竞争"，它的反义词是什么？显然，许多人会说，"竞争"的反义词是"合作"。如果你非常谨慎地面对我的问题，试图通过查找反义词库来作弊，那么你可能会得到同样的答案。这个答案似乎显而易见，毕竟合作是指一个群体共同行动，而竞争则是指个体试图击败群体中的其他人。

这种认为竞争与合作意思相反的信念无疑会极大地影响人们对自由市场和经济学的看法。毕竟，竞争在某种程度上是经济学的基本准则，这一观点至少可以追溯到亚当·斯密1776年的经典著作《国富论》。那本书中有一段关于斯密所说的"看不见的手"的著名论述，指出当人们出于自己的私利行事时，实际上可以促进全社会的福利。例如：如果我努力工作，我的努力就会造福社会；如果一家公司生产出高质量的新商品和服务，它就会树立声誉。消费者会四处寻找最划算的交易，银行会努力制订最佳商业计划，发放最佳贷款，而随着这一切的发生，经济实现增长，所有人总体而言均会受益。

虽然追求私利可以促进总体社会福利的想法在某些时候、某些地方、对某些行业的某些人有效，但很明显，它在其他时候、其他地方并不总是有效，不是吗？难道这种推动竞争的力量有时候并不会使社会整体受益，而是会导致输家和赢家的出现吗？

因此，人们对经济学研究的常见感受是它过分强调了竞争的一面。事实上，人们常常觉得竞争会导致道德沦丧，经济学家因为专注于竞争而成为道德上的侏儒。这种观点认为，对人类来说，更好的目标不是给人们找借口，解释为什么自私自利可能是好的，而是教导人们合作的必要性，以及合作如何能使他们自己和整个社会都变得更好。我个人认为，竞争和合作实际上并不是对立的，而是在某些复杂的方面相互关联。我会努力解释为什么我这么认为，也许还会稍微打破你的一些固有心理认知，这将是一个令人耳目一新的体验。

博弈论是现代数学的一个分支，这个理论中应用最广泛、最有趣，经常为经济学家和其他社会科学家所用的一点便是囚徒困境理论。一般认为，这个著名的例子是兰德公司（RAND Corporation）的两位数学家梅里尔·弗勒德（Merrill Flood）和梅尔文·德雷舍（Melvin Dresher）提出的。你可能听说过兰德公司，但不太清楚它是做什么的。它最初是一个由美国军方资助的智囊团。1946年，它曾是道格拉斯飞机公司（Douglas Aircraft Company）的一部分；第二次世界大战后的1948年，它被剥离出来，成为一个独立的智囊团，其名字"兰德"（RAND）实际上是源于研究与发展（RND）。兰德公司在二战后仍然承接了大量军事合同，但也开展各种各样的研究，其中包括科学、工程方面的研究，以及与经济学家和数学家合作开展的许多基础研究和应用研究。

囚徒困境故事讲的是，两个小偷在逃离犯罪现场时被抓获。警察立即将他们分别关押在两间牢房，他们彼此之间无法沟通。警察开始设法让他们认罪。警察来到第一个囚犯面前，我们姑且称他为亚伦吧。他们对亚伦说："好吧，亚伦，我们实话实说，关在隔壁牢房的贝瑟尼已经认罪，他会被判处一年监禁，而你将被判八年。你已经完蛋了，但我们会和你达成一项协议。如果你也认罪，我们会判你五年。你要么接受，要么拒绝，不能讨价还价。"与此同时，警察也对关在隔壁牢房的另一名囚犯（我们姑且称他为贝瑟尼）说了同样的话。在这种情况下，如果你是那名囚犯，你是会认罪还是不认罪呢？这里的正确策略是什么？

一个显而易见的问题是，警察告诉你的是实话吗？毕竟，也许另一个人根本没有认罪。如果两名囚犯，亚伦和贝瑟尼有办法合作并确保他们两人都不开口认罪，也许他们都可以得到较轻的刑罚。假设他们两人可以相互合作并且都保持沉默，就算有一些对他们不利的证据，让他们不会逍遥法外，他们每人也只会被判两年监禁。但由于警察威胁说另一个人已经认罪，所以这个人也最好认罪，那么结果很可能是两人都认罪，并最终每人都会被判处五年监禁。

到目前为止，我对这个问题的表述方式可能看起来涉嫌欺骗。警方并没有袒露全部事实。如果亚伦和贝瑟尼都知道实际发生了什么，他们可能会明白，两人不应该惊慌失措，而是应该合作并保持沉默。所以让我们看看在真实的情况下，对私利的追求是如何发挥作用的。想象一下，如果亚伦和贝瑟尼被告知了全部实情会发生什么。情况是这样的：如果他们全都保持沉默，他们每人都会被判处两年监禁；如果他们两人都坦白，他们都会被判处五年监禁；如果其中一个人坦白，另一个人不坦白，那么坦白者会得到一年的刑期，以奖励他坦白的行为，而没有坦白的人则会被判处八年监禁。

让我们来思考一下，在这个场景下两人应该怎么办。亚伦会这样想：我不知道贝瑟尼是否会坦白，所以我首先应该考虑如果他坦白了我要怎么做，如果他不坦白我又该怎么做。如果贝瑟尼坦白了呢？此时，亚伦告诉自己说：出于个人利益考虑，我最好也坦白，因为毕竟如果他坦白而我不坦白，我就得坐八年牢，所以如果他坦白了，我最好也坦白。然后，亚伦继续思考，如果贝瑟尼不坦白自己该怎么办。亚伦会想：在这种情况下，从个人利益出发，我也应该坦白，因为如果我们都保持沉默，我会被判两年监禁，而如果我坦白他不坦白，我只会被判一年，所以如果他不坦白，我可以通过坦白来为自己争取更好的利益。结论是，无论贝瑟尼坦白与否，亚伦都会决定坦白，因为坦白对他来说更好，他会获得更大利益。从逻辑上讲，贝瑟尼也处于同样的境地。无论亚伦坦白与否，贝瑟尼也都会想坦白。

至此，我希望已经讲清楚了囚徒困境的陷阱。这两名囚徒在某种程度上想要协调以找到合作解决方案，但双方出于自身利益的考虑，往往会做出另一种选择。

下面我想尝试将囚徒困境应用到另外两个经典情境之上，以便进一步直观地对其进行解释。其中之一是核武器战略，另一个是卡特尔的反竞争行为之一。在这两种情境下，适用的底层逻辑完全相同。囚徒困境的最初应用出现在对核威慑的思考中。在经济学家中，也许这个领域最著名的研究工作是由托马斯·谢林所做的，我在前文提到过他。他是2005年诺贝尔经济学奖得主之一。他获得诺贝尔奖的理由是"通过博弈论分析，增强了我们对冲突与合作的理解"，这正是我们在此讨论的问题。

谢林思考了两个国家陷入囚徒困境的情况。其中一个国家是苏联，另一个国家是美国，这两个国家均面临两种选择：一个是制造核武器，另一个是不制造核武器。在此为了讨论方便，如果它们决定制造核武器，我们称之为竞争解决方案，这种策略会导致两国开展军备竞赛。如果它们决定不制造核武器，我们就称之为合作解决方案。

下面分别从两个国家的角度来分析这种情况。例如：让我们从美国的角度来思考。如果苏联决定制造核武器，那么美国为了自身利益，也需要相应地发展核武器；如果苏联决定不制造核武器，那么美国为了自身利益，也应该制造，这样它才能拥有更强大的核武库，在全球对抗中成为更强大的力量。当然，苏联也会遵循同样的逻辑行事。因此，除非双方能找到相互合作的方法，否则都会因为自身利益而陷入军备竞赛的境地。

囚徒困境的另一个经典例子涉及了一个现实经济的核心问题，即它如何适用于卡特尔，即一群在利益诱惑下达成合作，从而提高消费者必须支付价格的公司。让我们再以两家公司为例加以思考，假设它们是销售钢铁的公司。如果它们竞相降价，它们就是在竞争；如果它们相互串谋，像一家垄断企业那样运作、抑制产量并获得更高利润，它们就是在合作。下面思考这样一个逻辑：从 A 公司的角度来看，假设 B 公司决定降价并竞争，那么 A 公司出于自身利益考虑，最好也降价竞争，否则就会落后；假设 B 公司决定削减产量并试图提高价格，那么 A 公司出于自身利益会认为，自己降价会从 B 公司那里抢走一些客户。当然，B 公司也会这样想。这就是公司难以合作并形成长期卡特尔的根本原因。卡特尔是一种合作形式，但卡特尔中的个别成员总是会出于自身利益的动机脱离卡特尔，开始降价并试图占领更多的市场。囚徒困境逻辑解释了为什么卡特尔很难长期保持铁板一块。

使用囚徒困境理论来分析经济卡特尔的行为已经成为如今大多数大学经济学入门课程教授的内容。在随后的课程中，学生们可以更积极地探索其他情况。囚徒困境理论已被应用于非常广泛的情境。其他应用包括气候变化问题：如果其他人排放碳，我们也可以这样做；如果其他人不排放碳，我们则可以通过排放获得经济优势，并从他们的低排放中受益。

还有运动员使用兴奋剂的问题：如果所有运动员都同意不使用兴奋剂，这可能对所有运动员都有好处，但出于自身利益的考虑，如果其他人在使用，那么我也必须使用；从自身利益考虑还能得出结论，如果其他人不使用兴奋剂，那么我可以从使用兴奋剂中获得优势。此外，囚徒困境理论在生物学和动物行为中也有许多应用。蝙蝠通过分享血液进行合作，猴子通过分享食物进行合作，还有更多例子。囚徒困境理论无疑是整个社会科学领域中突破性的理论之一。

那么，现在的问题变成了：如何避免陷入囚徒困境？换言之，如何避免基于自利性的考虑做出决策（在这种情况下，自利会使你的情况变差），并找到合作的解决方案（这会让你的情况更好）？在看完我到目前为止提出的所有例子后，如果你已经想到了一些方法，我不会感到惊讶。下面我将继续以囚犯、核武器和卡特尔这三个已经谈到的情境为例，讨论一些具体的方法，但在我们讨论这些方法之前，我想首先强调一下总体观点。

囚徒困境的所有解决方案都涉及一个共同的要素，即它们不仅要考虑眼前的决定，还要考虑未来的互动。如果在某一时刻只有一个决定，那么你可以靠出卖另一方获利，但如果未来有可能发生互动，那么放弃短期利益以换取合作的长期利益就是有意义的。

例如，在两名囚犯的情况下，执行合作解决方案的一种方法是威胁：如果你告发我，我就会伤害你或是杀了你。另一种方法是建立长期的私人关系。也许我只和我的兄弟一起抢银行，我们有密切的私人关系，这可能会有助于我们相互信任，而不是互相告发。

那么核军备竞赛的情况呢？执行合作解决方案的一个显而易见的方法是通过军备控制条约，即所谓"信任但核实"的方法。你也可以考虑以其他方式向对方发送信号。例如，你可能会把所有的导弹都瞄准一个城市，比如说美国会把所有的导弹都瞄准莫斯科，而不会瞄准其他任何地方。如果你这样做，很明显你不能发动先发制人的攻击，因为你将遭到来自其他地方的报复。

通过明确表示你不会先发制人，你希望对方也在攻击计划中留下明显的弱点。或者，还有另一种方法，那就是你可以拥有一种可以自动进行报复的设备，从而试图从根源上阻止攻击，因为这种攻击永远不会成功。当然，这些类型的自动报复场景已经成为许多图书和电影的基础，如《奇爱博士》（*Dr. Strangelove*）和《万无一失》（*Fail-*

Safe），在这些影视图书中，自动报复机制由于某种原因而失控。不过，虽然自动报复对核战争来说不是一个好主意，但这并不意味着它在其他情况下不起作用。

想象一下囚徒困境中的两名罪犯。也许他们可能处于这样一种境地：他们掌握的信息可能可以证明同伙犯下的大量罪行。也许他们会留一封信给律师，他们可以在信中说：如果你坦白并且举报我的话，我威胁用这种全面报复作为回应。

在经济卡特尔的情况下，有时会制定一项条约来帮助执行卡特尔约定，例如石油输出国组织（OPEC）的条约。至少在理论上，一个国家内的公司之间达成协议并像垄断企业一样行事可能是非法的。这种情况确实时有发生，一旦被发现，高管们最终会坐牢。那么，卡特尔的替代方案是什么呢？

一种替代方案是让政府设定价格。例如，从 20 世纪 30 年代到 70 年代，联邦政府负责制定机票的价格。这本质上是一个政府指定的卡特尔。此外，你还可以想象向其他竞争公司发出信号的更微妙的方式。有时这被称为掠夺性定价。想象一下，每当一家小公司降价时，一个行业中的一家或几家大公司都会以大幅降价来应对。如果小公司保持高价，大公司就不会试图削弱它们；但如果小公司降价，大公司会大幅降价，直到小公司亏损严重或被迫停业。大型航空公司曾遭到指责，称它们在一家小型廉价航空公司开始进入市场时会使用这种策略。如果小航空公司以与大公司相同的价格出售机票，大型航空公司并不会太在意，但如果小公司大幅削减票价，就会导致价格战。最终小公司破产，大公司继续经营。通常，在这种战略得到实施时，小公司会得到教训，而后来的小公司同样会吸取这个教训。

经济学家和其他社会科学家已经从理论和数学角度分析了囚徒困境。他们经常用一个计算机程序和另一个计算机程序进行比赛。从本质上讲，如果使用电脑程序一遍又一遍地运行囚徒困境博弈，也许玩上200次或1000次，程序可以看到另一方在前几轮中做了什么，并采用你编程的任何策略做出反应。

这类研究可以成为一种方式，用来评估维持合作的策略。通过此类研究得出的一个最突出的策略可能是"以牙还牙"策略。基本上，这个策略就是指你重复其他玩家的做法。如果其他玩家合作，你也合作。他们不合作，你也不合作。"以牙还牙"策略的真正好处在于，如果两个玩家开始合作，他们就会永远合作。该策略有效地传达了合作将得到回报的信息。这种合作不会被削弱。该策略在这种不同策略的计算机竞赛中表现非常出色，但它确实也存在一些问题。

"以牙还牙"策略的一个真正不足是，一旦你开始不合作，你就不会永远合作。在现实世界中，有时你会得到混杂的信号。你也可以在计算机程序上模拟这一点。你可以在程序中做一些设定，比如随机切换某个玩家发出的信号，例如每20次中切换一次，或者每100次中切换一次。这样，你可以想象你正在参与"以牙还牙"博弈，认为自己在合作、合作、合作，突然间，你得到了对手现在正在与你竞争的信号，那么，假如你采取的是"以牙还牙"的策略，你会在突然之间陷入竞争的境地。这就引出了第二种策略，即"两牙还一牙"（tit for 2 tats）。这一策略的含义是：首先采取以牙还牙的策略，只要双方合作，就会一直合作下去，但如果另一方不合作，在第一次出现不合作情况时，你仍然合作一次；如果另一方第二次不合作，则双方就停止合作。显然，这种"两牙还一牙"策略解决了可能接收到错误信号的问题，但你仍然面临着困难：如果你陷入了不合作的恶性循环，要如何打破这个循环？你可以看到，此时我们面临着相对棘手的战略问题。如果你陷入了不合作的循环，有时候唯一的出路就是随机提出合作。

如果对方并不回应，那么你也会回到不合作的状态；但如果对方回应，那么之后你们就有机会进入一个重复合作的循环。当然，你还需要担心其他可能性。例如，你可能会选择合作、合作、合作、合作，但你需要担心对方会弄清楚你会这样做多久。在某个时候，他们会利用这一点来占你的便宜。或者，如果你采取了"两牙还一牙"的策略，对方可能会觉得，他们可以不时采取一些竞争行为，这样就可以从中获益，而你可能会放任不管。但是，如果双方都采取了时不时转向与另一方竞争的策略，那么合作也会很快恶化。

你还必须担心有时被称为"镇静者策略"（tranquilizer strategy）的策略，即你与对方合作了很长一段时间，然后你突然停止合作。如果这是一场看谁最终能取得胜利的竞赛，那么通过合作、合作，在最后一刻停止合作，可能是一个制胜策略。因此，通过所有这些讨论得出的一个简单教训是，即使合作行为对各方都有利，竞争性利己行为对各方都不利，同时你能够找到维持合作的方法，但没有一种方法是万无一失的。

我希望到了现在，你已经对囚徒困境博弈有了一定的了解。它对经济学家来说很有吸引力，因为很明显，在这场博弈中，一味追求个人利益导致的局面不是我赢你输，而是每个人都输，我的情况变得更糟，你的情况也变得更糟。囚徒困境博弈则显示，合作意味着我们双方都能赢。

现在我想更进一步探讨这些想法，并分析合作与竞争之间的界限，以及这两个想法所涉及的相关价值观。我首先需要强调，合作与竞争需要根据它们在特定情况下的结果来判断，而不是根据它们的标签。例如，想一想合作的优点，我想说它们实际上取决于合作的目标是什么。各国合作避免军备竞赛似乎是一个好的、值得追求的目标，还有很多社会合作项目，如建设公共基础设施，都有值得追求的目标。

但是，你也可以想象一种不那么美好的合作。是否存在一个内部群体，他们通过合作为自己谋取利益，而牺牲所有其他群体和外部群体的利益？同时，囚徒困境的原始例子讲的毕竟是两个罪犯合作以避免坐监狱，卡特尔的例子也是企业合作以哄抬价格。

如果你仔细想想，有些犯罪组织在团体内部和强迫他人方面都有很多合作。一个民族的成员合起伙来歧视另一个民族的人也是一种合作形式。在某些方面，战争是一种相当依赖合作的行动。毕竟，两大合作者群体正在相互对抗。也许竞争和合作的标签有点偏离了真正的重点，即人们无法避免对竞争行为或合作行为的目标做出判断，你需要考虑竞争或合作在什么背景下很重要。

有时候，我会以这样的逻辑思考奥运会。比如，奥运会是竞争性的还是合作性的？从某种程度上讲，奥运会是最直接的竞争。有比赛，有赢家，有输家，有奖牌。还有什么比这更具竞争性的呢？但从更广泛的层面上讲，各国运动员齐聚奥运会，这本身就是一项伟大的合作事业。当一届奥运会被一大批国家抵制，或者有大国不参加时，这项赛事就失去了意义。如果各国遵循不同的规则，比如几十年前，一些国家允许职业运动员参加奥运会，而其他国家不允许，那么比赛结果的含金量就会在某种程度上被贬低。同时赛事内部的合作水平越高，比赛的价值就越高。

但是，如果你试图进一步推动合作，比如确保每个国家都能赢得由一个大型委员会确定的公平份额的奖项，那么奥运会就会被彻底毁掉。如果奥运会可以被视作嵌套在合作网络中的竞争，那么整个经济又如何呢？假设我有两种谋生方式，一种是在合法经济规则范围内展开合作，另一种是通过撒谎、欺骗、贪污、偷窃等不法手段来追求自己的私利。这里显然存在一种囚徒困境式的论证。如果其他人都在偷窃、撒谎、欺骗和贪污，那么如果我不这样做，我就太愚蠢了，我会被别人远远抛在后面。

如果其他人没有偷窃、撒谎、欺骗和贪污，那么出于私利考虑，我应该尽可能地避免因为做这些事情而被抓住，也就是说，我可以在非常有可能成功、不太可能被抓住的时候进行尝试。但当然，如果每个人都以这种方式追求自己的私利，与所有人都合作并遵循某种守法和更有成效的行为方式相比，我们最终的境况都会更糟糕。

归根结底，经济背景下的竞争行为要想发挥造福整个社会的良好作用，必须首先被视为根本性合作活动的一部分，而这些活动要求遵纪守法并且以生产性经济成果为核心。同时，数十年来世界各地的经验表明，如果要将合作进一步推向极致，并通过一系列集体过程来决定谁来负责某些工作，谁会获得回报，哪些行业发展或是败落，从而将竞争排除在外，以这种方式控制经济，达成某种强制的社会合作，则既不利于国家的总体经济发展，也不利于个人自由。

我在这里的基本观点是，合作和竞争的理念是相互关联的，要确保合作顺利实施，通常需要以能够实施惩戒来保驾护航。这些惩戒可能是社会惩戒，也可能是法律惩戒。仔细想来，如果必须以某种方式执行这些惩戒措施，无疑会剥去合作理念温情脉脉的外衣。另一方面，竞争也需要在双方共同商定的一套规则内进行，否则就只是随机性的，不会产生我们所希望的生产性结果。

换句话说，竞争与合作并不是对立的。它们共同发挥作用。合作的对立面不是竞争。它的对立面是无政府状态或充斥着盗窃和暴力的无法无天。竞争的对立面也不是合作。相反，竞争的对立面是这样一个世界：在这个世界中，无论你做什么、你的才干如何，或是你付出多少努力，都不会让你在整个社会中的境况更好或更糟。

事实上，竞争的英文单词的词根在这里颇有启发性。英文的竞争（compete）一词源于两个拉丁词：一个是 *com*，意思是"一起"；另一个是"*petaire*"，意思是"瞄准、试图达到或寻求"。所以如果你把这两个意思结合起来，竞争就意味着一起或共同追求某样东西。这些词的基本含义表明，竞争和合作并不是相互对立，而是相互关联的。市场竞争只发生在或多或少共同商定的规则结构中。从这个意义上讲，市场竞争可以被认为是社会合作行为的终极例子之一。

重要术语　**卡特尔（cartel）**
一群联合行动的公司，通过限制相互间的竞争来维持更高的价格。

囚徒困境（prisoner's dilemma）
博弈论描述的一种情形，双方都有不合作的自利动机，但如果遵循了这种追求私利的逻辑，双方的最终结果都会比合作更糟糕。

以牙还牙策略（tit-for-tat strategy）
博弈论（和其他场景）中采取的一种策略，根据这种策略，你会模仿其他参与者此前的行动来做出行动。

思考问题　1. 你如何描述竞争与合作之间的关系？

2. 你认为在囚徒困境博弈中实现合作的主要困难是什么？这些困难如何适用于卡特尔、军备竞赛和囚犯的情况？

第十三讲
公平与最后通牒博弈

最后通牒博弈应用在实验经济学研究中，用来衡量人们在互动时对公平的偏好。此类研究已在世界各地不同国家和文化的许多群体中开展，结果表明人们确实对公平具有偏好，但这种偏好在某些情况下比在其他情况下更强烈。

经济学的基本理念似乎与公平的考虑并不相干。事实上，这两者看上去几乎是对立的。毕竟，经济学的基本原理假设是：人们的行为和选择可以通过在充满权衡取舍和约束的世界中做出自利性和有目的的选择来加以解释。与此相对，公平关注的则是过程或结果如何符合可接受的标准，无论是社会规则还是法律规则。

历史上确实不乏极其残酷的市场导向行为的例子。例如，有人必须每周在工厂工作60个小时，呼吸着遭到污染的空气，饮用着遭到污染的水，如果不慎在机器附近滑倒，还面临着失去手脚或生命的危险，但值得一提的是，这种针对工人和普通公民的虐待在很多经济制度下都会发生。当然，在今天的一些低收入国家，而不是100年或300年前，工人和其他公民也正在遭受不公平的对待。

还有一些不这么极端的例子同样可以表明，经济学理念和公平概念似乎存在冲突。想象一下，假设有一位店主听说一场大飓风或一场大暴风雪即将来临，于是他跑到自己的商店，提高了所有电池、罐头食品、阿司匹林和抗生素的价格。这可能是完全可以理解的自利选择，至少在某些司法管辖区，如果商店不是垄断企业，这样做并不违法，但这肯定会被视为不公平。这种行为可能会让人们感觉不适，人们在将来可能不会再从那家商店买东西。不过，经济学涵盖的范畴足够广泛，因而能够以结构化的方式涵盖公平的概念，下面这个例子揭示了这一点是如何做到的。

其基本想法是，在做出决策时，人们需要认识到，正在与他们打交道的对方会期待公平。如果你的行为看起来不公平，对方就会以这样或那样的方式惩罚你。有些人认为，这种公平感是一种从狩猎和采集部落时代就存在的进化特征。个人需要部落，需要部落中的其他人遵守规则，不会试图借助作弊来少做或多拿，因此需要形成一种应该惩罚作弊者的意识。我不能妄评这种社会生物学的解释是否正确，但这种意识肯定确实存在。无论出于什么原因，人们确实对公平有着强烈的感觉。因此，在追求自己的利益时，你不会一味践踏他人的公平期望，否则你可能会付出代价。这个想法可能看起来有点抽象，所以下面我们来更具体和详细地了解经济学家如何寻找公平行为，并根据不同情况和条件测试其是否重要，以及公平在什么时候是重要的。

经济学家分析公平最著名的一个工具是最后通牒博弈。早在20世纪80年代初期，这个工具首先为几位德国经济学家所使用，从那时起，它就成为学术研究人员经常使用的一种简易工具。最后通牒博弈是一种由研究人员设置并让人们参与的真实博弈。博弈的每一轮都按以下方式进行。假设有两个参与者，其中一人被称为提议者（proposer），另一人被称为响应者（responder），实验人员在他们两人面前的桌子上放一些钱，然后进行如下博弈：提议者提出关于如何分配桌上的钱的提议，响应者针对该提议回答"是"或"否"，如果响应者接受提议，那么钱将按照提议者的建议进行分配，但是，如果响应者回答"否"，那么两个玩家都一无所获。让我们再说得具体一点：假设实验者在桌子中间放了20美元，提议者可能会说"我得到15美元，你得到5美元"，如果响应者说"是"，那么钱就按照这种方案分配，如果响应者说"否"，那么两个人都一无所获。现在，你应该明白为什么它被称为最后通牒博弈了吧。

现在我们可以暂停一下，想一想自己在这种情况下会怎么做。如果由你来提议分配方案，即你是提议者，你会给对方分多少？如果你是响应者，并且正在考虑可能得到什么，你的策略是什么？你在什么情况下会接受提议，在什么情况下会拒绝？在思考这些问题时，你还需要再多想一些。想象一下，如果你作为提议者，与一个你知道完全理性的响应者，甚至可能是一台计算机对战，你会怎么做？如果你的响应者非常情绪化，很容易生气，那么你的策略与你和一个非常冷静理性之人对战的策略会有所不同吗？在这种情况下，你的最佳策略可能会有所不同，它取决于你对对手的估计，以及对方如何看待公平分配桌上的钱。

让我们首先假设两个参与者都是高度理性的人，同时他们都知道对方也是高度理性的人。然后，高度讲求逻辑的提议者会提议只分给响应者一小部分钱，而高度讲求逻辑的响应者会想：好吧，我只有一个选择，要么接受这一小部分钱，要么分文不得。因而，响应者会接受这个只分到小部分钱的提议。例如，假设桌上放了 20 美元，提议者可能会建议只分给对方一美分，此时高度理性的响应者会想：好吧，一美分总比分文皆无好，我不会觉得自己受到了伤害，我会接受这个提议。因此，在这种情况下，纯理性的预测是，金钱的分配相当不均衡，响应者会接受任何提议，不论什么样的分配提议都会接受，因为这毕竟比一无所获要好。但参与者实际上会怎么做呢？

实际上发生的情况是，响应者不喜欢只能得到一小部分钱。当得到的份额远远少于一半时，许多响应者会拒绝接受提议。这是在不同环境和背景下进行的数百次实验得出的标准结果。一般来说，如果提议者提供的份额少于桌面上总额的 20%，在大约一半的情况下，提议者的提议会被拒绝。如果他们提议的分配份额远远低于总额的

20%，他们在大部分情况下会被拒绝。因此，如果提议者愚蠢到假设这个博弈中的每个人都是完全理性的而并不在乎公平，那么提议者最终将一无所获。

绝大多数提议者的出价都在总额的40%或50%左右。也就是说，提议者并不总是提议将一半的钱分配给对方，但分配额通常不会远远低于一半，而且这种提议通常会被接受。所以仔细想想，如果提议者试图以一种纯粹考虑个人私利、毫不关心公平的方式行事，那么该提议者最终很有可能一无所获。与此同时，兼顾其他人对公平的期待的提议则几乎肯定会被接受。事实证明，如果你多次参与最后通牒博弈，让许多不同的玩家与其他类型的玩家进行匹配，那么兼顾到公平的提议者实际上最终总会在个人收益方面表现更好。让我再说一遍，因为这听起来有点自相矛盾，那就是当你以一种看似公平的方式行事时，你可能会在短期内有所损失，但随着时间的推移，在这场最后通牒博弈中，你最终会在自己的个人利益方面得到更多。相反，如果你的行为看上去不那么公平，也许在短期内你会占到一些便宜，但从长远来看，你同样损害了自己的个人利益。

许多研究人员对最后通牒博弈进行跟踪，并研究了如何以多种不同的方式进行这种博弈。这些变化的结果是，考虑公平性确实很重要，但也存在一些有趣的差异和区别。例如，一个显而易见的问题是，如果桌子上的金额更高呢？也许我们分配20美元，响应者并不介意拒绝只获得5美元，但如果我们分配100美元，甚至是5000美元呢？如果一个并不公平的提议金额高达几百美元，响应者会这么快就拒绝吗？

你可以试着用各种方法来研究这个问题。方法之一是，你可以在一个相对较小的金额水平上改变赌注。例如，你可以分别用10美元和100美元设计一个最后通牒博弈，看看是否会出现一些差异。你也可以用更大的金额来设计博弈，比如1000美元或类似金额，但你可以提前宣布，只有特定比例的人，如可能只有十分之一的参与者最终会获得真正的金钱，并通过这种方式观察参与者的反应。

在有些国家开展的研究中，你可以拿出几百美元的适中金额来设计这个博弈，因为在这些国家，这些不算大的金额可能已经相当于人们一周的平均工资，甚至一个月的平均工资。例如，在印度尼西亚，一些实验者设计了一场最后通牒博弈，金额相当于三个月的平均工资。在这种情况下，提议者提议的分配百分比基本与前面所述比例相同，响应者拒绝不公平提议的概率稍低，但并没有低很多。也许确实存在一种可能性，即对于一些超大金额的赌注，不公平的提议可能会被接受。例如，假设被分配的是 1000 万美元，有人给我 100 万美元，我可能会接受这 100 万美元。但从提议者的角度想一想，如果是一块高达 1000 万美元的蛋糕，你真的甘愿冒险惹恼响应者并损失巨额收益吗？或者你会提议给对方 400 万美元或 500 万美元，完全是为了确保自己也能获得大额奖金？

运行最后通牒博弈的方式很多。它们通常会产生你可能期望的那种效果。如果你让人们更多地了解这场博弈的动态，更加关注公平问题，那么提议者往往会提议向对方分配更多，比如一半，而响应者如果觉得不公平，则更有可能会拒绝提议以惩罚对方。你可以用一百万种方式运行这种博弈。你可以进行多轮博弈，可以让人们轮流担任提议者和响应者，可以设计一个小游戏，比如通过抛硬币来决定提议者。事实证明，随机选择出的提议者会比那些通过在某种小游戏中获胜并觉得自己应该成为提议者的人表现得更慷慨。你可以让参与者面对面地进行博弈，也可以让参与者远程参与博弈。你可以和计算机对战，还可以给参与者不同类型的指示，比如他们应该尝试最大化他们的奖金，或者你可以让他们随心所欲地做决策，并观察会发生什么。

许多此类博弈实验都是在学生群体中进行的，因此自然会有人质疑这些实验是否能够代表更广泛的人群。但是，在其他年龄和背景的人群中进行的博弈实验似乎并未得出明显不同的结果。结果中存在一些有趣的性别差异。当女性是响应者时，男性和女性提议者都倾向于出价较低。当女性是提议者时，男性和女性响应者都更有可能接受该提议者的低价。这些模式是否具有更深层的含义，我将留给你们来解释。

博弈结果是否存在文化差异呢？针对最后通牒博弈的研究已在许多不同的国家开展，包括日本、中国、韩国、以色列、斯洛文尼亚和美国的许多地方。在这些国家，提议者通常的出价约为总额的一半或略低。事实上，以色列和日本这两个国家的人出价 40% 的可能性略高于 50%，而且这种出价更有可能被接受。在大多数国家，人们似乎都在响应公平的规范，并且他们明白在自己所处的社会中，公平的概念可能会略有不同。

有一项非常有趣的研究调查了在五大洲 15 个小型社会中开展的最后通牒博弈，包括巴布亚新几内亚、巴拉圭的部落、秘鲁部落和太平洋海岸岛屿上的捕鲸人。这些群体中的许多博弈结果似乎或多或少是一致的。提议者的出价通常是总额的一半或更少，这些提议通常被接受。但也有几个非常有趣的反例。例如，太平洋捕鲸部落在获得了大笔财富后，有许多复杂的分享规则，因为该部落的所有人聚居在一起，他们会派出一小部分人出去捕鲸，然后将捕到的鲸在所有人之间进行分配。在那个部落群体中进行最后通牒博弈时，提议者的出价超过总额的一半十分常见，甚至高达总额 60% 的提议也很常见。

还有一个秘鲁部落，在那个社会中，除了直系亲属，人们通常不表现出太多的合作行为。那里的提议者平均出价只有总额的 30% 左右，而且那个社会中的许多人根本不愿意分享。巴布亚新几内亚的一些部落有竞相送礼的传统。也就是说，人们来来回回地互赠大礼，试图压过对方。在那个社会中，当人们进行最后通牒博弈时，提议者出价超过总额的一半很常见，而响应者拒绝出价超过一半的提议也很常见，因为他们认为那样的金额仍然不够大。这种模式再一次凸显了公平的社会属性，特定社会中的人需要非常清楚地知道，在他们周围人的心目中什么是公平。

最后通牒博弈只是经济学家可以要求受试者参与的众多博弈中的一个例子。这些博弈可以揭示动机和期望的不同方面。所以，我想再向你们介绍其他一些博弈的例子。

比如，在最后通牒博弈中，多大程度上与利他主义和公平有关，多大程度上是害怕被响应者拒绝？要解决这个问题，你可以设计并运行一个所谓独裁者博弈。这其实是一个很简单的博弈。同样有两位参与者，即提议者和响应者。提议者首先得到一些钱，比如说 10 美元，然后决定分给响应者多少钱，而不论对方给出什么金额，响应者都只能接受。正如我前面所说，这是一个非常简单的博弈。但经济学家会提出一个问题。在这种独裁者博弈的情况下，为什么一个理性的提议者会分出任何一点钱？尽管如此，研究结果显示，60% 参与独裁者博弈的提议者确实会分给响应者一定数额的钱，通常是总额的 10% 或 25%。确实，与最后通牒博弈相比，独裁者博弈中有更多提议者出价为零，但有趣的是，即使在独裁者博弈中，仍有一小部分提议者愿意分出一半钱。这会让你明确地感觉到，公平无疑是一个非常重要的考虑因素。这显然不是单纯地担心被拒绝。

此外，一个外部的第三方是否会选择惩罚行为自私的人，即使这会使得该第三方花费一些钱？这就是所谓的惩罚博弈，惩罚博弈涉及 3 个参与者，在此不给他们起名，姑且称他们为 A、B 和 C 吧。A 和 B 首先进行一轮独裁者博弈。例如，由 A 提议如何分配 20 美元，B 必须接受这种分配。但随后，参与者 C 加入实验。参与者 C 得到的钱是参与者 A 的一半，换言之，如果 A 在博弈开始时得到了 20 美元，那么 C 就得到了 10 美元。C 是惩罚者，可以惩罚 A，但必须为此付出代价。具体方式是，假设 C 想要罚 A 1 美元，那么 C 必须损失 1

美元，但 A 为自己留下的钱将会损失 3 美元。

显然，基本的理性原则理论会再次表示，C 永远不会惩罚 A。毕竟，C 会因为这种惩罚而遭受金钱损失，同时这也伤害了 A，并且对 B 没有帮助，为什么要自找麻烦呢？如果 A 在独裁者博弈中分出了一半的钱，他几乎从来不会受到惩罚。但是当 A 在独裁者博弈中分文不给对方时，C 的典型做法是放弃自己所拥有的原始金额的大约 15% 对 A 施加 3 倍的惩罚。这种情况有时发生在 C 在一开始担任 B 的角色的情况下，即在独裁者博弈中被命令的一方后来成为惩罚者 C。这毫不奇怪，一个人在独裁者博弈中先是充当被命令者 B，在随后充当惩罚者 C 时会更倾向于做出惩罚。这个实验表明，在最后通牒博弈中，不仅仅是响应者会对被认为不公平的事情做出反应，第三方也会做出这种反应，即使第三方必须为此支付一定代价。

如果规则允许响应者不仅惩罚提议者（例如拒绝分配提议），还允许响应者奖励提出特别好提议的提议者，结果又会怎样？这种博弈称为信任博弈。你可以想象，提议者首先得到一定金额的钱，假设为 20 美元，然后需要分给响应者一定金额。此时的博弈规则是，提议者给响应者的金额会由实验者乘 3 倍。例如，假设提议者分出 10 美元，则响应者将收到 30 美元，然后响应者可以将一些金额返还给提议者，博弈就此结束。

如果参与者真的相互信任，提议者会把所有的钱都分给响应者，以便其数额乘 3 倍，而响应者会把大部分钱返还给提议者。但是，没有信任的纯理性玩家会以不同的方式参与这种博弈。提议者会预期响应者不会给予任何回报，因此提议者一开始就不会给予响应者任何钱。那么，实际进行的信任博弈结果究竟是什么？平均而言，提议者给出了大约一半的原始赌注，而响应者平均返还了一定金额的回报，所以提议者因为信任获得了一些好处，但金额并不算大。

此类博弈的另一种变体称为礼物交换博弈（gift exchange game）。

在这种博弈中，提议者首先拿到一笔钱，例如，还是 20 美元，然后分给响应者一定金额。响应者将从提议者那里拿到的钱中取出一些返还给提议者，但这一次，实验者会将回馈给提议者的金额乘 3 倍。同样，在一个纯粹理性的世界里，即在一个只关注私利而不关心公平的世界里，提议者预计响应者不会回馈任何钱，因此提议者一开始就只会分享尽可能小的金额。而在礼物交换博弈中，提议者给出的越多，响应者回馈的也越多。你可以将其视为雇主和工人之间的情况。雇主可以提供略高于正常水平的工资，然后工人会付出额外努力，以便这个较高的工资物有所值。向工人支付更高的工资可能存在得不到多余回报的风险，但它可以鼓励工人更加努力，从而以这种方式收回成本。

我希望强调的一点是，此类博弈有很多变体，每一种都旨在分析某个特定的动机。下面我最后再介绍一种，它被称为权力-掠取博弈（power to take game）。在这种博弈设定中，有两个参与者 A 和 B，他们像其他博弈一样，也可被称为提议者和响应者。在这个博弈中，他们每个人都得到一些钱。提议者先提出要拿走响应者手中之钱的多大比例，然后响应者再宣布自己会销毁多大比例的钱。下面我用具体数字再来说明一下这种博弈。假设他们每个人一开始都有 20 美元。提议者说，我会拿走你一半的钱；响应者可能会回答，我会销毁我所有的钱，所以你什么也得不到。这种博弈得出的模式是，提议者提出要拿走的数额越大，响应者销毁的就越多。一个典型的发现是，提议者表示要拿走响应者所得之钱的五分之四，响应者会销毁自己的一半所得。就像前面所述的最后通牒博弈一样，这里也得出一个有趣的教训，即如果响应者感觉自己没有受到公平的对待，他们会愿意让提议者付出代价，即使这意味着响应者自己必须直接承担部分代价。

到了现在，你们应该已经大致了解这些研究到底是如何运作的。你需要考虑，动机是否是一种针对感受做出的反应，如感到不公平、善意、报复、开放、诚实，或是与他人面对面打交道，然后尝试设计出一个实验环境，以合理的方式来唤起这些非常具体的感受。你将看到实际情况下会发生什么。经济学文献中有很多这样的博弈实验，心理学家有时也会做这类实验。

看上去，这些博弈并不是真正的经济学。毕竟，我们要关注的难道不是国内生产总值数据、市场价格或公司运营情况吗？这似乎是典型的心理学或社会学研究领域。但此类博弈在经济学界有一个名字。它们被称为实验经济学，在经济学界已经非常成熟并获得广泛尊重。

事实上，有一位非常杰出的经济学家，他的名字叫弗农·史密斯，他于2002年获得了诺贝尔经济学奖，我想在此引用他的奖获理由："开创了实验室实验，并以此作为开展实证经济分析、特别是研究替代市场机制的工具。"需要说明的是，弗农·史密斯并未设定最后通牒博弈。他实际上是在各种不同的情境和背景下设定了各种不同的供需博弈，以探索市场结果可能受到的影响。但这种让一群人聚集在一个房间里，进行受控练习和实验的想法绝对是经济学研究的核心部分。有趣的是，它也越来越成为经济学教学的一部分，至少在大学阶段如此。你可以让你的学生们参与此类博弈，然后和他们讨论潜在的逻辑和含义。这实际上是一个相当强大的工具，可以让学生思考人类的动机以及战略行为的运作逻辑。

最后通牒博弈及衍生出来的一系列博弈是一种获取市场基本信息的方法，这些信息并不会通过价格或销售量明显地反映出来。许多经济交易都具有这样一个特性，即买卖双方都觉得自己做了一笔好买卖。用我们经济学的术语来说，双方都觉得自己从交易中获得了剩余。下面是我自己的一个经历。我去一家餐馆吃了一顿相当不错的饭，然后思考，我还会再来这家餐馆吗？此时，我心里住着的那个经济学家肯定要将我吃的这顿饭和我支付的价格进行比较。我希望从这顿饭中获得足够的乐趣，让我感觉这笔交易对自己很划算，我为此付出的钱物有所值。

针对这种情况有一个经济学术语，即消费者剩余。有时候我的想法是：嗯，虽然这顿饭真的很不错，但考虑到它的价格，只是还不错远远不够，它应该是极其好才行。如果我觉得我没有获得足够的剩余价值，那么下次我可能会去一家不同的餐馆。需要说明的是，这并不意味着我在就餐时什么便宜就选什么，我根本不会碰很多便宜的食物，因为即使它们价格便宜，对我来说也不值得。也有一些昂贵的餐馆我会反复光顾，至少在我有充分理由这样做的时候。我所说的是内心深处对这笔钱花得是不是值得的感觉，在我看来，所谓钱花得值，是指我能从这笔交易中获得一定剩余。

这种思考同样适用于市场上的生产者，尤其是对许多服务行业而言。你可以设想自己从事某份工作，你完全不确定它是否真的值得你花那份时间。也许，如果时薪稍有下降，比如下降20美分或30美分，你就会辞职。这是因为你从这份工作中得不到多少剩余，而且你可能在做这份工作时很不开心。你希望感觉这份工作真的值得做，这样即使工资少了一点，你仍然会因为做这份工作得到了一定的剩余。

在劳动力市场中，这种双方都有剩余的理念有时被称为劳动力市场的"礼物交换模型"。"礼物交换"理念的运作方式是：市场上的雇主，至少许多成功和成熟的公司，经常会向员工支付比他们真正需要支付的金额略高一些的工资，当业务下滑时，这些雇主会尽量不立即解雇员工。

相反，在经济不景气时，他们只是停止招聘，通过自然减员来减少员工数量，而不是大规模裁员，除非他们真的必须这样做。作为交换，在这样的工作场所，员工会为雇主付出一些额外的精力和额外的忠诚，这些精力和忠诚超出了基本工作描述的要求。他们可能会在需要的时候多工作一点，不会不提前通知雇主就辞职，也不会从工具间偷东西。在一个工作环境良好的地方，这种"礼物交换"的元素很强。雇主和雇员给予彼此的不仅仅是最低限度，也不仅仅是他们绝对需要给予的付出。

就像信任博弈和礼物交换博弈一样，最终结果是，通过"这些礼物"的来回交换，"蛋糕"被做大，总产量和总剩余都变得更大。相反，如果你身处一个不存在"礼物交换"的工作场所，雇主把每个人都视作可有可无，为每个人只提供最低限度的薪酬，而员工也只履行他们工作职责范围内的基本义务，那么这显然是一个相当令人不快的工作场所。双方都试图从对方那里攫取所有剩余，而当双方都试图攫取时，信任就会缺失，对公平的关注也会缺失，最终每个人都会变得不那么快乐。

虽然这种现象在劳动力市场中很常见，但其涉及的问题更为广泛。如果每个买家或卖家都确实总是把自己的意愿推到极限，试图为自己攫取所有的剩余，那么结果就是在这个市场里，可能会有很多不快乐的参与者。这可能会导致一次或几次艰难的交易。有可能你会成为最后通牒博弈中的提议者，声称"我想要一切"，并且偶尔能侥幸得逞。

也许有少数人一生中会反复地这样做而不会受到惩罚。但平均而言，那些总是试图把所有一切和所有剩余都拿到自己手里的人，最终可能无法达成他们本可以达成的安排。其他人不会任由他们为所欲为。这些人在某种程度上生活在一个更加紧张和狭隘的世界里，而这当然往往会强化他们的看法，即全世界都正在占他们便宜，所以他们需要尽力攫取一切。

对于一位经济学家来说，这样说可能看起来很奇怪，但如果在某个世界里，每个人都试图从对方口袋里掏出最后一分钱，双方永远对彼此充满怀疑，也永远对彼此感到不满，那么一旦他们遭遇困难，任何一方都不太可能履行超越最低限度的义务，以便努力让事情顺利进行。出于这种怀疑和被剥削的恐惧，每个人的剩余可能最终都会减少。换句话说，如果一个经济体的人们忽视公平问题，在每一笔交易中都竭尽可能地追求自己的私利，那么这个经济体可能根本无法良好地运转。

重要术语　　**独裁者博弈（dictator game）**

一种有两位参与者的博弈实验，其中一位参与者（提议者）提出关于分配一笔钱的建议，而无论分配方式是什么，另一位参与者（响应者）都必须接受。

实验经济学（laboratory economics）

经济学家为研究人们对不同激励措施的反应而精心设计的两人或多人参与的结构化博弈。

最后通牒博弈（ultimatum game）

一种两人参与的博弈，其中一位参与者（提议者）提出关于分配一笔钱的建议，另一位参与者（响应者）将决定是否接受这个提议。

思考问题　　1. 如果你在最后通牒博弈中扮演提议者角色，在决定向对方分配多少时，你会考虑哪些因素？

2. 在独裁者博弈中，如果你是提议者，你会如何分配？

3. 你认为（或不认为）实验经济学研究结果中的哪些方面可以应用于现实世界？

第十四讲
短视偏好与行为经济学

许多人都很想多多锻炼或是多多存钱，不过，尽管我们真心渴望在生活中做出这样的改变，但并不想今天或明天就做出改变。相反，我们总是想在后天——也许是六个月或一年后——再做出改变。这种短视的决策模式提出了一个问题：我们应如何设计激励措施，以获得我们想要的自控力。

我们首先来做一个突击小测验。我向你们保证，只有两个问题，并且没有所谓的正确答案和错误答案，但我必须提前警告你们，你们可能会有一些新的自我发现，并因此感到不适。

第一个问题是：从现在算起 1 个月后，你要拿到多少钱才会让你心甘情愿地在现在放弃 15 美元？想一想你会如何回答这个问题，将答案记录下来或记住它。第二个问题是：从现在算起 10 年后，你要拿到多少钱才会让你甘愿在现在放弃 15 美元？同样，请思考这个问题，将答案记录下来或记住它。

如我前面所说，这两个问题没有正确答案或错误答案，不过我想告诉你们芝加哥大学著名经济学家理查德·塞勒在几年前所做的一个类似调查得出的结果。当被问及需要在一个月后收到多少钱才能弥补现在放弃 15 美元的损失时，他调查中答案的中位数，即比一半答案高、比一半答案低的那个答案是大约 20 美元。当被问到 10 年后需要收到多少钱才能弥补现在放弃的 15 美元时，他调查中答案的中位数是约 100 美元。你可以将这两个答案与你自己的答案进行比较，不过我想更深入地探讨一下这些答案的真正含义。如果你现在放弃 15 美元，在一个月后得到 20 美元的补偿，那么这一个月的总回报率是

33%，为了研究方便，将其折算成年利率，即乘12，那么你真正要求的回报率是400%的年利率。针对另一个问题，如果你现在放弃15美元，并在10年后获得100美元的回报，那么10年的总回报率为560%。如果进行折算，会发现10年560%的回报率意味着每年的回报率约为19%。对经济学家来说，这是一个令人迷惑的问题：为什么有人对短期贷款要求400%的年利率，而对长期贷款只要求19%的年利率？

现实世界中的短期利率可能会比长期利率高一点或低一点，但它们没有如此大的差距。这些调查结果揭示了人们的哪些特性，以及他们对短期和长期的什么态度呢？给出这种答案的人实际上是在说：在一个月的短期内，如果我要放弃某件东西，需要很高的回报，否则我就不愿意这么做；从长远来看，如果我要放弃一些东西，并不需要太高的回报。换句话说，我更不愿意在短期内，而不是在长期内，放弃一些东西。

有这样偏好的人们在生活中会怎么做呢？实际上，我们大多数人至少在某种程度上都能在自己身上看到这种行为。例如，有些人声称如果能获得一定的回报率就愿意长期存钱，但他们实际上在眼前从未存过钱，因为他们需要看到短期内有非常高的回报率才能开始行动。

或者在与钱无关的领域，有些人声称愿意做出努力，比如在长期内多加锻炼，但他们在眼前从未真正开始做任何锻炼。经济学家和其他社会科学家将此类行为称为短视偏好。当然，"短视"一词最基本的意思是指导致人们眼睛近视，因而不得不佩戴矫正眼镜。换句话说，这些人只能看清非常近的东西。与此类比，短视偏好就是指一个人往往只能看到现在或不久的将来，而不能清楚地看到最终要走过的长远道路。

短视偏好实际上会导致人们的偏好随着事件的临近而发生改变。为了理解这种情况是如何发生的，让我来描述另一项关于人类偏好的经济学调查。在那项调查中，参与者有时会被问到一个问题，其表述大概是这样的：你有一个选择，一年后你可以得到 100 美元，或者一年零一天后你可以得到 110 美元。你会选择哪一个？好吧，当你问人们这个问题时，几乎每个人都会回答：哦，见鬼，我愿意再多等一天，我想要拿到额外的 10 美元。现在再考虑在另一种情况下人们会如何选择：今天你会得到 100 美元，或者明天你会得到 110 美元，你会如何选择？有些人会再等一天，但很多人会说：哦，见鬼，我要现在就拿到 100 美元，为了 10 美元再多等一天并不值得。

当然，你可以变换这些数额，也许可以找到一个适合你的版本，但我想要强调的观点是：在现实世界中，等待一天并获得 10% 的回报是非常高的回报率，每个人都应该总是选择这样做，无论这多等待的一天是在一年后还是在现在。甚至现在拿到 100 美元和等待一天拿到 101 美元之间，都应该选择后者。等待一天便获得 1% 的回报也是非常高的回报率，因为这相当于获得 365% 的年回报率。但是，在人们真正面对这种选择时，他们很容易拒绝多等一天。

你会想：哦，那是一年后的事儿呢，我当然要多拿点钱，谁在乎多等一天呢？我很乐意在一年后多等那一天。这和面临眼前选择的感觉完全不同。很多人会说：不，我真的不想多等一天，我就想现在拿到钱。上面这一切表明，所谓短视偏好其实是在说：人们总是会说明天就开始做，并且在说这话的时候充满真诚，但问题是，明日复明日，人们口中的"明天"永远不会到来，即人们永远不会开始做。

短视偏好表现在许多方面，对社会产生了重大影响。也许短期内做出牺牲的最典型例子就是存钱。政府的经济学家掌握着个人储蓄率的数据，储蓄率基本上是指个人的收入中有多少被存了起来。在 20 世纪 60 年代和 70 年代，美国的个人储蓄率通常在 10% 左右。在 20 世纪 80 年代和 90 年代，个人储蓄率开始下降。到 21 世纪初，有几个季度的个人储蓄率实际上已经接近于零。

在经济衰退之后，个人储蓄率重新上扬，回到个位数水平。低储蓄率显然会给家庭带来问题。假如你有一笔大开支，比如需要修理自己的汽车或买一辆新车，抑或是生病或失业了一段时间，如果没有足够的储蓄作为支持，你将很难应对。而当你临近退休时，如果没有储蓄，你就无法维持自己想要的生活水平。

对于一个国家来说，高储蓄率也很重要。高储蓄率是推动经济快速增长的部分原因，因为储蓄为投资提供了资本。高储蓄率是推动日本在20世纪60年代和70年代经济增长的原因，同时也是推动韩国和其他东亚经济体在20世纪70年代和80年代经济腾飞，以及中国近几十年经济高速增长的重要原因。

相反，美国的低储蓄率意味着，美国的经济日益依赖于来自全球高储蓄国家的大量金融资本流入，即其他国家储蓄并输送到美国的钱。这些资金流入已经持续了几十年，可能还会持续一段时间，但就其性质而言，它们不可能是永久性的。其他国家不会永远将它们的储蓄输送给美国。

与储蓄相对应的是借贷。在许多情况下，借款在经济学上是一种合理的行为。如果你购买的是一项长期资产，比如一栋房子或一件商业设备，那么用较长时间分期支付它在经济上是合理的行为。或者，如果你花钱购买的东西会给你带来长期回报，比如大学教育，那么借钱购买它当然也是有意义的。但你当然也有可能过度借贷，借得太多或是将钱用错了地方。在美国经济中，有非常多的信用卡借款利率相当高。

近年来，美国信用卡未偿还金额高达8000亿美元左右，有很多人深陷麻烦。他们无法偿还信用卡债务，只能不断地支付利息以延期还款，而他们支付利息的欠款并不是能给他们带来长期回报的花销，而往往是很久以前的消费。

所谓的"发薪日贷款"或支票兑现贷款是另一个问题。这些贷款是这样运作的：你开出一张 300 美元的支票，发薪日贷款机构会给你相应数量的钱，假设是 280 美元，但他们承诺在几周内（比如说直到你的下一个发薪日）不会去兑现你的支票。如果你仔细想一下就会明白，这实际等于你借了 280 美元两周时间，并为此支付了 20 美元的利息。这是一个非常高的利率，折算成年利率将高达百分之几百。然而，每年大约有 400 亿美元这样的贷款被发放。

造成这种现象的部分原因是短视，即人们执着于现在就拿到钱。短视也助长了房地产泡沫。在 2000 年代中期的房价泡沫中，一种主要的抵押贷款产品是所谓的"2/28 抵押贷款"。这种"2/28 抵押贷款"是一种 30 年期抵押贷款，前两年还款额较低，但随后 28 年的还款额要高得多。

长期计划（如果人们有长期计划，但实际上他们并不总是有）是，借款人可以在两年后进行再融资，并获得一笔新的"2/28 抵押贷款"，依此类推，总是支付较低的还款额，而实际上永远不需要面对更高的还款额。人们之所以选择这些贷款，部分原因是前两年的还款额非常低。当然，如此多的人选择这类贷款也在事实上推动房价不断膨胀，越涨越高。

不过，许多借款人实际上根本没有真正的经济实力在前几年过后偿还贷款。一旦房价下跌，这些"2/28 抵押贷款"也根本不可能再融资。因此，这种导致"2/28 抵押贷款"出现的短视行为推动市场上出现更多贷款，从而帮助推高了房价并吹大了房地产泡沫。它使得房地产市场变得不稳定，并造成了许多抵押贷款即将崩溃的局面。

还有很多不涉及个人财务问题的短视行为例子。例如，人们的短视偏好也是导致美国医疗成本上升的原因之一。很多美国人都患有慢性疾病，这里所说的慢性疾病指的是高血压、糖尿病、哮喘、某些类型的严重过敏、某些类型的癌症，甚至关节炎、胃酸反流，以及某些精神健康问题。从某种程度上说，美国有一半成年人至少患有一种慢性病，当然，有些人比其他人更严重。这里的关键点是，许多慢性疾病都具有这样的特点：如果患者坚持做某些事，比如服用某些药物，这些疾病日常都可以得到很好的控制，而且费用也很低。

但是，如果这些慢性病得不到有效控制，患者状况很可能持续恶化，最终发展出需要住院治疗且花费不菲的疾病。例如，根据美国疾病控制中心的报告，糖尿病仍然是20~74岁成年人肾衰竭、非创伤性下肢截肢和失明的主要原因。如果能够有效控制住糖尿病，这些疾病就不太可能发生。同样，如果不能长期控制高血压，也可能会出现类似的可怕后果，例如会发生脑卒中或心脏病。

如果人们能够更好地控制这些慢性疾病（这当然需要借助特定的医疗手段，如定期服用某些药物、定期筛查等，也包括改变生活方式），每年可能会节省数千亿美元的医疗费用。如果能计算出人们不生病和工人生产力提高的成本，节省的费用甚至会更高。如何做到这一点已经成为今天美国医疗改革的热门话题之一。

可想而知的是，要做到对慢性病的有效控制，还需要不同医疗服务机构之间相互协调，需要平价医疗、预防性治疗、药物和体检等多种可以切实帮助控制慢性疾病的手段共同努力。在许多情况下，最经济有效的医疗手段可能根本不是真正提供诊疗服务，而是每天的跟进电话，是提醒患者服用哮喘药物等事情的电子邮件和短信。医疗服务提供者通常很难针对这种服务收费，但在控制慢性病方面，这些又确实非常重要。另一个重要的手段可能是要在不同医疗机构之间共享更好的电子健康记录，在此需要再次强调，必须鼓励医疗机构提供这些服务。

事实上，我曾听到一个建议，即我们应该付钱给一些患有慢性病的患者，以便鼓励他们服用药物，因为如果他们不服药，未来住院的费用可能会非常高。我们应如何帮助患者克服短视行为呢？这确实是一个难题。

另一个根源于短视行为的问题是节能。找到节约能源的方法无疑对美国有利，毕竟降低能源使用量意味着减少对外国能源的依赖，还意味着向空气中排放的污染物更少，以及建造大型新发电厂或开发美国自己能源资源的需要更少。当然，所有这些都需要以具有成本效益的方式进行，有些节能方式比其他方式更好。但我在此想要强调的基本观点是，要想实现节能，通常需要先花一笔钱，比如购买隔热材料或节能设备，而其回报在未来才会显现。通常这会让我们陷入一种短视的境地，从而不会在现在进行投资。

请考虑下面这个简单的选择：你是否会购买一台价格便宜 50 美元、但能耗较高的冰箱，这会让你未来每年使用它时多花 50 美元电费？从本质上，可以将其理解为现在投资 50 美元，你将在未来每年获得 100% 的回报，即在冰箱的使用寿命内每年获得 50 美元的收益，而冰箱的使用寿命可能是 10 年、15 年甚至 20 年。

如果投资能够获得 100% 的回报率，这看起来无疑是一个摆在眼前的好机会。但实际上，如果没有一些特殊优惠，人们就会因为短视偏好而拒绝购买节能产品。我曾听一些在大型办公楼进行节能改造的人也说过类似的话。我曾听到一个例子，通过安装新窗户和隔热材料，重新配置制冷和制热系统以及自动定时器等设备，有可能在两年内 100% 收回节能措施的成本。

这显然是一个相当不错的投资回报。但事实证明，许多公司对此并不满意，它们明确表示，除非能在不到一年的时间内得到 100% 的回报，否则便不会进行改造。据推测，这样做是为了不对公司的年度财务报表造成任何不利影响，也许最好能在当年的财务报表上体现出费用节省。

我们可以举出很多这样的例子，说明我们似乎过于关注短期利益，而无法解决长期利益问题。例如，在公共政策领域，人们在处理预算赤字问题或社会保障和医疗保险的长期成本时经常出现这类问题，在应对气候变化或海洋健康等长期环境问题时，这些情况也经常出现。

一个有趣的例子是高中辍学生问题，这些学生并没有充分考虑过辍学的长期后果。在后面关于肥胖的内容中，我会讲到短期饮食和运动选择导致不理想的长期结果的问题。在此你也许可以举出一些你自己的例子。但我不只是想罗列例子，而是想退一步，从更普遍的角度来审视这些问题。想象一下，我们知道我们是短视的，知道自己有可能在短期内采取不利于长期目标的方式行事。既然如此，作为注重私利和目的明确的人，一旦知道自己存在短视偏好，就会试图找到克服短视的方法，这样就能达到他们想要达到的境地。

拥有短视偏好的人会宣称他们想在未来做某事，但到了那个时候，他们实际上并没有做那件事，而是在后来为此追悔莫及。人们有办法打破这个怪圈吗？他们能通过某种方式采取行动，让自己坚定地行走在自己理想中的道路上吗？有几种不同的方法可以解决这个问题。

一个基本的方法是经验法则。经验法则可能并不总是完全合乎逻辑，但它们可以成为平衡短视行为的一种有用方法。我在这里所说的经验法则指的是一些生活规则，比如把储蓄放在预算的第一位，而不是最后一位。存足够的钱，这样你就有相当于两个月薪水的储蓄以备不时之需。除了房子、车子、家庭、教育等大笔支出外，不要借钱。"一天一苹果，医生远离我。"晚餐时先吃蔬菜，稍后再吃甜点。离开房间前关灯。显然，我们中的许多人都难以长期遵循这些经验法则。它们并没有多么强大，但你可以这样看待它们在我们生活中的作用，那就是：它们是帮助我们克服短视偏好的小魔法。

也许还可以借助市场上的产品？如果我知道自己容易短视，是否有什么方法可以让我通过借助市场上的某些产品来克服这个问题？例如，我可以设立一个储蓄账户，以便钱可以直接转入该账户，而无须经过我的支票账户。

很多年前，人们曾经做过所谓"圣诞节购物储蓄安排"（Christmas club arrangements），即在一年中不时储蓄一定数量的钱，以便在圣诞节时能够享用一只大鹅和购买其他节日用品。还有一项经济研究考察了人们加入健身俱乐部的情况。这个俱乐部的月度会员价格是 80 美元，但你也可以按次买票，每次支付 10 美元进场。在这种情况下，你应该每月至少去 8 次才值得签订一份月度会员合同。但在这项研究中，购买了月度会员的人平均每个月只去了 4.4 次。为什么会这样？

要么这些人是在试图强迫自己预先做出承诺——也许他们认为这样会让他们去得更频繁，因为他们可以告诉自己已经支付了健身俱乐部的会员费——要么就是当他们准备去健身的时候，这件事看起来已经不那么有吸引力了，所以他们其实是夸大了他们实际想要去健身的次数。

类似的例子还有许多。例如，假设你有酗酒的毛病，你可以服用一些药物，这些药物能让你一喝酒就感到恶心。还有一些人会去豪华温泉度假村，那里价格奇高，而且保证只提供非常少的服务。这些都可以作为你付钱给市场上的人来帮助你克服短视偏好的方法。

公共政策在应对短视偏好方面也可以发挥作用。这类公共政策可以被视为帮助人们按照他们长期的理想方式行事，因为他们发现自己无法立即采取行动。例如，社会保障可以被视为一种方法，保证终生工作的人在退休时有足够钱可以维持生活。还有其他更激进的退休储蓄建议。例如，政府可以要求所有公司设立退休账户，并鼓励人们在这些账户中存入一定数额的钱。香烟税在某种程度上可以被视为一种帮助人们达成戒烟目标的方式，有些人可能已经想了很久要戒烟，但似乎一直无法做到。通过这些政策，政府的目的是试图帮助人们克服困难，选择他们真正想要选择的行为。

再举几个例子，几年前，西弗吉尼亚州修改了法律，规定高中辍学生必须年满18岁才能申请驾照，而不是16岁。法律修改后，该州的高中生辍学率下降了1/3。这似乎是一个颇为惊人的结果。也许很多高中生都在仔细权衡完成高中教育的长期成本和收益，他们正处于难以决断的境地，而驾照问题恰恰成为一根重要的稻草，让他们选择完成高中教育。

不过，更有可能的是，很多高中生都存在短视问题。他们忽视了从高中辍学对他们生活的长期影响。如果他们为了获得驾照才继续读高中，那么他们仍然忽视了长期影响，但这一次，短视偏好恰恰迫使他们做出了更好的人生选择。综合起来，这些经验法则、私营部门的行动和公共部门的行动肯定能在一定程度上降低短视偏好的影响，至少会对某些情况下的某些人发挥作用。但是，短视偏好仍然是我们许多人一生中以不同方式表现出来的问题，而且短视行为的存在对经济学的世界观提出了深刻挑战。

正如我在本书中反复强调的那样，经济学作为一门社会科学的基本理念是，人们会考虑如何权衡取舍他们面对的选择，并决定他们更想要什么。但是，如果人们从来没有做出过任何最优选择又该怎么办？了解了短视偏好后，你可以问问自己，你脑中的自己到底是怎样一个人？你是会在前一天晚上设置闹钟，早上按时起床的人，还是在清晨闹钟响起后关上它并继续睡觉，然后再后悔没有按时起床的人？你是注册了健身俱乐部会员并按时去健身的人，还是在注册会员后根本不去，然后又后悔地说自己应该再多去几次的人？你是想在退休前积累一笔可观储蓄的人，还是不怎么存钱，但在成年后不断后悔没有存下多少钱的人？我们都喜欢相信自己基本上是能够下定决心的人。但如果我们的决定总是会以这种短视的方式发生改变会怎样？我们很难在当下按照我们事先说好的去做，而事后我们又会悔不当初。

现代脑科学经常强调，大脑有不同组成部分，负责做出不同的反应。例如，某些部分对情绪反应更强烈，某些部分对逻辑反应更强烈，某些部分对单词、数字、气味、颜色等反应更强烈。在许多情况下，现代脑科学的观点是，大脑并不是一个控制中心，并不是只有一个声音在说话。大脑由许多不同的部分组成，而哪个部分实际上控制你的行为可能会因特定情况的背景而异。

经济学家试图利用脑科学中的这一想法，将短视行为的矛盾建模为多重人格。其中一种理论被称为"心理账户"（mental accounting）。这种理论是，人们在脑海中将他们的财务选择分成不同的类别。例如：第一个类别是当前收入，可以将其视为你的薪水，或者你收到的礼物，以及你以某种方式赢得的钱；第二个类别是你的资产，如你的房子和你的金融投资；还有一个类别是你未来的收入，如你的养老金计划或你的社会保障金。

从纯经济学的角度来看，这些类别没有什么不同。例如，假设你的房子价值在一年中上涨了10%，或者按照更贴近过去几年现实的说法，它的价值在一年中下跌了10%，对大多数人而言，其资产发生了变化，但他们的当前收入并没有发生变化。然而，对经济学家来说，你的房子价值一年上涨10%，与今年中了一个彩票大奖是一样的。它也和今年获得同等数额的加薪是一样的。它甚至等同于你发现自己在5年后将从一个亲戚那里得到一笔钱，其金额是房屋升值的金额减去5年期间你支付的贷款利息。简言之，你可以把短视行为看作这些"心理账户"之间的一场战斗。

还有其他一些分析短视行为的方法。你可以认为，我们每个人内心都有两种性格。一个可被称为计划者，另一个可被称为行动者。在一场冲突中，行动者是当下导向的，想要立即做事，而计划者是面向未来的。这样的多重性格导致我们许多人身上都会出现某种矛盾。例如，你可以想象一个烟瘾很大的人会花很多时间考虑自己的退休储蓄。如果你是一个烟瘾很大的人，也许退休问题不应该是你最大的担忧。你可以想象一个人几十年来一直全身心地投入到自己的事业中，是一个工作狂，然后却因为性骚扰实习生或类似的事情而把一切都毁了，而后者显然是非常短视的行为。你可以想象有人为了存钱而把零钱都放进存钱罐里，但是却购买了不节能的空调或冰箱，尽管眼前购买节能电器多花的成本可以在6个月或1年内收回。他们只是在短期内储蓄，而不是长期存钱。

将心理学和脑科学的研究成果引入经济学分析，逐渐发展出了行为经济学。这是过去一二十年中经济学领域的一个热门话题。行为经济学研究的领域是，在个体表现出现实存在的人性局限性和复杂性时将会发生什么。短视偏好是一个重要的例子。我们将在其他一些章节中讨论其他一些例子。短视偏好的概念与市场崩溃的其他形式存在着根本的不同。

当出现污染或贫困等问题，或是需要建设基础设施和公共产品时，经济学家要考虑的问题包括个人或企业会如何遵循某些激励，并最终陷入糟糕的境地。在这些情况下，人们都清楚地认识到对他们个人起激励作用的因素，但当他们遵循这些个人激励因素行事后，其所产生的社会结果却不一定是他们想要的。

行为经济学是指当你没有清楚地看到动机时，或者当你甚至很难说某人是否试图做出明智的决定时所发生的事情，因为理想决策本身就会根据时间框架而变化。至少自20世纪90年代以来，将人类行为研究引入经济学一直是一个热门话题，并且在未来几年里，它似乎已经蓄势待发，有望取得更多研究成果。

重要术语　**行为经济学（behavioral economics）**
经济学的一个分支，旨在将关于人类实际决策行为的心理学理论与经济学推理有机结合。

短视偏好（myopic preference）
一种缺乏远见的偏好，希望在中期或长期的未来做出改变，而不愿立即或在短期内做出改变。

助推政策（nudge policy）
一种政策选择，其发挥作用的机制是改变人们在无须做出决定或寻求信息时面临的默认选择。

思考问题　1. 你是否能想起某个情境，在那种情境下你自己存在短视偏好？是否存在任何经验法则、市场交易或公共政策可以帮助你克服短视偏好，按照自己期望的理想方式行事？

2. 从概念理解的角度来看，行为经济学的方法论，即将心理学理论引入经济学分析，可能有哪些好处和坏处？

第十五讲
利他、慈善与礼物

做出慈善捐赠可能只是施舍者想要获得温情感，但也可能是施舍者期望获得回礼，或是获得社会地位，又或者甚至是出于内疚。需要考虑的重要因素包括做出慈善捐赠的原因，如何鼓励人们做出慈善捐赠（例如通过减税），以及公共政策如何塑造一个鼓励慈善行为的大环境。个人赠礼经济学则研究了传统的经济学理论分析和实证研究如何得出这样的结论：赠礼行为的大部分价值被浪费掉了。

慈善捐赠和个人赠礼一直是困扰经济学家的一个难题。这些行为真的只是出于利他目的吗？抑或它们是某种披着友善外衣的利己行为？一旦涉及分析利他行为背后的动机，问题就会变得有点棘手。人们向他人施与到底是出于利他目的，还是因为期待着获得回报，又或是可能希望获得社会影响力，也可能是因为如果不施与会感到内疚？经济学家往往更善于观察人们的行为，以及导致人们做出反应并改变行为的激励因素，而不是试图窥视他们的灵魂。当然，这并不能阻止经济学家和其他社会科学家试图解决这类问题。

我们大多数人在想到利他行为时，首先想到的是我们所说的充满温情感的利他，即赠礼所得到的回报只是一种温情感。如果你向红十字会捐款，以帮助日本海啸灾民或海地地震灾民，这几乎就是纯粹的利他。你这样做只是为了获得温情感。你并不是在建设你所在的社区，也不是在向任何你认识的人捐款，只是单纯地给予。

当然，作为经济学家，我们有时会试图把这种温情式的利他硬塞进利己的框架中。例如，我可能会说，我的利己行为有时候也包括帮助他人。但至少对我来说，这就像是在玩文字游戏。这有点像说，有时候，我在真的很饿时想做的事就是不吃东西，或者诸如此类的说法。

有一种理论，我们可以称之为随机的善举。根据这种理论，你应该随机地做一些好事，并多多少少地希望，即使别人没有直接给予你回报，他们也会把这份善意传递下去，所以从某种意义上说，你希望你的善行产生放大效应，让世界变得更美好。这也许不是完全纯粹的利他，因为你希望得到的不只是温情，但这种行为已经非常接近纯粹的利他。不过，做出利他行为还有很多别的原因，这些原因并不那么纯粹。

在某些情况下，赠送礼物是为了让收礼者觉得有义务回赠礼物。这种行为的一个典型例子是由一位名叫科林·特恩布尔（Colin Turnbull）的著名人类学家提出的。早在1972年，他就出版了一本关于Ik部落（拼写为"I-K"）的著作，这个部落由几千名生活在乌干达北部的农民组成。Ik部落的人极度贫穷，几乎不得温饱，并且非常自私，甚至到了为了生存而不顾孩子和家庭关系的地步。但与此同时，这个部落有一种非常强烈的道德观念，即如果你收到了礼物，就需要还礼。

所以这个部落的人会这样做：一方面，他们非常努力地互相赠送礼物来使得未来有更多礼尚往来；另一方面，又非常努力地避免接受别人的礼物，因为那样一来你就不得不在未来还礼。在这个社会中，送礼行为使得收礼者承担了义务，因此这种行为有一种潜在的侵略性。下面我想引用特恩布尔描述Ik部落的一段话：

> 当然，这样做的目的是积累起一系列礼尚往来的义务，以便在危机时刻，你可以要求别人偿还一些债务，并且如果幸运的话，能够收回其中一些。有人可能会不请自来地在别人不在的时候帮助他锄地，或是修理别人的围栏，或是帮助他修建房子，而这些工作那个人本来只需要自己和妻子就能轻松完成。有一次，我看见很多男人站在屋顶给房子加盖茅草，压得整个

屋顶都几乎要坍塌了，即使房主强烈抗议也无济于事。

当然，Ik 人是一个极端的例子，但显然现代生活中也不乏这种利他行为的动机。例如，我们经常听说新娘和新郎精心计算他们的婚宴上每位客人要花多少钱，同时认为他们应该得到一份至少可以抵消花费的份子钱，以便他们可以借办婚礼之机大赚一笔。

亲朋好友之间虽然不会如此极端地算计，也常常难免有一点小计较。这件礼物花了多少钱？这个数额合理吗？你给他们送过类似的礼物吗？对于我们许多人来说，一方不断向另一方赠送大笔礼物，而另一方却没有回礼，这种情况似乎很奇怪或让人感到不舒服。

向艺术机构、大学或慈善机构捐赠的情况有所不同，但也常常会得到一定回报。这些机构可能会在自己的年度报告中列出你的名字，或者可能向你提供某个大型活动开幕式的黄金座位。如果你是定期捐赠者或大额捐赠者，你的孩子也许更有机会被大学录取。慈善机构也许会举办大型年度筹款晚会，而你可能会在晚会上获得 VIP 入场券或 VIP 待遇。慈善机构实际上利用了交换礼物的概念。它们会给你寄一些小礼品，比如一些漂亮的印章、明信片、地址签、杯子、钢笔或日历等，然后期望你更有可能会觉得有必要回馈他们一些东西。

有些利他行为会带来社会地位或声望的提升。人类学文献中有一个典型例子，即冬季赠礼节，这是太平洋西北部的美洲土著部落的一种习俗。在冬季赠礼节中，部落首领或显赫的家族会举行大型聚会，并向部落所有成员赠送大量礼物。送出礼物最多的家族地位最高。如果某个顶级家族因疾病或其他原因消亡，而社会结构中又有空间容纳新的顶级家族，那么举办一场大型的冬季赠礼节活动并赠送大量礼物就成为宣告自己跻身顶级家族的一种方式。这种行为以一种加强忠诚和地位的方式将社区成员凝聚在一起。

有趣的是，在 19 世纪后期，加拿大法律和美国法律实际上都禁止举办冬季赠礼节活动。其原因似乎是基督教传教士认为，赠送大量礼物的行为阻碍了人们成为好的基督徒，所以需要阻止土著居民进行这种社会实践。我在此不会试图讨论道德问题，19世纪的神学也不是我的强项，但这项法规看起来确实有点奇怪。

当然，现代社会中也不乏以慈善行为换取社会地位的行为。你建立一个以自己家族名字命名的个人基金会并做出慈善捐赠，显然会有助于提升你的社会地位。你捐钱给一所大学或一家医院，或是将一间屋子或一栋大楼冠上你的名字，这种行为显然也有社会地位的考量。事实上，有一件事一直让我觉得很有趣，那就是许多体育场馆都是企业冠名的。在我的家乡明尼阿波利斯市，有塔吉特公司冠名的塔吉特球场，这是职业棒球双城队比赛的地方；休伯特·H.汉弗莱大都会体育馆中还有美国购物中心球场，这是职业橄榄球维京人队比赛的地方；还有TCF银行体育场，这是大学橄榄球队明尼苏达地鼠队的主场。

对于公司来说，冠名权是一笔广告费支出，如果公司宣称"这是一笔慈善捐款"，我们一定会笑话它。但是，如果同一家公司赞助了一家艺术博物馆的某个展厅或一部舞台剧的制作，那么这听起来就像是一种慈善捐赠。我认为，这两种情况的捐赠都或多或少是为了提升社会地位。

最后，羞耻感和内疚也可以引发看似利他的行为。一些好心人，可能是你邻居的孩子，出现在你家门口，为某项事业募捐。如果你给那个人捐了一些钱，那到底是出于利他目的，还是出于内疚和羞耻感？三位经济学家，即芝加哥大学的约翰·李斯特（John List）以及加州大学伯克利分校的斯特凡诺·德拉维尼亚（Stefano DellaVigna）和乌尔丽克·马尔门迪尔（Ulrike Malmendier）曾做过一个实验，他们安排了一场为两个不同机构上门募款的活动。其中一个机构是当地一家著名的儿童医院，另一个是芝加哥地区几乎没人听说过的州外慈善机构。

他们让劝捐人敲门拜访了7000多户人家，这些家庭是以各种不同的方式随机分配的。有些劝捐人为当地医院募款，有些为州外的那家慈善机构募款。有些劝捐人直接上前敲门进行募捐，有些劝捐人提前一天到达，在门上留一张传单，说明他们会在第二天某个时候上门，这样一来，那家人就有可能在他们上门的时刻选择不开门。有些劝捐人会留下一张传单，上面既说明了他们会在什么时候回来，还包括一个"请勿打扰"的选项，房主可以根据需要勾选。由于他们在大量家庭中随机采取了所有这些行动，因此可以对结果进行有意义的比较。这种实验做法有时候就是经济学家所说的社会实验。

在收集了人们在不同情况下做出捐赠的数据，并仔细思考了这些数据的含义后，他们发现了一些有趣的模式。例如，当人们拿到上面写着第二天有人上门劝募的传单后，第二天真正开门的人减少了15%；当传单上给出"请勿打扰"的选项时，募款金额最终减少了约30%，这主要是因为做出小额捐款的人数减少了（小额捐款的金额通常不到10美元）。

所以，此时你可以想象那些拥有不同动机的人的一些行为模式。有些人是因为温情感而进行捐赠，有些人则是因为感受到社会压力而捐赠，这在捐款行为中也可被视作一种成本，尽管他人施加的压力只是一种非货币成本，但仍然是一种成本。社会压力发挥作用的另一个迹象是，这些传单上列出了电子邮件和常规邮寄地址，但大多数人并没有通过这些形式捐钱。那些知道有人来劝募并开门的人很可能愿意捐款，相反，一些人如果事先知道敲门者是来劝募的，那么他们本不会开门，但迫于社会压力，最终还是捐了一些钱。

在他们的研究论文中，三位经济学家分析了这些数据，并根据合理假设提出了这个相当有力的论点：平均而言，面对敲门劝捐者，那些因感受到社会压力而捐款的捐款者的社会压力成本大于那些心甘情愿的捐赠者因为助人为乐而获得的收益。至少这项研究的结果显示，上门劝捐导致所有参与家庭的总体幸福感出现了净下降。

现在，让我们暂时先停止探究人们为什么会进行捐赠，转而分析慈善捐赠的一些基本事实。我们先来看一看美国的一组数据。这些慈善捐赠的数据部分基于纳税申报单数据，部分基于其他类型捐赠的数据，但总体而言，美国人每年的捐赠总额约为 3000 亿美元。粗略计算，这大概相当于以国内生产总值衡量的经济总量的 2%。

我们无法找到有关私人之间赠送礼物（即某一个人给另一个人送礼）的官方统计数据，但我们知道，每年年底的假日季本身就会带来数千亿美元的零售消费，如果加上生日、情人节和其他节日，私人之间送礼的金额可能占到整体经济的 2%~4%。当然，送礼行为不只涉及真金白银，还可能付出时间。

调查数据显示，在 25 岁以上的成年人中，每年都有大约 1/4 的人会参加志愿活动，人们在一年中参加志愿活动的时间中位数约为 50 小时。如果你把这两个数据相乘，那就是每年大约有 30 亿小时的志愿服务时间。这很难用美元来衡量，但如果我们取一个整数，比如平均每小时 20 美元，那么这些志愿服务的总价值就是 600 亿美元。把所有这些加在一起，我们可以发现，美国的慈善捐赠和其他私人捐赠可能相当于经济总量的 5% 或更多。这个数据当然无法与医疗部门的费用相比（后者占经济总量的 15%），但确实也已经占据了经济活动一个可观的比例。

慈善捐赠的主要接受者是宗教机构，但也包括很多教会经营的事业，比如食品援助、社会服务，有时还包括医疗和教育等。如果观察捐赠模式，你会发现，慈善捐赠占个人收入的比例呈 U 形。低收入者通常捐赠大约 5% 的收入，中产阶层可能捐赠 2% 或 3% 的收入，百万富翁又会捐赠约 5% 的收入。

为什么会呈现这样的 U 形模式？一种可能性是，很多进行捐赠的低收入家庭都是老年人家庭，他们每年的收入不多，因为主要来自养老金和社会保障，但他们在退休后拥有相当多的财富，所以把他们看作低收入家庭有些误导，因为他们收入虽低，但个人财富相当可观。

另一种解释是，许多低收入家庭是向自己所属的教会捐赠，这笔捐赠的金额虽然不高，但由于他们本身的收入也不是很高，所以这笔不多的钱仍占了他们收入的很大一部分。与中产阶层相比，贫困工人更有可能加入宗教团体，而宗教团体中普遍存在类似于什一税和占收入比例颇高的捐赠要求。穷人和工人阶层也确实经常从教会得到一些回报。他们在教会中可能享用聚餐，获得社会支持和儿童保育服务，还可以与教会成员交换家居用品以及获得其他此类服务。

美国的慈善活动似乎比其他高收入国家更多。我们很难获得关于慈善捐赠可靠的可比国际数据，因为慈善在不同国家的含义不同。但 20 世纪 90 年代中期曾进行过一项很好的调查，结果发现，平均而言，美国人向慈善机构捐赠的金额是法国人的 3.5 倍，是德国人的 7 倍，是意大利人的 14 倍。美国人提供志愿服务的可能性可能比其他国家的人们高出了 20% 或 30%。

为什么会有如此之大的差异呢？一种可能性是，这涉及更深层次的政治文化问题。大多数欧洲国家的政府规模要大得多。这些国家的政府比美国政府更关心穷人，对艺术、教育和医疗的支持也更多，而且政府通常相当集权。

与此相对的是，美国的政府规模相对较小。在 20 世纪 30 年代甚至更早的时候，许多美国慈善机构的主要目标是帮助穷人。但到了 20 世纪 60 年代，美国联邦政府和各州政府在照顾穷人利益方面做得更多，慈善机构则更多地转向了健康、教育和艺术领域。在美国，医疗、教育和艺术的集中程度仍然远低于欧洲，美国的政治结构以各种方式鼓励这种分权，比如赋予州和地方政府以及私营部门的非营利组织以广泛的权力。

作为这种制度的一部分，美国对慈善捐赠的税收减免政策比大多数其他国家宽松得多。在许多其他国家，只有相对较少数量的组织机构有资格享受税收减免。例如，法国就是如此。而在另一些国家，慈善捐赠的税收减免金额通常受到限制。在美国，这种对慈善捐赠的慷慨税收减免政策可以被视作一种鼓励。美国政府不像欧洲大部分国家一样，征收税款，然后将其用于社会事业，而是鼓励个人为一些类似的事业捐款。

这里有一个值得深思的更深层次含义。如果可以通过提供激励措施来影响慈善捐赠水平，而无须考虑捐赠动机是什么，则此时基本的经济学逻辑就开始适用了。人们对激励措施做出反应，这既适用于慈善捐款，也适用于其他领域。有些人听到这句话可能会觉得反感，因为在这里，我们再一次将利他动机与自利动机（即我花钱能得到什么）混在了一起。但在很多情况下，人们对激励的反应相当明显。

例如，假设你确切知道某个慈善机构浪费了所有的捐款。他们把捐款花在了租用办公室和举办奢华筹款活动上，而没有帮助任何人。在这种情况下，你向这个慈善机构捐款的动机就会削弱，对吧？慈善行动的成本可以不那么高，或设法让它们能够更卓有成效。所以我们在此想讨论的是，社会可以如何选择改变捐赠的价格，以及捐赠价格的这些变化将如何影响捐赠金额。

也许最直截了当的方式是通过税收法案。在美国的税法中，对于那些在税收中逐项列出扣除额的人，他们对慈善组织的捐款可以从他们的应税收入中扣除。也就是说，他们不必为捐赠的金额缴纳所得税。税收减免的具体金额取决于你的收入所适用的税率等级。假设你适用的税率为35%，这意味着你每多赚1美元，就要缴纳35美分的所得税，而如果你向慈善机构捐赠了1美元，则可以少缴纳35美分的税款。如果你适用 15% 的所得税率等级，那么你向慈善机构捐赠 1 美元，则可以少缴 15 美分的所得税。

如果你不逐项列出扣除项目，而是像大多数美国人一样只采用标准扣除项目，那么你向慈善机构捐赠 1 美元并不会令你税单上的数字变小。如果花点时间思考一下这种机制，你会发现税收政策确实是一种鼓励慈善捐赠的特殊方式。例如，政府也可以制定一条法规，规定个人无论收入多少，也无论其是否逐项列出了扣除项目，只要其对慈善机构的捐赠超过了某个基本金额，比如说其收入的 1%，则其每捐赠 1 美元，就可以减免 10 美分或 20 美分的税。

我还应该提到，税法的其他部分也会影响对捐赠的激励。遗产税、替代性最低税、州所得税都会影响捐赠。针对这些不同的影响已经进行了大量研究。在美国，大约有 30 万个慈善组织可以接受捐款并支持免税扣除，过去 15 年来，这些组织的数量增长了约 60%。这些慈善组织在不同领域做了大量工作。有些可能是为穷人提供食物，有些是艺术项目，也有些是大学或医疗项目，但总体而言，慈善组织将其所募款项的 10% 或 15% 用于进一步筹款并不罕见。

不过，2011 年，美国财政部因人们向这些组织捐款而少征收的税款总额约为 500 亿美元。当然，如果慈善捐赠是纯粹的利他行为，而不是针对激励措施做出的反应，那么对慈善事业给予这种特殊的税收待遇就不存在公共目的。在经济学研究中，对于人们会对税收减免激励做出反应这一点没有严重争议，但不同的研究对人们的反应程度存在一些争议。

他们提出了一些可能性。其中一种可能性是，如果存在税收减免，从而使捐赠便宜了 10%，那么人们就会多捐赠 10%。另一种可能性是，存在税收减免使捐赠便宜 10%，但人们多捐赠的金额不到 10%，或人们多捐赠的金额超过了 10%。关于捐赠行为如何针对捐赠价格做出反应的实际证据比比皆是。

在 20 世纪 80 年代，人们曾经认为减税会对慈善捐赠产生巨大的影响，影响效果相当显著。但在 20 世纪 90 年代进行的更多研究，其结论往往表明，减税的影响效果并没有那么大。目前的主流观点是，如果捐赠成本减少 10%，可以让人们多捐赠 10% 左右，至少对于高收入人群来说是这样。值得一提的是，一年中慈善捐赠最多的一天是 12 月 31 日，即纳税年度的最后一天。同样有趣的是，对慈善捐赠提供最多税收优惠的国家——美国，同样也是全球慈善捐赠最多的国家，这清楚地表明激励措施很重要。

对捐赠者来说，配捐是另一种让慈善捐赠更"便宜"的方法，而且有证据表明，提供配捐确实会增加捐赠额。例如，我之前提到过芝加哥大学的约翰·李斯特曾就相关问题开展过研究，他在中佛罗里达大学做过一个实验，他们发出了提供不同配捐额的筹款信。例如：其中一封信会表示，你捐出的每 1 美元都会得到另一位捐赠者 50 美分的配捐；另一封信可能会说，你捐出的每 1 美元都会得到另一位捐赠者 1 美元或者 2 美元的配捐；等等。他们发现，配捐金额越高，愿意捐赠的人就越多。

李斯特和合作者的其他研究分析了一些团体的筹款活动并发现，当配捐比例大大高于 1∶1 的水平时，似乎不会产生太大的额外效果。这里可能存在一个最佳的平衡点。也就是说，较小的配捐对于增加捐赠金额帮助不大，而超过一定数额后，再加大配捐比例对于捐赠金额的增加也不会产生很大的影响。

经济学家还进行了大量实验室实验。例如，给一个参与者 10 美元，让该参与者将其中一部分交给另一个参与者。给出的每 1 美元可能会乘某个倍数，比如 5 倍，即如果你给出了 1 美元，另一个人会得到 5 美元；也可能是将给出的每 1 美元减半，即如果你给出 1 美元，另一个人只会得到 50 美分。这种实验有助于揭示人们对赠予的激励因素会做何反应。

正如我们在之前的内容中曾经讨论的那样，你还可以设计对方能够选择提供回赠的实验。我们发现，人们确实会根据赠予行为是容易且便宜还是较为困难而做出不同的反应。对方可以回赠的实验也揭示了送礼行为确实存在一定的互惠性。即使参与实验的是陌生人，也会呈现这一特点。因此，陌生人之间的利他行为也并未超出经济学研究的激励和权衡取舍的范围。

下面我想将关注点从慈善捐赠转移到个人赠礼方面，然后在本讲的最后再尝试将这二者联系起来。对于慈善捐赠而言，人们向慈善机构捐款，慈善机构就有钱开展慈善事业。但是，对个人来说，如果让别人猜测你希望收到什么礼物，他们往往会猜错，因此礼物对接受者的价值可能低于送礼者支付的价格。

现任职于明尼苏达大学的经济学家乔尔·沃德福格尔（Joel Waldfogel）从20世纪90年代初开始，就礼物对接受者的价值开展了一系列研究。事实上，他所写论文的标题堪称所有学术论文中最棒的标题之一："圣诞节的无谓损失。"沃德福格尔调查了一群学生收到的礼物，包括礼物的实际价格是多少，以及这些礼物对学生的实际价值又是多少。

你经常会发现，这些调查揭示的模式可能如你所预料，诸如你会从祖母那里收到奇形怪状的毛衣，或者收到远房表亲送的压花皮革记事本，或是父母送的一本大字典，对你个人来说，这些礼物的价值远远低于送礼者支付的价格。调查数据显示，平均而言，礼物对收礼者的价值通常比其售价低15%左右。经济学家将这种情况称为无谓损失。它指的是为某件礼物支付的价格高于收礼者实际认为的价值。

考虑到每年花在礼物上的钱高达数千亿美元，这些礼物的无谓损失金额可达数百亿美元。是否有什么替代方案？一种替代方案是直接给现金。当然，现金作为礼物似乎稍显冷漠和不用心，但有一种中间选择近年来变得相当流行，那就是预存一定金额的礼品卡。这样的礼物能解决无谓损失问题吗？

现在，人们每年存在礼品卡上的钱大约为 1000 亿美元。对许多人来说，这些卡似乎比直接给现金更有人情味和更能被社会接受，同时可以让收卡人挑选自己真正想要的东西，因此无谓损失问题不会那么严重。但礼品卡在很多方面也并不完美。它们经常被放在某个抽屉里，最终被闲置未用。据估计，礼品卡的总价值中，至少有 10% 甚至 20% 从未被使用，这对礼品卡的卖家来说就成了纯粹的利润，当然，这也正是你可以以低于面值的价格出售这些卡的原因之一。

此外，赠送他人礼品卡会延迟实际礼物的送到。大约 1/3 的礼品卡在赠送后的一个月内被使用，其余的则会拖延更久才被使用。这对礼品商店来说当然是件好事，因为它们已经从礼品卡中赚到了钱，但这并不总是让人感觉到它是一件充满人情味儿或是非常用心的礼物，尤其是在礼品卡来自一家拥有极其广泛商品选择的知名大商店的情况下。

那么，什么样的礼物最能平衡各种因素呢？还有什么替代方案？举一个最简单的例子，我可以在情人节那天找到我的妻子，给她一张礼品卡，告诉她可以随意挑选一张贺卡、一些玫瑰和一盒巧克力。嘿，她可以挑选她真正想要的鲜花和巧克力，也可以挑选她喜欢的贺卡，我甚至可以在上面签名。但是如果我这样做，会显得非常不合时宜。虽然对于经济学家来说这样做也极不浪漫，但这说明了一些东西。

就我自己的婚姻而言，我的妻子对一些东西有着非常独特的品味，并且这些东西相对昂贵，比如珠宝或衣服，如果我试图为她购买这些东西，那显然会很愚蠢，因为我在这些领域是彻头彻尾的门外汉。所以我妻子会自己挑选好这些东西，把它们放在我的衣柜里，当她的生日或节日到来时，我再把这些东西送给她。这看起来可能很奇怪，但对我们来说却很有效。她说，在几个月后收到礼物令她感觉很新奇有趣，我也很高兴自己送礼的压力减轻了一些。让我在余生数十年的婚姻生活中，在每年的每个节日都能想出不同新颖独特的礼物创意的想法并不切合实际。如果我们非要这么做，肯定会发生很多无谓损失。

然而，如果我送给妻子的所有礼物都是她自己挑选的，我会感到很难过。我想给她挑选一些东西，至少能让她看到之后会心一笑，或是能勾起对我们一起共度的美好时光的回忆，又或是能让我们期待即将发生的事情，或者只是她在谈话中提到过的东西。这些礼物能让她知道我的心中有她，并正在尽我这个笨头笨脑的经济学家所能，向她表明我在想着她。挑选一份大礼却并不是收礼人真正想要的，与挑选一份虽小但极其用心，或许非常特别的礼物相比，前者更容易出现无谓损失问题。在我看来，很多成功的礼物都是我们想要的东西，但也许我们其实并不真正知道自己想要什么，而此时我们收到的礼物能增强彼此的情感或社会联系。还有一些时候，我们收到的礼物是我们确实想过，但并不觉得自己应该花钱买的东西。比如说，我几乎从来不会花钱给自己购买按摩服务。不过我曾多次收到按摩礼券，而且每次都特别享受。

著名经济学家赫伯特·金蒂斯（Herbert Gintis）曾长期任职于马萨诸塞大学阿默斯特分校，他花了很多时间研究利他的问题，他曾经写道："利他并不是非理性的，因为如果是这样，唯一理性的人就会是反社会者。"反社会者当然是指那些对他人异常缺乏同情心的人，他们与所有其他人类异常疏离。我认为，金蒂斯的论断基本正确。利他、赠礼和慈善是人类体验的核心，不能被当作某种奇怪的异常现象来对待。

我还认为，如果我们坚持认为利他就是指纯粹的温情感，不能掺杂任何私利，否则它就一定要被归入自私自利的行为，那么我们显然为利他行为设定了一个过高的标准。我们在生活中都扮演着多重角色。我们是家庭的一员，是一位朋友，是一个员工，是当地社区的一员，是某个俱乐部、组织或教会的成员，也是某个国家和州的公民，以及是地球的一分子。礼物的流动以及做出时间和金钱方面的慈善捐赠正是这些社会关系的一种表达方式。无疑，利他和给予在某种程度上是一种自利行为，但它们同时也彰显了我们不是只关心自己利益的孤立个体。相反，我们认识到了自己的根以及我们在更广泛社区中的角色。

重要术语　　**利他（altruism）**
关心他人的福祉，但该术语含义十分宽泛，既包括纯粹出于温情感的利他，也包括因为期待获得互惠或获得社会地位而给出的礼物。

无谓损失（deadweight loss）
一项本来可以让所有参与方受益且不会给其他人带来成本的交易未能发生而导致的经济效率损失。

扣除（deduction）
根据税法，某些支出可以从应缴纳所得税的收入中扣除掉。

思考问题　　1. 什么会促使你做出利他行为？

2. 你是赞成提供额外激励措施来促进慈善捐赠，还是希望政府采取更多措施来征税并花钱来满足社会需求？

3. 你能否举一个例子说明，一件礼物对你而言比送礼者支付的价格更有价值？对你而言，一件价值超过送礼者支付的价格的礼物会让你感觉如何？

第十五讲｜利他、慈善与礼物　　245

第十六讲
损失规避与参照点偏差

框架化存在于对某种情况的表述当中，取决于对某件事的表述，即框架构建，人们会对此做出不同的反应。自由家长制（libertarian paternalism）理论认为，在制定政策时，应该将决策过程中存在的偏见考虑在内，并在实践中采取既允许人们自由选择（自由主义），又推动人们朝着大多数人真正想要的方向行事（家长制）的方式。

经济学家、社会学家和其他社会科学领域的专家已经发现，在各种各样的情况下，人们在面临某些选择时，尽管这些选择所带来的结果在客观上完全相同，人们还是会因这些选择的表述或框架构建方式不同而做出不同的反应。

举个例子：你在加油的时候或在商店购物的时候，是否看到过这样的海报，上面写着如果以现金付款而不是使用信用卡，可以享受 2% 的折扣？这里的问题是：你看到海报会做何感想？也许你决定使用现金支付，也许你还是会用信用卡支付，但你并不会太往心里去。现在想象一下，你在加油站或商店看到一则告示，上面写着如果使用信用卡支付需要加价 2%，我敢打赌你从来没有看到过这样的告示。为什么会有这样的不同？

这背后实际上有故事。当你使用信用卡付款时，信用卡公司会收取款项的一小部分作为交易处理费用。早在 20 世纪 70 年代，当信用卡开始流行时，商店最初想要求使用信用卡的客户必须支付一笔额外费用，即最终由信用卡公司收取的那笔费用。但信用卡公司的反应是，如果商店想使用它们的信用卡，就必须确保所有客户都享受相同的商品价格。这场官司一路打到了美国国会，并最终得到解决。面向所有客户的商品标价必须相同，但支付现金的客户可以享受折扣。这个解决方案反映的认知是：人们觉得使用现金支付即可享受折扣是可以接受的，哪怕他们实际上不选择这样做，但如果使用信用卡需要额外付费则会让他们非常恼火，尽管这两种说法所表达的意思实际上是一样的。

下面再举另一个例子，说明以不同方式构建某个情境的框架将会改变人们对其的看法。假设你生了重病。医生告诉你说：好吧，你病得很严重，但是我知道有一种可能的治疗方法，在每 100 个接受治疗的患者中，有 90 个人能活过 5 年。你对医生的说法有何感想？请花点时间认真思考一下。

如果换一种说法来描述同样的情况。医生告诉你说：好吧，你病得很严重，但是我知道有一种可能的治疗方法，在每 100 个接受这种疗法的人中，有 10 个人会活不过 5 年。你听到这样的话又会怎么想？100 个人中有 90 人在 5 年后仍然活着与 100 个人中有 10 人在 5 年后已经死亡显然说的是同一回事。这二者所表达的信息完全相同，只是表述方式不同而已。

但是，接收的信息强调了杯子的 9/10 是满的的患者，与接收到的信息强调杯子 1/10 为空的患者相比，前者更有可能坚持治疗。事实上，在面向医疗机构进行同类调查时，他们表现出了相同的偏好，即使我们通常认为医疗机构的人更能够认识到这两种表述的相同性。

下面再举另一个关于冒险的例子。对于一组参与者，在其本身拥有的东西之外，再额外给他们 1000 美元。然后，他们面临两个选项：选项 A，赌上一把，有 50% 的概率再得到 1000 美元，50% 的概率一无所获；选项 B，确定可以再获得 500 美元。你是会选择落袋为安，还是选择赢钱概率 50% 的赌博？一项基于这个问题的研究表明，只有 16% 的人表示会选择 A 选项。也就是说，绝大多数人表现出的偏好是，倾向确定性地获得额外的 500 美元，而不是参与有 50% 赢钱概率的赌博，最终拿走 1000 美元或 2000 美元。

然后，另一组参与者被问道：除了其本身拥有的东西，再额外给他们 2000 美元。然后，他们面临两个选项：选项 A，有 50% 的概率输掉 1000 美元，50% 的概率一点钱都不输；选择 B，确定会失去 500 美元。你会选择哪一个？研究的结果表明，69% 的人选择了参与有 50% 概率输掉 1000 美元的赌博，只有不到 1/3 的少数人选择了 500 美元的确定损失。

如果你还没有意识到，我要在此强调其中的关键所在。在第一种情况下，人们在一开始时得到 1000 美元，如果选择 A，那么最终有 50% 的概率得到 2000 美元，50% 的概率得到 1000 美元；如果选择 B，则确定会再获得 500 美元，即最终确定得到 1500 美元。在第二种情况下，人们首先得到 2000 美元，如果选择 A，那么最终有 50% 的概率得到 2000 美元，50% 的概率得到 1000 美元；如果选择 B，由于确定会失去 500 美元，则最终确定得到 1500 美元。换句话说，人们在这两种情况下选择 A 所得到的结果相同，选择 B 也是一样。然而，在描述选项时，如果说最初得到 1000 美元，并确定会得到额外的 500 美元，则人们会倾向于这个选项；如果将选择描述为最初得到 2000 美元，并确定会失去 500 美元，则他们宁愿选择赌一把的选项。

我刚才所举的三个例子，即使用信用卡并加价还是用现金并获得折扣，90% 的患者生存还是 10% 的患者死亡，以及人们选择确定的收益或损失还是选择赌一把，有一个共同之处。它们都涉及了人们在听到针对某种情况不同方式的表述时，会根据其所强调的是积极面还是消极面、是收益还是损失，以及是强调杯子半满还是半空而做出不同的选择。后面两个例子出自两位经济学家的研究成果，他们分别是在普林斯顿大学度过职业生涯后半期的丹尼尔·卡尼曼，以及 1996 年去世的斯坦福大学教授阿莫斯·特沃斯基（Amos Tversky）。

卡尼曼和特沃斯基早在 20 世纪 70 年代就开始撰写关于这些主题

的文章，并提出了所谓的前景理论。① 该理论可以从多个角度加以阐述，但在这里我想强调其两个核心论点。第一个论点被称为损失规避，该论点认为面对同等规模的收益和损失，人们更讨厌遭受损失。第二个论点被称为参照依赖。参照依赖论点认为，个人的偏好不仅与其最终得到了多少有关，还与审视某个参照点，并将最终结果与该参照点进行比较有关。一般来说，当前的状态会被作为参照点。

这两个论点各自独立成立，但在某种程度上相互关联。最初的起点往往被用作参照点，会决定人们将最终结果视为收益还是损失。如果你的参照点是一个空杯子，那么一个半满的杯子显然看起来还不错。如果你的起点是满杯，那么半满的杯子看起来就不怎么令人满意了。它们一个看似收益，一个看似损失，尽管在这两种情况下，最终的结果都是一个半满的杯子。如果我们想要解释为什么完全相同的结果以不同方式加以表述或框架化时，人们会做出不同的反应，前景理论认为，损失规避和参照点有助于说明为什么框架构建非常重要。

1979 年，卡尼曼和特沃斯基发表了阐述这一观点的一篇著名论文，目前这篇论文已经成为过去四十年来经济学领域被引用次数最多的论文之一，也许它还是整个社会学领域被引用次数最多的论文之一。卡尼曼于 2002 年获得了诺贝尔经济学奖，尽管他实际上接受的是心理学而非经济学的训练。他的诺贝尔奖获奖理由写道："以表彰丹尼尔·卡尼曼将心理学研究洞见引入经济学分析，特别是有关人们在不确定状态下如何做出判断和决策方面的研究。"

特沃斯基本来很可能得以分享这一奖项，可惜他已经于 1996 年去世，而根据诺贝尔奖的规则，该奖只颁发给在世的人。不过，卡尼曼在获得诺贝尔奖后，谈到了自己的同事与合著者，那是我听到过的最感人的评论之一。卡尼曼表示："阿莫斯和我分享了一个奇迹，我

---

① 还常被译为"展望理论"。——译者注

们共同拥有一只可以下金蛋的鹅,那就是我们共同的大脑,它远比我们各自埋头思考更强大。"

如果你怀疑这种有关人类决策的分析到底是不是经济学家应该研究的问题,或者到底算不算经济学,那么,现在看到这些研究已经深入到足以获得诺贝尔奖,显然它们已经非常接近经济学的核心知识领域了。下面,我来聊一聊涉及损失规避和参照点的框架化问题能够以哪些方式影响经济决策。

我们首先来看看损失规避。再说一遍,损失规避是指许多人在面对同等规模的潜在收益和潜在损失时,他们对潜在收益的偏好小于对潜在损失的厌恶。一个很好的例子是在炒股时考虑是否"割肉"。这在股市投资中有时被称为处置效应(disposition effect),指投资者趋于过长时间地持有正在亏损的股票,而过快地卖掉正在赢利的股票,即所谓的"出赢保亏"效应。

人们会有一种奇怪的信念,觉得只要不卖出亏损的股票,就没有真正出现亏损,以后总有一天能够回本。但实际上,对于投资策略而言这根本没有任何意义。人们每天都应该以全新的眼光看待其投资,而不是拘泥于过去已经发生的一切。如果不带丝毫感情地冷静审视现实,就会发现你的股票下跌就意味着你已经亏损。再从未来可能出现的情况角度思考,持有亏损股票不卖的做法同样有点奇怪,因为卖出亏损股票并承担投资损失可以让你抵消部分需要缴所得税的应税收入。与卖出亏损的股票相比,如果你只卖出赢利的股票,那么你最终需要缴纳更多税。还有一些有趣的证据表明:在股市上涨时,人们更愿意通过互联网追踪自己的投资表现;在股市下跌时,人们则不再关注股票表现。同样,一个理性的人不论股市涨跌,都应该给予其大致相同的关注,因为每一天都是全新的一天。

另一个与损失规避相关的例子很不幸与许多美国人息息相关,那就是亏本出售房屋。出于损失规避考虑，人们在出售房屋时会极力避免亏本，因此他们倾向于根据自己购房时支付的价格来出价，并且在心理上很难接受出价低于购房价格的情况。这一点可以通过对市场上的房屋价格进行研究得到证实。如果将人们出售房屋的要价与他们购房的价格进行比较，并综合考虑房屋大小、卧室数量、浴室数量、所在社区、地块大小等所有这些因素，你会发现，那些在买房时支付更高价格的人（往往是最近几年买房子的人），通常在卖房时提出更高的出价。当房屋价格下跌时，他们也更难接受以较低的价格出售房屋。

另一个损失规避的例子涉及了人们针对较小的风险购买保险。保险的经济目的是使人们免于承担大额但仅偶尔发生的费用，因此针对罕有发生的较大风险购买保险才有意义。例如，针对可能需要割草或购买一条新裤子买保险并没有什么意义。这些只是生活中的常规开支。但是，损失规避型的人可能会为了避免非常小的风险而购买保险，这些支出实际上基本等同于常规生活支出，而能够售出此类保险的人往往会因此获得丰厚的利润。

举个例子，房屋保险。在购买房屋保险时，人们可以选择免赔额。如果选择较高的免赔额，每年缴纳的保费较低，选择较低的免赔额则意味着每年的保费较高。损失规避型房主会倾向于选择较低的免赔额和较高的保费，这样他们就不必担心可能面临的额外损失。几年前进行的一项研究调查了由此产生的模式。

研究发现，83%购买房屋保险的客户选择了低于1000美元的免赔额。人们选择的典型房屋保险免赔额是500美元。事实上，选择1000美元的免赔额，而不是500美元的免赔额，最终可以每年少缴100美元的保险费。每年，有大约5%的房主提出高于免赔额的索赔。

通过计算可以得出，如果选择每年500美元的免赔额而不是1000美元的免赔额，则每年平均获得的收益大约是25美元。这是因为，选择500美元的免赔额有5%的概率少支出500美元，则500美元乘 5% 是 25 美元。因此，平均而言，你每年要为选择较低的免赔额多支付 100 美元，同时每年可以获得大约 25 美元的回报。除非你是一个极度规避损失的人，否则这绝不算是一笔好买卖。

这种为低额支出购买保险的模式还适用于许多保修服务，如为消费电子产品和电器购买保修服务，或是在购买房屋时购买所谓房屋维修险，即一旦出现问题，保险公司会承担房屋维修费用，以及在租车时购买的额外保险，等等。这些保险都是损失规避型的人喜欢的好产品，可以帮助销售人员赚大钱。

下面，我要转向前景理论的另一个核心论点：参照点。再次强调一下，参照点是指许多人会将结果与某个隐含起点进行比较的事实。要举例说明参照点如何发挥作用，请设想一下那些可以灵活安排工作时间和工作量的人。一个常见的例子是出租车司机，我们可以分析他们每天的工作时长。首先想一想出租车司机的工作状态。在有些天里，他们会有很多生意。这也许是因为城里有大型会议或活动，也许是因为天气不好。在另一些时候，他们的生意会很清淡。你可能会认为，如果你是一名出租车司机，那么理性的做法是在有大量生意的日子里加班加点，在生意清淡的日子里好好休息。

但事实恰恰相反，至少根据纽约市所做的一项调查，出租车司机似乎对他们一天预计能赚多少钱有某种感觉。这成为他们的参照点。如果他们在生意兴隆的一天中很快就赚了这个钱数，他们就会停止接单或是降低接单的速度。如果在某天他们迟迟无法赚到那个钱数，就会一直努力工作，直到挣到了预期的金额为止。他们会以自己的预期收入作为参照点，而不是参照人们在那一天打车的需求，并因此调整自己的工作时间。另一项关于苏黎世自行车信使的研究也得出了类似的结论。

对我来说，非常有趣的一点是，我们事实上都略有这样的倾向。

想象一下，某一天你似乎有如神助，所有事情都进展得非常顺利。在那样的日子里，你是否会因为干得顺手而心甘情愿地加班，多做一些工作？再假设另一些日子里，事情进展得极其不顺，在这样的日子里，你是否会停下手头的一切，去海滩或健身俱乐部放松，或是缩在沙发上休息？还是你其实已经在心里设定了目标，每天都要完成一定的工作量，并以那个心中的配额作为参照点来调整自己的工作时间？

现状偏差（status quo bias）是指以当前状态作为参照点的一种情况。问卷调查中的一些例子有助于说明这一点。假设你面临下面这种情况：你从叔叔那里继承了几百万美元，你会如何将这笔钱投资于股票、债券、现金、房地产等领域？现在再针对另一组人进行类似的调查。但这一次的情况是：假设你从叔叔那里继承了几百万美元，这笔钱目前已经投资于股票，现在你会怎样进行投资？或是你从叔叔那里继承了几百万美元，这笔钱目前已经投资于房地产，你现在会怎样进行投资？

研究显示，你收到的这笔钱的现状，即你的叔叔原来是如何投资它们的，会对你的投资方式选择产生很大影响。为什么会出现这种情况？我的意思是，为什么你的偏好和你叔叔的偏好相同？你为什么不选择自己喜欢的投资方式？这是因为我们根据参照点做出了调整。在前面的情况中，人们存在对保持现状的偏好。

加利福尼亚州曾做过一项研究，向消费者提供了电力服务可靠性及相应收费标准的不同组合。研究发现，如果在提供的问卷选项中将某个组合指定为现状，突然之间，这个特定的选项会变得大受欢迎。另一个有趣的例子与美国经济学会（American Economic Association）有关。我编辑的经济学杂志正是该学会出版的。以前，如果你是学会会员，就会定期收到我编辑的那本杂志。美国经济学会共出版了七份期刊，现在它制定了新的规则，成为学会会员并不能自动获得任何期刊。如果你想订阅它出版的任何一份期刊，必须勾选这份期刊并额外付费。当然，如果愿意的话，你可以在线访问这些期刊。

在此可以设想采用另一种方案。例如，将默认选项设定成学会会员可以收到全部七份期刊，但他们可以选择退订并获得退款。这两种不同的情况，一种是不会收到任何期刊，但可以额外付费获得它们，另一种是可以收到所有期刊，但可以选择退订并获得退款，这是否会导致不同的结果？事实上，这的确可能导致出现不同的结果，而经济学家实际上已经非常习惯于思考此类框架化问题。

此外，在研究婚姻问题时有一个普遍发现，那就是婚前已经同居的人更有可能较早离婚。对应该如何解释这种现象存在很多争议。例如，这可能是因为那些婚前同居的人，由于某种原因对婚姻制度的承诺度较低，所以他们最终会选择离婚。但我怀疑，更可能的原因是，由于现状偏差，那些婚前同居的人比没有同居的情侣更有可能结婚。如果婚前没有同居，有些情侣可能会在结婚前分手。但对于同居的情侣而言，由于他们的现状是同居，更多的人会倾向于选择结婚，然后在未来以离婚收场。

如我们刚才所说的那样，参照点也可以作为默认选项出现。所谓默认选项，是指不做任何操作就默认会发生的情况。来自为员工提供不同类型储蓄计划的雇主的一些有趣证据显示了默认选项的力量。将默认选项设定为参加退休储蓄计划或不参加退休储蓄计划会令员工最终参与计划的结果出现很大差异，即使他们需要做的只是简单打一通电话更换选择而已。

一群经济学家研究了在一家公司进行的如下实验。这家公司为员工提供了401（K）退休储蓄计划，雇主提供50%的配比，最高配比金额为员工缴纳收入的6%。员工可以通过打电话随时切换参加或不参加退休储蓄计划。员工被随机分成两组。其中一组员工如果不做任何操作将不会加入这个退休储蓄计划。一年后，49%的员工根据规则打电话切换状态并加入了这个退休储蓄计划。

第二组员工的默认情况是，如果不做任何操作，则会自动加入该退休储蓄计划。一年后，这些员工中的86%加入了该退休储蓄计划，只有14%的人打电话要求退出该退休储蓄计划。请记住，员工只需打一个电话即可切换是否参加计划。对员工而言，是否参加雇主提供的退休储蓄计划是一个重大的人生决定。如果决定不参加计划，你可能会犯错，从而不能储蓄足够的钱，并影响整个退休生活和工作生活。很多时候，这并不是人们乐于见到的一种选择。但请记住，如果参加退休储蓄计划不是默认选项，最终只有大约一半人选择加入这个计划，而如果是默认选项，则有86%的人选择参与该计划。显然，被视为现状的默认选项可能对人们的行为产生巨大的影响。

由于存在依托损失规避和参照点的框架化，加之其他一些已被发现和讨论过的框架，结果会出现极大的差异。其他的框架可能涉及有限的注意力，或是在面对风险和概率时人们如何进行思考。所有这些都属于行为经济学的理论范畴，在前文中，我们介绍过行为经济学这个术语，它基本上是指将心理学理论引入经济学分析当中。

框架化对经济学的基本原理提出了挑战。你们一定还记得，经济学的基本原理是，人们会认真考虑他们面对的各种选项并进行权衡取舍，做出他们偏好的选择。但是框架化理论显示，人们并不能非常清楚地看清他们面对的选择。相反，他们会基于选择的表述方式做出反应，尽管表述方式不重要，也并非核心因素。在某些情况下，如果向他们进一步解释这些框架的含义，他们会觉得自己受到了欺骗或是做出了错误的选择。他们会希望自己所面对的选择是以不同框架加以构建的。

如果人们会根据问题的框架构建而做出不同的选择，则将引出另一个显而易见的问题，那就是：应由谁来决定框架？某些框架相较于其他框架，是否最终能让人们变得更快乐？例如，不可避免的是，在许多情况下，必须确定什么是现状，必须设定一个默认选项，必须明确一个参照点，这些是避不开的。唯一的问题是，这些默认选项或参照点应如何确定？这就使得借助公共政策影响人们面对的框架成为可能。

芝加哥大学的两位经济学家理查德·塞勒和卡斯·桑斯坦（Cass Sunstein）在2008年撰写了一本关于此类政策的书《助推》(Nudge)。"助推"是一个非常贴切的词，很好地体现了这样一种政策思路：既不是直接向人们提供某种激励措施，比如减税，也不是通过某项具有绝对强制性的法律，而是有意设定某种情况，从而"助推"人们做出某种符合期望的行为。事实上，这本书的作者之一桑斯坦曾暂别教职，在奥巴马总统执政期间出任白宫信息与管制事务办公室主任。从这个机构的名字上就可以看出，其职责就是帮助制定政策，规定整个美国政府需要收集什么样的信息和通过什么样的法规。

也许最能体现助推政策威力的例子就是刚才我已经提到的那个，即默认公司将为员工提供退休储蓄计划，除非员工主动选择退出。员工还可以默认开设储蓄账户，并配套一系列相关政策，进一步充分地运用默认选项。

例如，你可以默认将未来加薪的一半存入退休储蓄账户，这样随着时间的推移你会慢慢储蓄更多钱，同时生活不会受到太大影响。你也可以在年轻时默认将钱投资于大型股票市场指数基金，然后，随着年龄增长逐渐将默认方式转变为更安全的投资，如债券。例如，你可以在退休时默认将退休储蓄账户金额的一半存入根据通货膨胀率调整的年金，以确保余生都衣食无忧。

这里的关键是，以上任何一种选择都只是默认选项。你可以通过一个电话或一封电子邮件更改其中任何一个选项。如果你不喜欢这些选择，或者遇到了特殊情况，只需要进行切换即可。对于普通人来说，这些可能是他们在面临选择时合理的默认选项，许多人也会遵循这些选择。同样，你可以选择退出退休储蓄计划，选择不参与，或是选择在投资中承担其他风险，或是选择在退休时一次性支取储蓄账户中的所有资金而不设立年金，并将钱全部花掉，这显然全都是你的个人选择。你应该深思熟虑并为自己做出的决定负责，因此公共政策可以不必过分关照那些选择退出的人。

沿着这种思路，我们还可以开始考虑其他许多"助推"选择。例如，默认人们在去世后器官可供移植，除非他们主动选择退出，而不是目前通行的做法，即你需要签署器官捐赠卡并加入器官捐赠计划。或是可以设想一项"助推"政策，规定高中毕业生必须填写一份大学申请书，学生不必真正将申请递送出去，只需要填写即可。此外，还可以设想一些"助推"政策，设法改变人们面对选择时的参照点。例如，在大学校园发布统计数据，显示绝大多数学生实际上并没有过量饮酒，从而减轻学生们因错误地觉得每个人都在豪饮而产生的从众心理压力。

可以向人们公布他们所在地区中其他家庭的平均能耗，这将有助于人们弄清楚他们的能源消耗是否超过标准，并尽力将能耗降低到平均水平之下。可以在学校食堂提供某些食品，以鼓励更健康的饮食选择。可以要求每项抵押贷款报价都标明年利率，这样人们就可以更轻松地比较所有不同抵押贷款的真实利率。可以让接受医疗服务的患者签署弃权书，表示他们不会因治疗失当起诉医疗机构，这样也许会避免医疗机构采用一些不必要的治疗手段，或是从医疗机构那里获得更诚实的答案。

这些提议有时被称为"自由家长制"。之所以称其为家长制，是因为由政府或大型机构选择默认选项或参照点；而之所以称其为自由制，是因为如果人们不喜欢默认选项或参照点，也可以很容易做出不同的选择，这种自由家长制理念已经成为一个热门的新领域，广泛应用于思考公共政策可以做什么和应该做什么。

我们都会根据情况的框架构建而做出不同反应。事实上，我们的大脑可能天生就会如此反应。不过，如果你知道了自己容易被框架操纵，你要做的显然是当心。例如，框架化在政治中非常常见。一个典型的例子是，你是从支持选择权的角度，还是从支持生命权的角度来看待有关堕胎的辩论？另一个例子是，你是否会把某件事归为一项"权利"，这是一个在美国政治中具有极大影响力的术语，尽管哲学家和经济学家都会告诉你，拥有思想自由的权利与拥有每年生活费上涨的权利是完全不同的概念。

另一个常见的说法是你不关心某些事情。例如，你不关心失业者或穷人，你不关心高税收，你不关心预算赤字。当然，事实是很少有人不关心这些事情，只不过在考虑不同选项的成本和收益时，人们的信念导致了他们所关注的侧重点有所不同。但前面所说的那句话，即你不关心某些事情，是一个特别能令人如芒在背的框架。许多政治和营销宣传实际上都是试图以特定方式构建辩论框架。我发现这的确非常有趣。

我有时会想，在我们生活的这个后现代时代，面对这些以微妙方式实施的操控，我们都变得更加充满怀疑，我们也许已经比 50 年或 100 年前的人们更为警惕。但随意向上面那样乱扣帽子的例子实在太多了。显然，我们并没有像自己以为的那样，已经从精神上摆脱了框架效应的影响。所以，请务必当心。

重要术语　　**框架化（framing）**

某一特定的结果可以用不同的方式加以表述，同时这些不同的表述方式会影响人们的反应。

损失规避（loss aversion）

与获得特定规模的收益相比，人们对于规避同等规模的损失拥有更大的偏好。

前景理论（prospect theory）

一种关于人们在风险情况下如何反应的理论，该理论认为，人们在此时的反应既有损失规避，又会使用参照点。

参照点（reference point）

人们在做决策时所依据的，是结果与他们对何为适当或公平的内在感觉之间的关系。

思考问题　　1. 本讲中提到的损失规避和参照点的例子是否让你想起了自己的某些行为？

2. 寻求实践自由家长制的政策存在哪些潜在的积极和消极影响？这些政策是否会让你担心受到了操纵？

第十七讲
风险与不确定性

人们对风险的看法往往并不始终如一。同时,他们经常极不善于理解风险的严重程度和应对这些风险,因此,他们在高风险情境中经常遭到愚弄。相应地,风险理解能力上的欠缺显然也会对更普遍的经济运行产生影响,包括退休规划战略、健康安全监管、能源政策,以及导致2007—2009年经济衰退的那场金融危机。

人们面对的有些选择相当简单，比如在两根棒棒糖之间做出选择，或者是选择买一件蓝色衬衫还是一件红色白条纹衬衫，又或者在周五晚上是选择订比萨还是订中餐外卖。面对这些选择，人们的选择并不相同，但所有这些选择都非常清晰，因为你有相当高的确定性知道自己将得到什么。

但是，如果你必须在结果不确定的情况下做出选择呢？那可能是一个无关紧要的选择，比如在阴天时你是否应该带伞？未来可能会下雨，也可能不会。也有一些选择，比如你是否应该担心距离你家五十英里外的一座核电站不安全？你是应该将退休金投资于股票还是投资于债券？股票可能会在长期内实现更大增值，但它们似乎也会时不时地大幅下跌。这些都是带有风险和不确定因素的选择。面对这些选择做决定更加困难，因为你不知道你会得到什么。而且无论你选择什么，最终结果都可能与你最初希望的不同。

在本讲的开始，我想先介绍几个术语，经济学家、统计学家和精算师在思考风险问题时经常会用到它们。然后，我将讨论一种非常现实的可能性，即许多人并不善于以理性的方式来思考风险，因此在面对风险情境时，如果他们能更清楚地了解情况，他们可能会认为自己原本做出的选择受到了误导。

我们先来举一个有关风险和不确定性的简单例子：掷硬币。假设你通过掷硬币来赌输赢，同时这是一场公平的游戏，不涉及技巧或作弊之类的东西，但它确实带有一定的风险，同时针对这个情境有一些很有用的术语。这些术语将贯穿我们的整个讨论。假设我通过赌硬币是正面朝上还是反面朝上来决定输赢，那么我有 50% 的概率随机获胜。这里要介绍的第一个概念是"精算公平"（actuarial fairness）。这里所说的"公平"，不是指道德意义上或正义角度的公平，而是经济学家和精算师所使用的术语。它意味着，如果我一次又一次重复地赌硬币的同一面，那么只要抛掷次数足够多，平均而言我会不输不赢。换言之，对这里所说的掷硬币游戏而言，这是一场精算公平的游戏。假设我以 1 美元作赌注，赌一枚硬币是正面朝上或反面朝上。如果我猜对了，我会得到两美元；如果猜错了，我会输掉这 1 美元。那么，只要掷硬币的次数足够多，随着时间的推移，平均而言我在这场游戏中会不输不赢。精算公平的概念基本上是赌注重复多次时的平均值或期望值，知道这一点很重要。例如，我们应该知道，人寿保险平均而言实际上是精算公平的。换言之，平均而言，人们向人寿保险投入的金额等于他们去世后从人寿保险中获得的金额。

精算公平以及风险的期望值或平均值等理论有助于对人们的风险态度进行分类。这里出现了一个术语，即风险中性。如果你的态度是风险中性，那么你对确定获得 1 美元、50% 的概率获得两美元、50% 的概率拿不到钱这两个选择持中立态度。请注意，这两个选择的期望值是相同的。它们的不同之处在于，一个是确定的，另一个带有一定风险。

如果你是风险偏好型的人，那么你会更愿意选 50% 的概率获得两美元、50% 的概率拿不到钱，而不太愿意确定地获得 1 美元。大多数赌博都属于风险偏好行为。在赌博中，你确定会付出金钱，然后要么一无所获，要么赢得巨额收益，也就是说你有意地增加了风险。除了风险中立和风险偏好，还有第三种风险态度类型，即风险厌恶。如果你是一个风险厌恶型的人，那么你会更愿意确定地获得1美元，而不愿意选50%的概率获得两美元、50%的概率拿不到钱。换句话说，你放弃了获得收益的机会，同时也避免了发生重大负面结果。

在任何时候，只要你能缩小未来可能性的范围并保持期望值基本不变，你就是在减少自己面对的风险。早在1948年，伟大的经济学家米尔顿·弗里德曼与他同样著名的同事伦纳德·萨维奇（Leonard Savage）合作完成了一篇关于风险经济学的著名论文。他们探讨了为什么有些人会通过买彩票或赌博的方式寻求风险（毕竟，这意味着为了获得一定收益而确定性地付出一定数额的金钱，并承担大笔收益或大笔损失的风险），与此同时，有些人则会为规避风险而购买保险。当你规避风险时，你实际上是付出一定数额的金钱，以期减少未来遭受巨额损失的可能性。

弗里德曼和萨维奇指出，这种模式可能与收入有关。他们认为：对于低收入人群来说，买彩票似乎值得一试，因为这让他们有机会获得极其巨大的财富，而他们可能认为自己无法通过任何其他方式获得这样的财富；对于高收入人群来说，购买保险似乎是值得的，因为这是保护他们已经拥有的财富的一种方式。这个解释给人的感觉是，它可能有一定道理，但又不是完全正确。毕竟，许多富人也会赌博，有时赌注相当高，同时也有很多中低收入者购买保险。所以，这个答案显然是不完整的。

但那篇论文的论点引出了一个有趣的理论，那就是人们对于风险的态度可能并不一致，这个理论自提出后一直被人们广泛研究。我猜想，对于弗里德曼和萨维奇提出的问题，即为什么有人赌博、有人会买保险，一个更好的答案与损失和收益规模有关。如果我们付出的成本相对较小，而收益可能很大，我们可能会偏好风险，买彩票就是这种情况。不过，当成本相对较小，但潜在损失可能很大时，我们中的许多人会变得厌恶风险。

人寿保险就是这种情况的一个例子。当然，这些规则也有例外。不同的人对风险持有不同的态度，就像人们对每件事都有不同的偏好一样，他们会以不同的方式对这些因素加以权衡、取舍。所以，如果总结经济学家对风险的看法，那就是人们关注可能发生情况的概率，随着时间的推移，他们至少可以通过经验找出精算公平的大概结果。他们大部分时间都以风险厌恶型态度行事，尤其是在可以通过付出小钱来避免大代价时更是如此。但有时候，如果人们可以在付出相对较少钱的情况下有机会获取非常大的收益，比如赌博，他们也愿意冒险或寻求风险。这项研究引发了大量有关人们如何看待风险的分析研究，尤其是针对那些在经济学和心理学中被称为有限理性的人。这意味着人们实际上并不拥有关于概率的完美信息。他们也不具备完美的计算能力，在思考问题时有时候会走捷径，而这样做有时奏效，有时则可能无效。

下面我们来思考一下人们在实际中是如何思考风险的。对许多人来说，某些特定的风险似乎特别突出，也就是说某些风险在人们的头脑中异常清晰或生动，尽管统计数据表明，相较于其他类似的风险，这些风险并非特别重大。一个常见的例子是空难。几年前的一项研究调查了《纽约时报》上关于各种死亡原因的头版报道数量，并将新闻报道的数量与其造成的实际死亡人数进行了比较。研究发现，相对每个空难的遇难者，平均而言有138条关于空难的头版报道。另一方面，相对于每个凶杀案受害者，会有两条关于凶杀案的头版报道。平均而言，相对于每20个因癌症、自杀或车祸死亡的人，才会有一条头版新闻报道。我的意思是，毕竟美国每年大约有4万人死于车祸，而平均每年只有大约200人死于飞机失事。但不知何故，对许多人来说，空难致死似乎就是更加"突出"。人们对飞机失事的紧张程度大大超出了对出车祸的担心。

这种看待空难风险的模式与人们对风险的其他错觉有关。例如，在赌博情境中经常会出现一种控制错觉，即如果我亲自掷骰子，那么我更有可能赢，因为控制权在我。如果我在开车，那么我在控制汽车，所以我更安全。鉴于飞机是由航空公司的飞行员驾驶的，所以我没那么安全，因为我的控制力较弱。显然，这种控制力在开车以及在其他情况下并不一定意味着你更安全，因为即使你很好地控制着汽车，也可能被醉酒的司机撞到，而是不是亲自掷骰子更是完全没有意义。一般来说，人们会对发生重大事件的风险反应过度，相反，却对看似经常发生的事件反应不足。一个常见的例子是遭遇鲨鱼袭击和被狗咬。相较于被狗咬，每次发生鲨鱼袭击人的事件时，都会出现更多媒体报道并引发人们更大的恐慌，尽管实际上狗咬造成的伤亡要多得多。

由于过度关注航空安全，我们设定了烦琐的登机手续，从而人为导致了延误，我们还采取了许多额外的安全措施，而这显然加剧了一些人对航空旅行安全的担忧，并使得一些人改为开车出行。例如，在乘坐飞机的安全措施加强之后，很多人对飞行的恐惧增加，这促使其中一些人为了避免乘坐飞机，而宁愿选择开车几百英里。但平均而言，当人们决定不坐飞机而是开车出行时，他们最终更有可能死亡或受伤，因为每英里驾车的平均风险远高于每英里航空飞行的风险。

下面我们再来看看另一种人们无法清楚认识风险的情况。这有时被称为奈特氏不确定性，得名于经济学家弗兰克·奈特（Frank Knight）。弗兰克·奈特是20世纪20年代和30年代芝加哥大学一位杰出的经济学家。他在1921年发表了一篇著名论文，对风险和不确定性进行了区分。根据他的理论，风险是指结果不确定、但可能发生什么的概率相当清楚，不确定性则是指可能发生的结果的概率实际上也是未知的。这种概率未知的不确定性，即你完全不清楚发生各种可能结果的概率分别有多大，被称为奈特氏不确定性。奈特氏不确定性在实际生活中发挥作用的一个例子被称为埃尔斯伯格悖论（Ellsberg paradox），得名于经济学家丹尼尔·埃尔斯伯格（Daniel Ellsberg）。没错，他正是那个在1971年向《纽约时报》等媒体泄露了美国国防部越战文件的人。

1969年末，埃尔斯伯格设法复印了他能接触到的数千页机密文件。这些文件表明，尽管军方当时向公众发布的越南战争的消息颇为乐观，但那些内部文件中弥漫着一派悲观情绪并充斥着各种坏消息。不过，我们在此重点讨论的是埃尔斯伯格作为专业经济学家和心理学家进行的研究。这项研究成果于1961年发表在《经济学季刊》上。在这里，我会稍微简化一下他使用的例子。

假设你面前有一个装着100个球的罐子，你知道其中50个球是白色的，50个球是黑色的。现在你有机会参与一场有利可图的赌局。你可以付出1美元并摸出一个球，如果你拿到的是一个白球，那么你将赢得2.5美元，如果你拿到的是一个黑球，则你赢不到任何东西。尽管从长期角度看这是一个获胜概率为50%的赌博，但它具有正期望值，其期望值远远高于精算公平值，因此随着时间的推移，只要你一次又一次地去摸球，这场赌博会让你赚到钱。现在再假设，你只知道罐里面有100个球，其中有些是黑色的，有些是白色的，但你不知道黑色球和白色球的具体数量，即你不知道具体的概率。

现在你得到一个机会参与同样条件的赌局。你还会认为这是一场有利可图的赌博吗？这里的关键点是，如果你完全没有关于概率的任何信息，那么它可以是任意的值。此时你对概率能做出的最好猜测是它是50%，毕竟球要么是黑色的，要么是白色的。但如果你实际上不知道具体的概率，那么50%的猜测值其实体现了你的无知，即你对概率做出的最好猜测，而这等同于上面所讲的第一种情况。事实上，我们家有一个关于这种情况的笑话，一个非常善意的笑话。如果天气预报员说，今天有 50% 的概率下雨，50% 的概率会出太阳时，我们会说，这实际上是在承认他对当天的天气如何一无所知。不过，人们在不知道确切的概率时，很难会感觉概率实际上是 50%。

人们不喜欢在奈特氏不确定性的情况下参与上面的赌博。他们不喜欢在不确定的情况下做出决策，因为他们不知道概率。人们在不知道概率时，实际上可能会做出下面几种反应。一种反应是，即使不知道会发生什么，他们也可能全力以赴向前冲。20 世纪 30 年代，著名经济学家约翰·梅纳德·凯恩斯曾将此称为动物精神。他指出：如果开办公司的企业家能够真切地看到成功的概率，他们就不会去创业；他们之所以如此乐观，完全是因为他们对概率一无所知。

另一种可能的反应是，人们可能会退缩不前，避免做出选择，因为他们不想让概率变得清晰。在 2008 年末到 2009 年经济衰退最严重的时候，甚至到了 2010 年，我感觉很多公司对招聘和投资都持上面的态度。在非常不确定、成功概率不明朗的情况下，他们选择不做选择，不进行招聘或投资。显然，不做选择也是一种选择，也许不是最好的选择，但这是人们在面对奈特氏不确定性情况时经常做出的反应。

下面是大多数人在面对概率问题时可能遇到的另一个困难。在面对某个低概率事件时，我们很难有良好的直觉来确定应该给予它多大关注，以及应针对它采取什么行动。例如，我们应该对 2011 年造成日本大海啸的那种大地震做出怎样的准备（在此之前我们已经几十年没有遇到过那样的大地震了）？我们应该做什么准备，以便应对 2007 年到 2009 年的金融危机和经济衰退（自 20 世纪 30 年代大萧条以来从未出现过如此大的金融崩溃）？我们已经针对以下风险做了多少准备？比如说，几十年或一个世纪后，气候变化对全球气候造成了非常严重的影响。再比如说，小行星撞击地球。显然，在罕见事件真正发生时，人们很容易说：哦，我们本该做更多。但在这期间的几十年中，到底什么是应该做的呢？

近年来，金融学教授兼从业者纳西姆·尼古拉斯·塔勒布（Nassim Nicholas Taleb）一直在强调他称之为"黑天鹅事件"的重要性。"黑天鹅事件"是指在任何特定时间都不太可能发生，但确实会偶然发生的事件。塔勒布认为，金融市场尤其经常忽视罕见事件的风险。虽然这些事件罕有发生，但它们确实会偶尔出现。而当它们真的发生时，我们似乎总是准备不足。

关于风险还有一个值得关注的点，那就是在发生一系列不确定的事件，同时人们面对随机模式时会发生什么。在这种情况下，人们往往倾向于试图对这种模式强加某种心智秩序（mental order）。一个常见的例子是，许多篮球运动员和观看篮球比赛的人相信，球员们拥有所谓"热手"，即他们在投中一球后，未来便更有可能投篮命中。事实上，并没有统计证据支持这种信念。例如，假设事实是一位球员每次投篮都有大约一半的命中率。这位球员有时会连续两次或连续三次投中，或是投篮10次命中8次，又或是投篮20次命中15次，但从概率角度，你实际上可以说这些投篮命中只是随机发生。如果真的存在"热手"，那么他投篮命中或投不中发生的概率应该偏离概率法则，但实际上并没有证据证明这一点。

人们在选择共同基金时似乎也相信所谓"热手"效应。也就是说，人们会找出去年或过去五年中哪些基金经理赚到了钱，然后假设这些人未来会继续赚钱。同样，如果共同基金的回报率拥有特定概率分布，你应该能说出市场上是否存在高于随机概率的多年连胜基金，但事实上并不存在这样的情况。当2005年前后房价上涨时，同样出现了这种情况。一种假设认为，市场正在出现"热手"效应，人们应该顺势而为，跟着赚钱。但对很多人来说，这种策略似乎并不成功。

再考虑其他因素，面临一次风险和面临一系列类似风险是不同的。想一想下面的赌注。你下注1000美元，如果赢了，你会得到20万美元，但你每下注50次才会赢一次。这是一个好的赌注吗？首先，需要明确的是，这从期望值或精算公平的角度来看确实是一个很好的赌注。你可以设想自己下注 100 次，这样你总共会投下 10 万美元的赌注。根据 1/50 的赢面，你预计会赢两次，即你会两次赢得 20 万美元，总共获利 40 万美元。如果你可以不断重复下注，不是下注 100 次，而是 1000 次或 1 万次，那么你赢的钱就会远远超过投入的钱。但是话虽如此，如果我只能下注一次，或是下注两次或三次，那么我显然不会太过热衷。因为我有很大的概率损失几千美元，而根本还没来得及赢到钱。所以如果我只能下注几次，这个赌局似乎并不太划算。

但这里的关键是，人的一生很长。在我们的一生中，我可能有很多机会付出 1000 美元，它们都是有小概率获得巨大回报的下注之一。如果只着眼于短期，并单独考虑这些赌注，我可能会一次又一次地拒绝下注。而如果从一生的角度来审视它们，我应该愿意尝试参与所有这些赌注，因为我事先知道，尽管在大多数情况下我会一无所获，但少数几次成功将给我带来非常高的回报。困难之处在于，我们许多人在面对风险做出反应时，考虑的只是眼前的这一次，而不是从一生的角度全面审视。我们大多数人需要更像风险投资家那样思考。他们知道，当投资初创公司时，任何特定的投资都很有可能血本无归。不过，他们的策略是，只要其中有一项投资带来了丰厚回报，则会弥补其他所有不赚钱的投资。

许多人在做退休规划时存在与此相类似的问题。人们经常选择将退休金投资于极其安全的产品，如政府债券，因为他们看到股市在短期内上下剧烈波动，而他们不想承担风险。当然，如果你还有几年就要退休，换言之，如果你只能在股市上下注几次，那么此时规避风险是有道理的。但如果你很年轻，可以连续四五十年每年都在股市下注，直到退休，那么从这个角度来看这是一笔比政府债券更好的投资。

谈到经济学家如何看待风险，有一个根本性的问题，那就是即使看似简单的概率问题也可能有违反直觉的答案。这可能是因为很多人不擅长解决与概率有关的问题。

这里举一个生日悖论的例子。设想在一个房间里有五个人，现在问你，其中至少两个人在同一个月过生日的概率有多高？很多人对这个问题的答案都是 5/12 或不到 1/2，但这些答案实际上是错误的。思考这个问题正确答案的最简单方法就是把它倒过来想。不是思考一个月至少有两个人过生日的概率是多少，而是思考这五个人全都不在同一个月过生日的概率是多少。这二者实际上是同一个问题。

现在假设第一个人的生日是某个月份，那么第二个人有 11/12 的概率与第一个人的生日不在同一个月，如此类推，第三个人有 10/12 的概率与前两人的生日在不同月份，第四个人有 9/12 的概率在不同月份过生日，第五个人有 8/12 的概率在不同月份过生日。要计算概率，需要将这些数字相乘，即（11/12）×（10/12）×（9/12）×（8/12），得出的结果是所有人都不在同一个月过生日的概率是 38%。反过来，如果房间里有五个人，那么大约有 62% 的概率他们中的两个人在同一个月过生日。

下面的问题也适用于类似的逻辑，即一个房间里需要有多少人，才会使得他们中有两个人可能是同一天生日的情况大于某个概率。在这里我指的不是同年同月同日生，只是指一年 365 天中在同一天过生日。事实证明，如果一个房间里有 23 个人，那么其中两个人在同一天过生日的概率就超过了 50%。如果一个房间里有 60 个人，则其中两个人生日在同一天的概率即高达 99%。

乍一看，这些答案似乎完全是反直觉的。但我相信实实在在的数学计算，而在认真思考过后，我发现可以给出一种直觉性的解释。设想你在一面墙上写下一年中的所有日期，然后开始向墙上随机扔一个球，球会击中不同的日期。问题是，你需要扔多少次球，才可以随机击中你已经击中过的日期？随着在墙上标出的已被击中的日期越来越多，你也越来越有可能击中那些已经击中过的日期。

例如，如果你已经扔球 30 次，这意味着墙上已经有 1/12 的日期被标记过，此时再扔 12 次球，你就会有相当大的概率击中已经被击中过的日期。此时如果再扔 12 次球，然后再扔 12 次，你将极有可能击中墙上某个已经被击中过的日期。毫无疑问，像这样的概率问题的答案确实是反直觉的。那么，我们怎样才能充满信心地相信，人们能够处理更复杂的概率问题，例如如何判断股票市场的未来走势，或是核电问题，或是某些治疗方法是否有效的概率？所有概率都需要在特定背景下加以理解，应确保你拥有所有必要的信息。我前面已经提到过，在概率没有得到充分理解时可能出现的许多问题，诸如动物精神、退休规划、飞行恐惧等等。在本讲的最后，我想再举几个公共政策中风险未能得到充分理解的例子。

如果风险未能得到很好的理解，公共政策就会面临难题。我首先想谈一谈能源选择的问题。我们拥有各种可供选择的未来能源，包括石油、天然气和煤炭等化石燃料，还包括水电、核能，以及可再生能源，如太阳能和风能，等等。现在设想一下我们提出了这样一个问题：什么是最安全的能源？国际能源署在 2002 年进行了一项研究，比较了不同能源发 1 瓦电的情况，并研究了所有与健康和环境风险相关的因素。例如，煤炭开采存在矿难和污染成本，石油钻探和天然气开采会带来安全危险，同时燃烧化石能源会导致污染。水力发电会破坏环境，有时甚至会出现大坝垮塌事故。

太阳能电池板含有某些有毒物质，工人在安装太阳能设备时还可能从屋顶上摔落受伤。核电在大多数情况下是安全的，虽然它确实会产生放射性核废料，并且有极小概率发生重大事故，就像 2011 年日本大海啸破坏核反应堆那样的事故。国际能源署在考虑了所有相关因素之后，认为核能是最安全的能源生产方式。需要明确的是，这并不是说核能是百分百安全的。只不过是与其他所有能源相比，核能的风险相对较低。

在此我的重点并不是要支持或反对某种特定的能源，也不是说我们不需要努力节约能源，或是强调其他类似的观点。我的重点是，我们在思考能源替代的成本和风险时，很多时候需要思考哪些偏见可能会影响我们的判断。有些风险异常突出，比如核能的风险。有些风险发生的概率极低，可一旦发生会造成巨大灾难，比如核电站事故。而与之相对的，是概率高达百分之百的持续性成本，比如煤炭和石油造成的空气污染以及采矿造成的环境破坏。

想象一下，假设有一种稳定的能源，可供连续 50 年安全稳定使用且成本低廉，但是每过 50 年就会发生一次巨大的事故，会导致 5 万人死亡。与之相对的是另一种能源，不会发生重大灾难，但每年都会因事故、污染等原因导致 2000 人死亡。这意味着，在 50 年中，其中一种能源平均每年导致 1000 人死亡，不过这些人全都死于一次重大的灾难性事故，而另一种能源则每年确定会导致 2000 人死亡。我想说，如果着眼于长期，强硬的理性策略应该是支持平均每年死亡人数更少的能源选择。但我们的政治体制绝不会支持偶然发生的重大灾难，而往往倾向于选择长期稳定发生的成本。

近年来，风险失控最突出的例子是 2007 年至 2009 年席卷全球经济的金融危机。要全面分析这场金融危机，需要很大的篇幅，但现在我可以简单概括一下当时发生了什么。从大萧条到 2006 年左右很长的一段时期内，在美国房地产市场上，全国平均房价从未整体下降过。某个时间段可能出现过某个地区房价下跌，比如 20 世纪 80 年代石油价格下跌时，得克萨斯州的某些地区房价也出现下跌，20 世纪 90 年代纽约市的房价也曾一度下跌，还有其他一些类似的情况。但是就整个国家而言，平均房价从未出现过整体下跌。

那个时期发生的情况是，金融界开始从银行获得抵押贷款，并将这些贷款打包出售，有点像你在股票市场上购买共同基金。购买共同基金，你可以获得所有股票平均表现的收益。同样，购买这些所谓抵押贷款支持证券，你就可获得所有抵押贷款支付的平均本息。再次强调，美国在此前 70 年左右的时间里，平均而言房价从没有整体下跌过。所以，这些产品看起来很安全。许多家庭也认为房地产是非常安全的，因此购买住房并认为房屋价格会持续上涨，而人们的这种做法也推动房价快速上涨，从而导致房价泡沫产生，即房价出现无法长期维持的快速上涨。

随后，这些抵押贷款又被打包成大型抵押贷款支持证券并出售给银行。其中一些证券被穆迪和标准普尔等信用评级机构评为 AAA 级安全。他们基本上忽略了房地产市场下跌的风险，毕竟自大萧条以来，这种情况就没有发生过。有些人看到了风险的迹象，但很多人没有。为什么没有呢？好吧，正如我一直说的，原因之一是美国的整体房价已经 70 年没有下跌过，而人们并没有认识到新的形势已经出现。如果他们能够认真回顾过去 100 年的情况（包括大萧条时期），就会认识到房价可能下跌的风险，并会因此采取不同的行动。我前文提到过的纳西姆·塔勒布，就是那位提出黑天鹅理论的金融家曾说过：罕见事件有时确会发生，如果你忽视极不可能事件的影响，那么每隔 20 年、50 年或 100 年，这些事件必会发生一次。经济学家有时会以一家销售地震保险的公司为例来比喻这种情况：每一年，如果没有发生地震，这家公司似乎都大赚一笔，每个员工都能得到丰厚的奖金，人人都很高兴；然后地震发生，这家公司破产。

第二年，一家新的地震保险公司又成立，一切周而复始。太多的金融界人士都表现得像那家地震保险公司一样，计划着某天破产然后卷土重来。我想明确的是，有这种表现的不只是少数几家公司的少数人，而是包括所有那些发放贷款的人、贷款的人、打包和转售这些贷款的人，以及购买这些打包贷款的人，包括老牌大型金融公司、商业银行、对冲基金、投资银行和养老基金。银行监管机构没有预见风险的袭来。金融监管机构、审计师、大多数金融媒体也没有预见这种情况。

　　当金融危机开始恶化时，在某种程度上，对不确定性的厌恶和对做错事的恐惧又开始出现，每个人都或多或少地僵在了原地不敢行动。尽管经济衰退在2009年即告结束，但至少在美国，在接下来很长一段时间内，人们一直在努力消化金融危机的余波，一些经济学家将其称为长期疲软（long slump）。在风险情况下做出选择非常困难，不像是在两种不同口味的冰激凌之间做出选择。你的选择归根结底实际上是，尽可能多地考虑所涉及的概率，考虑你的风险承受能力，然后考虑你在对风险情况做出判断时，可能会因风险的突出性或在不存在模式的地方套用模式而出现的偏差，以及我们在本讲中讨论的所有问题。而最糟糕的是，在考虑风险相关情况时，即使你做出了正确的选择，即根据自己面临的情况做出了能够做出的最恰当的选择，有时候仍然可能要面对很差的结果。

重要术语　　**期望值（expected value）**

在风险情境下，当风险有时会发生、有时不会发生时，预期一段较长时间内可能出现的结果的平均值。

奈特氏不确定性（Knightian uncertainty）

人们不知道可能出现结果的概率的一种不确定性。

风险厌恶（risk averse）

一个人更喜欢具有确定值的安全结果，而不是具有相同期望值的不确定结果或风险结果。

风险中性（risk neutral）

一个人对具有确定值的安全结果和具有相同期望值的不确定结果或风险结果不存在偏好。

风险偏好（risk seeking）

一个人更喜欢具有给定期望值的不确定结果或风险结果，而不是具有相同期望值的确定结果。

思考问题　　1. 对你来说，是否有一些风险似乎特别突出，即使你从理性上知道，它们可能并不比你通常面临的其他风险更大？

2. 你是否能提出一些建议，帮助社会应对那些很少发生（可能几十年才发生一次），可一旦发生就极其重大的风险？

第十八讲
人类的羊群行为与信息级联

一般来说，在意识到自己的信息不完善或不充足的情况下，随大流而不是依靠自己的洞察力是合理行为——即使你知道这样做有时会出错。人类在财务投资建议、医疗决策、政治革命以及我们社会中的许多其他方面，都会表现出这种"羊群行为"（herd behavior）[1]。

---

[1] 在不确定的信息环境下，人们模仿他人决策而表现出的群体跟风行为。——译者注

几乎在整个 20 世纪,医生们都确信他们知道胃溃疡的病因。导致胃溃疡的原因可能是压力过大,或许再加上神经质,以及食用辛辣食物或酒精等。但在 1982 年,两名医学专家,巴里·马歇尔(Barry Marshall)和罗宾·沃伦(Robin Warren)发现证据,显示大多数消化性溃疡实际上是由细菌感染引起的。他们发现的细菌以前并不为人所知。

他们的证据一度被忽视,甚至遭到嘲笑,但这改变了我们对溃疡的看法。溃疡不再是一种只能通过调理饮食解决的慢性病,而成为一种可以用抗生素和抑酸剂治疗的感染。2005 年,这两位医生因上述研究成果获得了诺贝尔生理学或医学奖。这引出了一个显而易见的问题,不单只是针对这件事,同时也适用于其他许多话题,那就是为什么如此多的专家会在如此长的时间内一直犯错?马歇尔和沃伦在研究溃疡时没有使用任何令人难以置信的新技术。他们观察了活检样本,注意到了炎症,注意到了某些细菌的存在,并设法对其进行了培养和研究。如此描述会让人觉得,这种细菌应该早在 20 世纪 50 年代,而不是直到 80 年代,就已经被发现。

对于上面的问题,答案无疑是所谓"传统智慧"(conventional

wisdom）[1]，无论是在溃疡问题上还是在其他任何问题上，它经常会被直接接受而完全不对任何新出现证据进行考虑。但事实上，传统智慧尽管尽人皆知，却只是一小部分人认真研究和思考得出的结果，其他人只是接受了他们的权威和他们的结论。

因此，很长一段时间以来，人们早已知道不能盲目迷信传统智慧。例如，伟大的哲学家阿图尔·叔本华在19世纪就论述过"普遍看法"（universal opinion）的问题，他写道：

> 所谓普遍看法，只不过是两三个人的看法。我们若是能够观察这种普遍看法的形成方式，就会确信这一点。我们会发现，刚开始只有两三个人接受这样的看法，或是主张和坚持这样的看法；同时人们会好心地相信，这几个人已经彻底检验过那些看法。然后会有别的一些人，先入为主地认为这几个人具备足够的能力，因而同样接受了那些看法。
>
> 接下来，这些人又会得到许多其他人的信任，后者的惰性会劝告他们，宁可立刻相信，也不要费心费力地去亲自检验。就这样，这些懒惰、容易受骗的追随者的数量与日俱增。这并不比100名编年史家所记述的历史事实更可靠，这些编年史家可能会被证明相互抄袭，因此其观点最终可以追溯到某一个人。

在我看来，叔本华固然可能有点夸大其词，但他的话也有一定道理。我认为自己对经济学的有些问题相当了解，因为我花了大量时间去研究数据、理论和各种不同的观点，并对所有这一切有了一定程度

---

[1] 因美国著名经济学家约翰·肯尼思·加尔布雷思（John Kenneth Galbraith）在其1958年著作《富裕社会》（*The affluent Society*）中使用而广为人知的一个术语，指那些并没有确实证据，但却由于被社会精英普遍使用，结果成为公众所接受的真理的说法，以及一套习以为常的思维模式。——译者注

的了解。但如果你问我，比如说，美国对朝鲜或委内瑞拉应当采取什么样的外交政策，或是某项创新是否会大幅提高电池的功率，又或是未来的天气模式是否会受到气候变化或太阳黑子的影响，你从我这里得到的只能是我碰巧读到的其他专家的意见。据我所知，他们可能也只是听取了其他一些专家的意见。

这里有一个经济学的概念陷阱。经济学的基本理念是人们在资源稀缺的情况下做出决策，并进行了所有可能的权衡取舍。然而，收集信息和形成观念同样需要付出时间和精力，任何人都不可能彻底研究透所有问题。因此，在一个时间和知识全都稀缺的世界里，我们中的许多人至少在某些时候，需要遵从传统智慧来做出决策。

对于经济学家，实际上对于所有社会科学家来说，弄清楚人们何时会从众、何时不随大流非常重要。我们之所以遵从传统智慧，是因为此前别人已经这样做了，这种理论有各种不同的叫法，它有时候被称为羊群行为，有时候被称为随大流或信息级联，我们将在后面讨论这些术语。但关键是，传统智慧在很多时候是正确的。我的意思是，毕竟正是因为这个原因，遵循传统智慧有一定的道理。不过，在某些情况下，传统智慧可能是错误的，遵循它可能导致糟糕甚至悲剧性的结果。

说起悲剧性后果的例子，我想到了20世纪60年代初的"反应停"（Thalidomide）灾难。"反应停"于1957年上市，被广泛用于治疗孕妇晨吐。然而，1961年，它被确定为是导致严重出生缺陷（如手臂和腿缺失）流行的罪魁祸首。我出生于1960年。我很高兴我妈妈没有晨吐。但是，我真的不能责怪服用"反应停"的准妈妈们。我甚至不能责怪开出"反应停"处方的医生。毕竟，医生不可能重新测试每一种已获批准的药物。

再举一个晚一些的例子。许多人表现出羊群行为，并在某些事情

（如购买房屋）上遵循传统智慧的理论同样可以部分解释2009年大衰退前美国经济到底发生了什么。但在讨论羊群行为的实际例子之前，让我们先研究一下它到底是如何实现的。

在某种程度上，我们都知道羊群行为可能有效。如果你坐在一个拥挤的剧院里，你周围的许多人开始边大喊"着火了"边跑向出口，你即使没有真正看到着火，也应该立即向出口跑去。不过，经济学家喜欢将问题分解并建立模型，以分析行为是如何发生的。这些模型非常有用，可以帮助我们弄清这种羊群行为发生或不发生的具体条件，以及什么因素可以导致这些结果更有可能发生或更不可能发生。这里特别要提到三位经济学家。他们分别是：苏希尔·比克钱达尼（Sushil Bikhchandani），目前任职于加州大学洛杉矶分校；戴维·赫什莱弗（David Hirshleifer），目前任职于加州大学欧文分校；伊沃·韦尔奇（Ivo Welch），目前任职于布朗大学。这三位经济学家在20世纪90年代初撰写了一系列论文，分析了信息级联和羊群行为。

他们建立的模型应用了大量数学方程式，但其中有一个阐述基本原理的示例，我曾在课堂上用过几次。想象一下，你现在正在上我的一堂课。你不是坐在最前面，也不是坐在最后排，而是坐在靠后面的某一排。我拿出了两个杯子。我把它们称为杯子A和杯子B。在杯子A中，我放入了两个黑色弹珠和一个浅色弹珠。在杯子B中，我放入了两个浅色弹珠和一个黑色弹珠。现在我背对着全班站立，所以你们这些学生看不到我做了什么，我会选择杯子A或杯子B，但你们不知道我到底选了哪个。现在的问题是，学生们要设法弄清楚，我选的是哪个杯子。我选的是黑色弹珠较多的杯子A，还是浅色弹珠较多的杯子B？

你可以将我选的到底是杯子A还是杯子B的信念看作何为真相的信念。例如，杯子A代表了对溃疡病因的一种看法，或是代表了对房价是否会继续上涨的一种看法，而杯子B可能是针对这些问题的另一种看法。然后，实验将这样进行。我走到一个学生面前，让那个学生选一个弹珠。那个学生看到了弹珠，但这里的关键所在是：那个学生并不会把那个弹珠展示给别人看，他会大声宣布，他预测弹珠是从杯子A还是杯子B中抽出的。显然，第一个学生的任务无疑相当简单。如果他看到一个黑色的弹珠，他会预测弹珠更有可能来自杯子A，因为那里面有两个黑色的弹珠。

如果他看到的是一个浅色弹珠，他会预测它来自杯子B，因为那里面有两个浅色弹珠。然后，我会把这个学生的预测写在黑板上。但是要再次强调，这个结果并非所有学生实际见到的，而只是某一个学生所做的预测。然后，我拿着同样的杯子，走到下一个学生那里，重复刚才的行为。也就是说，第二个学生摸出一个弹珠，不给任何人看，然后宣布他的预测，即他认为弹珠是来自杯子A还是杯子B。对第二个学生来说，情况略有一点复杂。

如果第二个学生抽到的弹珠和第一个学生一样，那么他会宣布相同的选择，相当简单明了。但是，如果他与第一个学生抽出的弹珠颜色不同，那么他就不能完全确定自己一定做出了正确的选择。现在轮到第三个学生，真正有趣的事开始了。假设前两个学生宣布了相同的预测。假设他们都说是杯子A，请记住，杯子A里面有两颗黑色的弹珠。如果第三个人抽出了一颗黑色的弹珠，那么他也会说是杯子A。

但是，假设第三个人抽出了一颗浅色的弹珠，他又会怎么想？他会经历怎样的思考过程？这个人很可能会这样推理：我想，前两个人都抽的是黑色弹珠，所以，即使我抽出的是浅色弹珠，也应该忽略我抽出来的东西，预测它实际上来自杯子A。换句话说，来自传统智慧的信息，即已经被公开宣布的信息，应该推翻自己双眼看到的证据。

而如果第三个学生做出了上面的选择，那么第四个学生就会处于这样一种情形：在他之前的每个人都做出了相同的预测，比如说杯子

A，几乎无论他抽出的弹珠是什么颜色，他都会将之前的多个预测放在比他亲眼所见还重要的位置之上。信息级联已启动。现在，我想在此略做回顾，因为我讨论了各种各样的可能性和排列，可能已经搞晕了你们和我自己，但我只想明确其他几个结果。

假设我确实选择了杯子 A，它就是我让学生们抽取弹珠的杯子，里面有两个黑色弹珠和一个浅色弹珠。然而，第一个学生碰巧抽出了一个浅色的弹珠。毕竟，这种情况发生的概率高达 1/3。总之，他因此错误地预测这是杯子 B。然后，第二个学生也抽到了一个浅色弹珠，并错误地预测了杯子 B。这也不能算是他们的错。毕竟，就算我拿的是杯子 A，前两个学生都抽出浅色弹珠的概率也高达 1/9（即 1/3 乘 1/3）。

所以，现在我们得到了一个指向错误方向的信息级联。还有其他情况也可以得到这样的信息级联，也许前两个学生做出了不同的选择，而第三个学生抽到了某个弹珠后启动了一个错误的信息级联。这里的关键点在于，观察一个不公开的信号（在这个实验里是一颗弹珠）并做出公开宣布。其他人看不到实际的信息，只看到了公开宣布的传统智慧。在那个时刻，人们拥有动机无视自己获得的实际信息，因为所有其他人的公开宣布，即已经建立起来的传统智慧，都让他们自己获得的信息（也就是他们自己的证据）看似成了例外或不太可能是真实的。

在某个时候，社会信息的积累足够大，以至于超过了个人实际可获得的信息，而产生信息级联的关键时刻就是人们开始无视自己获得的实际信息，转而遵循传统智慧。

那么，什么可以限制这种信息级联的形成呢？信息级联本身就存在脆弱性，因为毕竟在某个时刻，身处级联中的人会意识到，他们和其他人正在忽略自己所拥有的证据和信息，单纯地在遵循其他人先前的预测。班级上总会有人在观察了一段时间的级联后，决定做出不同的选择，只是为了看看会发生什么，尤其是在课堂上，宣布另一个选择的成本并不太高。

如果每个人都能观察到实际抽出的弹珠是什么，如果他们都能看到实际的证据，级联就不会形成。如果人们可以表达自己的意见，比如说"好吧，我其实同意前面人的预测，但我只是想宣布，我确实抽到了不大可能抽到的颜色"，也许其他人应该也考虑这一点，这样一来级联也不会形成。要形成信息级联，需要出现下面的情况：所有人关注的都是公开宣布的内容，而不是证据本身。事实证明，如果存在多种选择，而不仅仅是两种可能性，那么形成级联也会更加困难。因为随着时间的推移，随着证据的演变，多种可能性会让你在两种可能性之间稍微转换。你不必只做出或黑或白的选择。

在现实世界中，掌握更多信息的个人出现可能会打破某个信息级联。设想一下，由于羊群效应，房价或股市上涨。然后，市场上某个著名人物公开发声，比如沃伦·巴菲特、本·伯南克之类的人，他们的发声可以打破信息级联，使其朝另一个方向发展。同时在现实世界中，还可能会有新的公开信息出现。

人们不必完全依靠别人公开宣布的传统智慧。同时，风险因素也可能会发生变化。也许在一段时间内，遵从信息级联看上去很危险，而在另一个时间，不遵从信息级联可能看上去很危险。只要上面因素中的任何一个发生微小变化，整个群体就可能重新考虑自己的立场。这本质上就像从头开始，并且心中怀疑也许事情不太对劲。

如果人们自己获取切实的新证据和信息的成本很高，那么信息级联会形成得更快。如果获取社会信息相对便宜并且便捷，比自己获取私有信息容易得多，那么也会形成信息级联。最终可能会出现这样一种情况：当你意识到信息级联已经形成时，你不再依次观察一个人或是一长串的人，而是可以看到与你所在群体无关的其他人群的信念。

你如果能看到群体外其他人的信念，也许可以得出更好的推论，因为你知道那些人没有受到与你相同的级联的影响，很多广告策略实际上都是基于这种想法。如果你看到一则广告，说一群不相干的人都在试用新产品，比如新车，这种广告的隐含主题是这些人之间没有联系。

他们是一个随机群体。他们不会根据其他人的决定做出选择，都是真正喜欢这辆车的独立人士。当然，很多时候这只是广告而已，广告只选择喜欢该产品的人，或是选择代言的演员，所以它的说法实际上并不靠谱。但这可以吸引你大脑中知道自己应该对信息级联心存警惕的那部分。

看完了上面关于信息级联和羊群行为的理论分析之后，你的脑海中可能会浮现出一些实际例子。一些常见的例子包括管理学热潮，或健康饮食潮和健身潮。每个人似乎都在一段时间内相信这些理论，不是因为他们认真地进行了个人思考并比较了所有其他选择，而是因为其他人在那段时间内都对此笃信不疑。例如，如果你问什么是管理一家公司或组织的先进方式，在过去的几十年里的不同时期，你会得到各种不同的答案，包括目标管理、追求卓越、员工授权、业务流程工程、核心竞争力、6西格玛、日本模式、改善公司治理等等。你还可以想象，如果问到应该遵循什么样的饮食方式，你也可以列出一个类似的清单。似乎在前一天还是无碳水化合物，第二天就变成了全意大利面，或者是燕麦麸、鱼油、低脂包含或不含反式脂肪的食物，如是等等。人们会争相成为素食主义者、纯素食主义者、有机食品爱好者、全蛋白质饮食者等。下面，我想重点介绍一些可能对日常经济产生更大影响的例子。

第一个例子是金融市场。在预测股票价格或房价上涨幅度时，人们倾向于随大流。我妻子有段时间曾经是一家投资银行的股票市场分析师，所以我对这些问题有过近距离的观察，同时市场上充斥着大量研究报告。现在来想想激励因素。如果你预测股市走势，并且追随主流看法，那么到了年底，你的预测将接近整个群体的平均水平。当然，你肯定会时不时地出现偏离，但不会离共识太远。而如果你离共识不是那么远，那么你被解雇的风险就不会那么高。你不会比其他人差太多。

现在再来想想压力因素。比如说，早在 2003 年左右，你就清楚地看到，房地产市场价格正在以不可持续的速度快速上涨。此外，虽然自大萧条以来全美总体平均房价从没有下降过，但你知道，房价不仅会下降，还会崩盘。你知道股市会下跌。你知道房市会下跌。你知道会出现严重的经济衰退。你在 2003 年就清楚地看到了这一切，正像有些人也已经看出的一样。

然后，你根据这个判断进行投资。但在 2003 年，房价继续上涨，股票价格继续居高不下，你损失惨重。2004 年，你依然按照这一策略进行投资，并继续亏损。2005 年、2006 年和 2007 年也是如此。好吧，到了 2008 年和 2009 年，事实证明你是对的。只不过，此前你已经连续亏损 5 年，损失了巨额资金。事实上，你可能在出现亏损的第一年或第二年就遭到解雇，而你周围的每个人在这 5 年里都通过向另一个方向投资大赚特赚。

2007 年 7 月，时任花旗集团首席执行官查尔斯·普林斯（Charles Prince）发表了一条在金融经济学家中广为流传的评论。他说："当流动性的音乐停止时，事情可能会变得复杂，但只要音乐还在播放，你就得起身继续跳舞，现在我们仍在舞蹈着。"乐观地认为自由市场拥有纠偏力量的人表示，迟早会有新的信息出现。羊群效应不会永远持续下去。人们将不再高价抢购股票，将不再以高价抢购房屋。但你如果身处金融界，就不能打赌这种变化会立即发生。约翰·梅纳德·凯恩斯曾经说过："市场保持非理性的时间，会比你保持偿付能力的时间更长。"只要这句话成立，就会激励所有做出财务预测的人，借用前面的那句比喻来说，只要音乐还在播放，就继续在羊群中舞蹈。

羊群行为的第二个例子发生在完全不同的领域，即医疗实践中的地理差异。我在本讲开始时曾提到医疗领域的信息级联。没有医生能够重新验证所有可能的治疗方法，大多数医生在选择治疗方法时倾向于停留在舒适区，而他们周围处于相同舒适区的其他医生会强化他们的这一倾向。因此，即使是胃溃疡这样相当常见的疾病，也可能在长达数十年中被错误地认识。医疗手段和支出模式在不同地理区域存在很大差异。几十年来，人们一直观察到这种情况。观察一个大都市地区，你可能会发现，该地区的医生施行冠状动脉搭桥手术、前列腺癌手术或剖宫产手术的数量是其他地区的两到三倍，同样的模式也出现在包括用药和锻炼在内的其他各种医疗手段上。

多年来，达特茅斯大学的几位医疗保健经济学家一直指出，调整了年龄和疾病因素后，在佛罗里达州这样的高成本州，有医疗保险的患者的花费几乎是低成本州（如我所在的明尼苏达州）医疗保险的患者花费的两倍。现在请相信我，明尼苏达州的医疗人员不会把老人扔到雪地里等死。只是在明尼苏达州，我们也不认为老年人每次健康出现问题都需要长期住院和高干预性的高科技治疗。在佛罗里达州，人们的看法显然不同。针对医疗实践地区差异的研究通常显示，不同城市和州的所有医疗实践都非常不同，但它们对人们健康状况的影响实际上很小，或是完全没有影响。

相反，这些差异最多应被理解为各地的信息级联，即某一地区的医生群体相互加强彼此的决策。这种模式为目前正在激烈进行的有关控制医疗成本的辩论提供了重要的参考依据。如果你能打破信息级联，停止高成本地区的羊群行为，并推广低成本地区所采用的医疗实践，那么将大大有助于解决医疗保险问题和美国整体医疗成本居高不下且不断攀升的问题。当然，如何打破医疗机构之间的本地信息级联是一个困难且有争议的话题。

大量面向消费者的营销都是为了形成信息级联。你为什么要看那部电影？因为人人都在谈论它。你为什么要看那部电视剧？因为人人都在谈论它。当然，如果这部剧受到很多人的持续关注，人们就会继续追剧，至少会看上一段时间。之所以要找到时尚领袖或意见领袖，也是为了形成信息级联，让消费者追随他们。一个典型的例子是，在街上，如果几个人站在一起，他们身后可能会排起一条队。没有人知道到底发生了什么，至少不是马上知道。但在一个商品短缺的社会里，如果你看到人们在排队，最好先排上，然后再问是什么情况。换言之，先跟从社会信息，然后再弄清楚它是否适用于你个人。

很多政治竞选中都有类似的逻辑。如果你关注谁能赢或谁有可能当选，那么传统智慧的看法如何？想想艾奥瓦州和新罕布什尔州领先进行的初选，以及更早的民意测验。每个候选人都想营造这样一种感觉，即羊群正在向某一个方向移动，这样人们就会放下自己的个人偏好而加入大流。跟随大流就会有获胜的机会。下面是一个试图阻止信息级联的有趣反例。在美国海军的军事审判中，法官会按照资历倒序宣布投票结果。也就是说，资历最浅的人先宣布自己的投票。在某种程度上，这减少了形成信息级联的可能性，即每个人都会遵从最资深、级别最高的法官的看法，并从上到下形成统一的意见。

企业在选择产品和投资时，通常会刻意观察竞争对手的做法，并刻意抱团。如果某一家电视台推出一档大受欢迎的真人秀节目，其他电视台也会推出类似节目。如果一家电视台开了一档关于法医犯罪调查的热门节目，其他电视台也立刻开始这么做。消费品也有类似的逻辑。公司通常会追随其他公司的流行趋势，尤其是小公司会追随大公司，因为它们认为大公司知道人们想要什么。如果我要开一家快餐店，我要做的第一件事可能就是看看是否可以把它开在离麦当劳不太远的地方，因为我认为麦当劳一定选了一个好位置。还有证据表明，企业的投资计划在很大程度上受到同行业中其他企业的投资计划的影响。例如，如果行业中发生了很多并购，那么就会引发更多的并购。如果一些公司大肆举债来回购自己的股票，你会看到其他公司也会做同样的事情。在这类决策上，似乎也存在着羊群行为。

在当今这个专业知识和专家无处不在的世界，没有人能够无所不知。你经常会遇到这样的情况：你的感觉是这样，但你知道传统智慧偏向于那样。总是相信自己的信息而忽略传统智慧并不明智。传统智慧往往是正确的，如果你忽略它，你的病情最终可能会加重，你也可能会变得更穷或更不快乐。

仅仅因为它是传统智慧，并不意味着它一定是错误的。说到羊群行为，人们举出的最多例子是当羊群朝着错误的方向前进时的情景，但也很有可能，而且确实在很多时候，羊群会朝着正确的方向前进。然而，认识到羊群行为的存在确实会对我们所有人都有一定的影响。你应该知道，过分依赖他人的专业知识存在一种危险，那就是传统智慧之所以经久不衰，可能仅仅是因为它是传统，而不是因为它真的是智慧。因此，上述影响之一便是教会我们重视那些与传统智慧背道而驰的人。

我们要重视那些创办无人看好的公司的企业家，重视那些显然花了很多时间研究和思考某个主题的异见者，他们可能至少在某些事情上曾经是正确的，甚至要重视那些"怪人"。社会学家马克·格兰诺维特（Mark Granovetter）针对他口中的"弱连接的力量"提出了一个有趣的想法。格兰诺维特的观点是，我们都处在拥有许多强连接的社交环境中，这些强连接是我们熟悉并经常交谈的人。但对于我们大多数人来说，我们的强连接不仅经常与我们交谈，还经常彼此交谈。因此，在我们所有的强连接中都有可能形成羊群心理。你要意识到这种风险，重要的一点是要考虑到我们的弱连接，即那些我们可能不太熟悉的人，或者我们不太经常与之沟通的人，他们基本上或完全不在我们通常的强连接网络之内。我们应该珍惜这些弱连接，并不时与他们保持联系，因为这些连接最有可能为我们提供与强连接真正不同的信息视角。

很多时候，我们都是羊群中的一员。在一个收集信息成本高昂的世界里，我们真的别无选择。但请记住，只要我们在做出选择时不贪图一劳永逸，并保持怀疑和不确定性的意识，那么羊群行为就不会成为一种危险，同时我们最终趋近真相的可能性就会更大。所以，当你在像我们所有人一样随大流的时候，请至少保持警醒。

重要术语　　**信息级联（information cascade）**
也称信息瀑布，人们在做决策时使用的部分信息要参考其他人的决策，因此错误的决策可能会蔓延开来。

战略模仿（strategic imitation）
企业在制定一项战略时，会遵循其竞争对手似乎已经选择的战略。

思考问题　　**1.** 你是否能记起你曾经身在其中的一个信息级联，你认为决策可能是正确的，但你真正依赖的是他人的共识而不是自己的认知？

2. 你是否能记起某个信息级联（无论是过去发生的还是现在的例子），你认为它最终走上了错误的方向？哪些因素能够帮助人们摆脱这样的信息级联？

第十九讲
成瘾与选择

大家对成瘾的普遍看法是，它凌驾于理性选择之上，但也有可能，至少对某些人来说，成瘾就是一种理性选择，因为这种行为带来的乐趣使成瘾成为一件值得之事。此外，从吸烟和非法使用毒品的行为模式中可以看出，即使是瘾君子，无论他们是出于理性还是非理性而成瘾，也会对经济激励做出反应。

大多数人，其中包括许多健康和医疗机构的专业人员，都认为成瘾是一种不可自制的医疗状况或一种疾病。在说到成瘾的极端情况，例如可卡因、冰毒或海洛因成瘾时，人们通常认为那是对一种可以使得人们行为发生极大改变的物质上瘾。当然，成瘾现象也适用于合法的日常用品，如酒精或烟草上瘾。看看美国精神病学协会、世界卫生组织或美国国家药物滥用研究所等知名专业组织对"成瘾"一词的定义，你会发现它们在表述中都倾向于使用不可自制、强迫和慢性疾病等术语。

但至少对我还有其他一些经济学家来说，将成瘾视为一种不可自制的慢性疾病的看法似乎并不正确。当然，如果我们思考成瘾行为，会感觉它们似乎确实带有一定强迫性，让人感觉自己被困住了，好像他们的自由选择无法得到充分行使。但从根本上说，有一点不容忽视，那就是人们可以断瘾，却无法戒掉疾病。哈佛大学心理学家吉恩·海曼（Gene Heyman）研究了吸毒者的数据。我认为他的一个核心发现可以概括地表述为：吸毒者可以分为两大类。

一类吸毒者是我们在治疗机构、医院，甚至街头无家可归者中看到的那些人。另一类吸毒者则是那些曾经吸毒，现在已经戒掉毒瘾的人。我们倾向于关注第一类人，但如果要理解成瘾到底意味着什么，我们实际上需要对这两类人的情况都加以分析。如果只关注那些接受长期治疗的人，而忽略其他所有人，那么这种思考成瘾真正含义的方式无疑太奇怪了。海曼指出，每一项全国性的精神疾病调查都表明，大多数曾经成瘾的人现在都已经戒掉了毒瘾。事实上，大约75%的吸毒者已经戒掉了毒瘾。

毒瘾影响的主要对象是年轻人，而大多数瘾君子在30~35岁时就戒掉了毒品。这些调查还显示，超过七成的瘾君子在戒毒时并没有寻求心理治疗或医疗系统的帮助。换句话说，他们自行戒掉了毒瘾。那么，是什么促使他们戒毒的呢？采访证据表明，原因包括经济方面的担忧、家庭的压力或对能否保住工作的担心等。在经济学家看来，这一切看起来就像是很多瘾君子确实对他们面临的激励因素做出了反应。至少对我来说，这种证据看起来很真实。它与我曾经读过的其他研究成果相吻合。

例如，一位精神病学家的研究发现，大约一半美国士兵在越南服役期间吸食过海洛因或鸦片，但其中90%的人在返回美国后就停止了吸毒行为。我知道（我猜我们中很多人也都知道），有人几乎每个周末都会喝得醉醺醺，也有人曾在高中或大学期间大量吸食大麻，但他们并没有永久性地成瘾。在某个时候，也许是在他们十几岁或二十几岁的时候，他们以某种方式成功断瘾。所以，如果我们要保持我们的心理分类统一，厘清真正的疾病是什么样子非常重要。要清楚，没有人能够有朝一日甩掉精神分裂症。同样，也没有人有朝一日能够甩掉阿尔茨海默病、帕金森病、癫痫或脑瘫。你不可能某天起床之后，突然把它们踢到一边。从这个意义上说，把成瘾称为疾病并不完全正确。不可自制的说法也不太正确。酗酒成瘾确实自带一系列的问题，但与患有脑瘫并不一样。

在号称成瘾与选择无关时，一个常见的论点指出，成瘾者的生活质量似乎因成瘾行为大大降低。你会看到一个成瘾者无法继续学业，可能为了钱而犯下轻微罪行，也可能卷入暴力事件，还有可能进监狱，或是婚姻破裂或与孩子丧失联系。既然如此，为什么还有人会做出这样的选择？这怎么可能是一个理性的决定？此类故事固然令人心碎，但鉴于我的内心深处住着的是一位社会科学家，我会用头脑而不是感情来看待因果关系。

例如，想象一下，某人患有抑郁症，或躁郁症，或精神分裂症，然后这个人染上了毒瘾。他的生活中可能会发生各种可怕的事情，但很可能他的毒瘾是抑郁症或其他精神疾病的症状之一，而不能说他的毒瘾是导致所有其他不良后果的原因。弄清楚何为因、何为果需要实实在在的研究和实实在在的证据。当看到一个吸毒成瘾者的生活一团糟时，你显然不能武断地假设，如果没有毒品，他们生活中的其他一切都会变得很好。

此外，尽管许多人做出的选择导致了糟糕的结果，但那仍不失为他们的选择。人们选择辍学、犯罪、大醉一场并做出某些蠢事或暴力行为，或是做出既愚蠢又暴力的事情，他们也可能选择进行危险的性行为，或是整夜开车而睡眠不足。这些事情在某种程度上仍然是一种选择。成瘾肯定会以各种方式影响人们的选择。但还记得吗，大多数成瘾者都会断瘾，而且是自行戒断的。成瘾者可能会因各种因素做出选择，但在我看来，说成瘾者不受激励因素的影响，即在对其定义时过分强调成瘾行为具有不可自制性和强迫性，是一种慢性疾病，这未免走得有点太远。在此我想介绍有关成瘾行为的另一种观点，这是一种经济学的观点，即所谓的理性成瘾理论。

我发现，只要一提理性成瘾之类的说法，就会让非经济学圈的人嗤之以鼻。我首先要坦白，经济学界内部对于是否可以合理地将理性选择框架应用于成瘾概念仍存在争议。一旦走出经济学圈子，与精神病学家和社会工作者交谈，争议可能变得更大。我将在本讲结束时进一步讨论所有这些争议。

成瘾是一种理性选择的理念引发了一些有意思的问题，那就是我们所说的自愿选择到底是什么意思。值得一提的是，至少对于一些经济学家来说，他们喜欢挥舞"理性"术语的大旗，就像挥舞一面红布，看看有谁会被此刺激到。在此，让我们来了解一下理性成瘾理论，概括介绍这个理论的具体内容以及支持这种理论的论据质量。

首先，我想更清楚地阐述成瘾的含义。在对成瘾做出定义时，我们先不要对成瘾的原因做出判断，甚至不对成瘾的好坏是非做出判断。假设导致成瘾的，既可能是源于遗传和大脑化学反应的一种不可自制的慢性疾病，也可能是一个涉及对眼前大量选择因素不断加以权衡取舍的过程。在此我希望回避成瘾原因的问题，而专注考虑定义成瘾的行为模式。心理学家的研究认为，成瘾行为实际上包含三大要素。其一是强化性，也就是说，当前较大的消费量意味着未来更大的消费量。其二是耐受性，指如果过去的消费量很大，那么当下同等水平的消费量无法实现同样的满意度。其三是戒断性，也就是说，当消费量减少时，会出现负面的生理或心理反应。

现在请注意，这个定义在某种意义上是价值中立的。它既适用于酗酒者，也同样适用于具有这些特征的某些积极成瘾。例如，如果你和一个长跑上瘾的人交谈，会看到他明显符合上述定义的特征。可以说，工作狂甚至某些类型的虔诚教友都具有这些特征。不过或多或少的，积极成瘾者的特征可能更偏重强化性（即现在的消费意味着未来更多的消费）以及戒断性（即在停止时会感到痛苦），而似乎不太存在耐受性的问题。

他们似乎不必随着时间的推移不断加量才能获得同样的满足感。话虽如此，经济学家的问题是，是否可以认为人们试图弄清楚他们想要什么选择，然后在一个充满权衡取舍的稀缺世界中寻求这些选择，而这可能导致至少一些具有某种偏好的人出现成瘾行为？

在过去几十年中，成瘾和习惯养成与许多其他话题一样，也不时出现在经济学家的著作中。最近几十年的研究通常可以追溯到加里·贝克尔和几位著名合作者所进行的一些研究工作，他们在20世纪80年代末到90年代初撰写的一系列论文中阐述了这些论点。你可能还记得，加里·贝克尔的名字曾经在前文出现过。他因在多个传统上不属于经济学的领域，例如犯罪和种族歧视领域，开展经济学研究而获得诺贝尔经济学奖，成瘾只是他跨领域研究的又一个例子。

理性成瘾的基本理论可以以如下方式加以表述。成瘾问题，从其定义就可看出，不是指一次性的行为，而是指某种行为会持续一段时间，同时成瘾行为的强化性、耐受性和戒断性等特征全都涉及消费水平或消费满足感如何随着时间的推移而相互作用。因此，理性成瘾理论需要从长期角度进行思考。首先要明确的是，成瘾者是这样一类人，他们不仅会从当下的角度考虑成瘾行为（比如将其作为一种短期选择），而且还会将成瘾行为视为一种长期选择。

这样的人会从长期角度看待成瘾行为的收益，并对其成本加以权衡。现在，我几乎能听到耳边传来各种反对的声音。听上去像是我初中健康老师的声音，这个声音大喊道："你说成瘾会有收益？这简直是疯话！成瘾没有收益，只有成本。"作为一名经济学家，在此我必须坚持不同的意见。也许我应该强调，我本人使用非处方药物的经验仅限于我有时候可能会在晚餐时喝一杯葡萄酒。我是一个连阿司匹林都避免服用的人，因为它让我感到头晕脑涨，非常不舒服。

不过我必须承认，对很多人来说，晕乎乎的感觉显然很好。他们会认为这是一种收益。他们很高兴谈论这种感受。在我看来，谈论人们权衡收益和成本的问题无法回避这样一个事实：对很多人来说，喝得酩酊大醉或服用某些药物是一种非常愉快的体验。在此我想请出一位专家证人，演员查理·辛（Charlie Sheen）。众所周知，他在一段时期内曾经酗酒成瘾。辛在 2011 年的一次采访中说："很久以前，我曾经戒酒 5 年，我真心觉得无聊透顶。一切都不再真实。我不是真正的我。戒酒 12 年后，我重新拿起了酒杯，天哪，第一口的感觉……哇！"

现在，我再说一遍，我不是同道中人。我也不推荐这么做。人们干的很多事情都不是我喜欢的，但如果以经济学家的眼光来看待成本和收益，我不会对是非对错做过多评判。此外，对于许多使用麻醉物质的人来说，这还可能是群体归属仪式的一部分。我可能不是唯一有过下面尴尬经历的人：在房间里的几个人中，我是唯一不吸大麻，也不一罐接一罐痛饮啤酒的人，这无疑会让人感觉很不自在。也许人们在这些方面的感受本身就不一样。有些人真的喜欢酒精和毒品带来的飘飘然的感受，有些人就是不喜欢。显然，对许多消费品来说，这种不同完全正常。有些人真的很喜欢音乐，会为这种爱好花很多钱，而有些人则不喜欢。有些人真的很喜欢新衣服，会花很多钱买衣服，有些人则不喜欢。有些人喜欢旅行，有些人则不喜欢。

一小群人真心喜欢某样东西并不意味着他们不理性，这只意味着他们有不同的偏好。在某些情况下，成瘾会带来不良后果，这一事实本身并不能证明任何事情。也许正在思考是否要选择成瘾的人清楚地意识到，成瘾行为可能有几种结果。例如，一种可能的结果是，这个人可以选择在一段时间沉迷于某种上瘾的物质并享受这种行为，然后再戒断这种行为。另一种可能的结果是，这个人也许会觉得，在某一段时间内成瘾行为所带来的快感足以抵消这种行为模式在长期内导致的恶果。毕竟，人们确实会做出一些最终导致糟糕结果的选择，但同样，这并不能证明他们没有做出选择。成瘾可能带来的代价是显而易见的。正如我们已经讨论过的，成瘾会给个人造成沉重的代价，比如疏远朋友和家人，对你的身体健康造成损害，还会带来经济上的代价，比如失去工作、失去收入。在醉酒或是因吸毒或嗑药迷醉时，你的整个生活似乎已经离你而去。理性成瘾理论认为，有些人在权衡了所有这些成本与收益的风险后选择成瘾。当然，任何人都可以提出一个理论，重要的是要弄清楚，该理论是否包含一些我们可以用数据加以检验的推论，并找出该理论是否确实拥有实证支持。

对于理性成瘾理论而言，第一个需要用证据来检验的推论是，成瘾者是否会对价格做出反应？如果成瘾者会对价格做出反应，那么其中就包含了某种选择因素，表明成瘾不仅仅是一种疾病或一种无论如何都不能自制的渴望。20世纪90年代初，可卡因破坏性地迅速泛滥，其中一个重要原因便是其价格低廉，这似乎是一个事实。当酒精、烟草或其他非法药物的价格上涨时，其消费量似乎会下降。此外，如果当前的消费部分基于过去的消费，而未来的消费又基于当前的消费，那么成瘾者对当前价格变化的反应可能不会很大。毕竟，成瘾者既对过去的既定模式做出反应，也对未来的预期做出反应，所以你不能够期望当前的价格变化一定会导致他们的行为模式发生巨大变化。

所有这些推论都很有趣，但在某种程度上，它们并不令人惊讶。我的意思是，毕竟经济学家认为，几乎所有东西的消费都会对价格变化做出反应，而且一般来说，在短期内对价格变化做出的调整往往相对较小，即小于长期内的调整。因此，这些推论无法令理性成瘾理论超越人们可能做出的其他行为选择。不过，理性成瘾理论还具体做出了一些更有趣的推论。如果成瘾者着眼于长期，那么他们应该在当前对未来可能发生的价格变化做出反应。如果他们预计其消费的成瘾品价格在未来会上涨，那么现在对其成瘾的吸引力就会下降。如果他们预计未来其消费的成瘾品价格会下降，那么现在对其成瘾的吸引力就会增大。

现在，你可以借助证据来检验这一推论，而事实证明，这个推论在某些情况下似乎确实成立。例如，当各州宣布在未来将增加香烟税时，香烟消费量就会下降。另一项研究调查了赛马博彩以及归于赛马场的博彩份额的情况，后者在不同的州各不相同。他们发现，在州政府开始从赛马博彩中抽取更大份额之前，博彩的规模已经开始下降。这体现了博彩者对未来的预期，博彩规模减小，并且未来的博彩规模也会减少，因为有博彩习惯的人越来越少。

理性成瘾理论的第二个推断是，如果成瘾者权衡了成本和收益，则那些付出成本较低的人应该更容易上瘾。因此在面对成瘾行为进行权衡取舍时，那些贫穷、年轻或受教育程度较低的人的成本比较小。例如，这些人失去的工作能够给他们带来的报酬更少。我在前面曾谈到，随着人们不断成熟，他们在到了30岁左右时似乎不再认为成瘾是一种值得坚持的行为。这很可能是因为此时人们要考虑的需要进行权衡取舍的选择已经发生了变化。所以，人在年轻时更有可能出现成瘾行为。

同样，如果成瘾是一种疾病，你需要解释为什么它对某些特定群体的影响比对其他群体更大。阿尔茨海默病并不偏向于攻击特定人群，为什么成瘾行为会这样？调查证据表明，在所有存在药物依赖或药物滥用问题的人中，约60%的人为单身，约25%的人已婚，其余人则处于离婚或同居状态。这一点符合下面的观点：如果成瘾破坏了你的婚姻，你在个人生活中的损失更大。从这个角度和其他角度来看，婚姻可以被视作一种自我控制机制，可以阻止人们做出某些行为。同样，有关吸烟对健康影响的信息曝光后，受过良好教育的烟民中更多人选择戒烟。显然，这些人与受教育程度较低的人相比，拥有更好的工作前景，同时这种模式也符合吸烟行为确实是人们的选择的理论。在这一点上，很难相信美国有任何成年人不知道吸烟对健康的损害。健康问题给一个人造成的损失越大，则其健康成本就越重要。

理性成瘾理论的第三个推论是，人们在试图戒烟或戒毒时，会采取一种类似于从一个极端到另一个极端的做法。也就是说，人们可能会从狂吸滥饮到突然完全戒断。为什么会这样？请记住，成瘾涉及过去的消费行为与当前和未来消费行为之间的联系。过去对成瘾品的消费往往会将成瘾者推向狂吸滥饮的境地，这是由于成瘾行为具有耐受性特征，因而成瘾者会不断消费、再消费，随着时间的推移，消费量变得越来越大，因为你需要消费更多成瘾品才能获得同样水平的刺激。

但是，一旦你在某个时候停止成瘾行为，由于不再有前期消费，那么你也不会再有将来消费。经济学有时会用一个术语来描述这种现象，那就是"不稳定的稳定状态"。这是一种跳跃的状态，你会在一时间突然非常大量地消费，出现狂吸滥饮的行为，然后在一时间你会完全戒断消费。如果成瘾只是一种习惯或是一种不可自制的疾病，那么很难说明人们为什么会出现这种行为模式。为什么你不能一直稳定地消费这种令人成瘾的东西，或者在任何给定的时间尽可能多地消费呢？为什么你会经历一段时间的狂吸滥饮，然后又突然完全戒断一段时间？

同样，对于这一点也存在一些实际证据。正如我们所说，当香烟税上调时，吸烟量就会减少。这种影响主要发生在青少年身上，也许是因为他们还没有完全上瘾。而且，他们考虑一生中长期吸烟的影响后，会发现终身成瘾的代价不断上升。然而，在成年烟民中出现了一个有趣的模式：提高香烟税一半以上的影响是使吸烟者变成了彻底不吸烟的人。换句话说，吸烟者不会只减少10%、20%或30%的吸烟量。他们中的有些人只是略微减少了吸烟量，而很多人则完全戒掉了烟瘾。在研究酒精消费情况时，我们不应关注酒精的总体消费量，因为有太多人只是出于社交目的饮酒，他们实际上并没有上瘾，所以理性成瘾的研究倾向于肝硬化病例，将其作为真正大量饮酒的衡量标准。

研究表明，当美国各市县提高酒精税时，肝硬化患者数量的下降幅度大于整体酒精消费量的下降幅度，这再次表明，那些饮酒量极大的潜在酗酒者减少饮酒量最多。著名作家马克·吐温经常讲述下面这个故事：一位医生告诫他要减少抽雪茄和喝威士忌的量。马克·吐温则回答医生说：我没办法减少，我没有减少它们的意志力，但我可以完全戒掉它们。这是对成瘾行为一个很好的描述。他还说过这样的话：戒烟很容易，我已经戒过几百次了。许多成瘾者也有类似的想法。他们不会减少成瘾品的消费。他们没有减少的意志力，但在某些情况下，他们可以完全戒掉。

在此我并不是想强调，你应该相信理性成瘾理论是正确的。正如我在开始时所说，研究成瘾现象的许多经济学家和医学人士也对此理论表示怀疑。但经济学家经常指出的一点是，需要一个理论来打败另一个理论。对成瘾行为做出解释不能仅仅指出许多成瘾者表示他们更愿意戒断成瘾行为，或是说一些成瘾者已经把他们的生活搞得一团糟，你还需要关注到其他事实：大多数成瘾者的确会自行戒断。他们在人生的某个阶段戒掉了瘾，而在那个时期，对他们而言成瘾的成本似乎在上升，收益却并没有。成瘾者会对当前的价格做出反应，也会对未来的价格做出反应。成瘾行为的人口统计模式显示，那些成瘾成本较低的人更有可能成为瘾君子。

瘾君子不会稳定地消费成瘾品。像前文提到的，他们往往会在某个时期狂吸滥饮，然后会突然戒断。当然，对于一些重度瘾君子来说，可能确实是心理健康问题导致了他们的成瘾行为，而不是相反。在思考这种证据并试图理解成瘾行为的真正含义时，我想告诉你一个经常出现的论点。典型的论点是：对某些人来说，成瘾行为可能在某种程度上是一种选择，但对其他人来说则不是。对于其他人来说，成瘾行为可能是遗传的，是大脑开启了某个指令，也可能他们是极度短视的人，沉迷于享受眼前的快乐而不关心代价，但某些人可能不是这样。这个论点对我来说很有趣，因为你在讨论某件事时，发现与你争论或讨论的人改变了自己的论点，这总是一件很有趣的事。

因为如果你提出了这种论点，就相当于承认，很多看似无法摆脱对毒品依赖的人，那些看起来深陷某瘾并表现出成瘾行为的人，其实并没有真正成瘾。这个论点重新定义了成瘾问题，只涵盖了那些最顽固的顽固分子、那些特别容易成瘾的人，而且它或许有一个令人意想不到的含义。它表明，有一大群人可以一直滥用毒品，而且可以很好地应对这种情况。毕竟，他们不具有导致他们成瘾的基因或大脑，他们不需要担心这一点。这让我们陷入了一系列有趣而复杂的问题，这些问题以这样或那样的方式出现在许多讲座中。什么是自愿的选择，什么是不可自制的选择，什么又是非自愿的选择？涉及成瘾行为，这些想法对公共政策会产生何种影响？

我希望到了此时，我已经成功地说服你相信，成瘾行为至少带有选择的因素，即使这是一种受约束和限制的选择。为了说明这一点，请想一想美国政府中与应对成瘾问题有关的官僚机构。其中一个机构是美国缉毒局（Drug Enforcement Administration），负责法律、秩序和惩罚；另一个机构则是美国国家药物滥用研究所（National Institute on Drug Abuse），它是美国国立卫生研究院（National Institutes of Health）的一部分，每年的预算约有10亿美元，负责健康事务相关问题。无疑，成瘾行为是一种不寻常的行为，我们的社会在应对它时既动用了法律惩罚和监禁手段，同时也提供了医疗治疗手段。

但是，如果吸毒成瘾不是一种选择，那它是什么呢？比如说，它是遗传的吗？显然，它肯定带有先天成分。事实上，越来越多的证据表明，遗传因素会影响很多事情。它会影响暴饮暴食、易怒和多动的倾向，还可能在某种程度上影响智力，以及对食物、颜色或活动的品味。甚至有证据表明，遗传会影响宗教信仰等社会态度。许多研究都是针对出生时即分开的双胞胎或兄弟姐妹进行的。他们在不同的环境中长大，但有相似或相同的遗传背景，而且他们往往有一些惊人的共同点。

但是，断言所有可遗传的行为都是疾病显然很奇怪。对于它们中的大多数来说，确实存在发生某种行为的倾向，但同样也存在鼓励或不鼓励这种倾向的可能性。选择仍然是其中一个重要的因素。成瘾行为会以某种棘轮效应[①]改变大脑吗？有时你会听到这样的观点：成瘾是因为大脑释放了某种化学物质，这种物质经常被人们认为是多巴胺。不过，有很多活动可以提高大脑中的多巴胺水平，例如吃饭、锻炼、看动画片，甚至被掐等短暂的疼痛都会提高大脑中的多巴胺水平，将所有这些都称为成瘾显然是愚蠢的。

当然，各种各样的活动都会改变大脑。有证据表明，体育运动、学习、音乐和吸毒都会改变大脑。同样，很难说因为某些东西改变了大脑，所以它就应该被当作一种疾病来治疗。此外，如果成瘾行为是一种大脑的化学反应，那么为什么会有那么多曾经尝试过毒品，但却能够不上瘾的人呢？简单将之归为有些人可以应对这种情况、有些人不能，这显然不是一个很好的答案。如果对某些人来说，这是不可自制的大脑化学反应，为什么对其他人来说，这又不是不可自制的大脑化学反应了呢？最重要的是，许多关于成瘾行为和选择的争论所依据的是瘾君子的陈述，他们说他们想戒毒，他们不喜欢自己的处境。他们说：我真心想选择别的东西，所以现在的情况怎么能算是我的选择呢？但值得指出的是，我们中的许多人在生活中都发生过说一套做一套的情况，而目前我们还不清楚如何解释这些陈述。

也许成瘾行为所要表达的是，对某个人来说，做到不踏上消费这种成瘾品之路，真的比一个没有成瘾的人来说更难，而一旦他踏上了这条路，对他来说，要想戒断它又真的比一个没有成瘾或不容易成瘾的人更难。你可以想象有人说：我真希望能够更容易地做到不被它所诱惑，或是在已经成瘾后，我希望我能更容易地停止这样做；我希望

---

① 棘轮效应（ratchet effect）是社会学和经济学中的一个概念，用来描述一旦发生特定的事情，就很难发生逆转，就好像机械棘轮一样，只能向一个方向运动，而向相反方向运动时则会被卡住或收紧。——译者注

我所处的社交或家庭环境不会以某种方式支持或强化我的成瘾选择；我希望我处在一个不同的环境中；从这个意义上说，我的选择确实比很多人面临的选择更难。

  我能理解这种观点，但它真正告诉我的是，我们都是由我们的背景塑造出来的。在某种意义上，我们中没有人拥有完全独立的个人选择。例如，有些人因为其成长经历、遗传和背景，可能几乎没有个人选择的余地。但对于我们大多数人来说，如果我们对自己不满意，我们会努力实现自我控制，从而改变那种行为，并寻求周围人的支持以做出自己想要的改变。证据表明，大多数我们称之为瘾君子的人也确实找到了这样做的方法。他们做出了停止成瘾行为的选择。

重要术语　　**理性成瘾（rational addiction）**
一种有争议的理论，认为成瘾者选择成瘾是因为在他们看来，成瘾的长期收益超过长期成本。

思考问题　　1. 至少从打比方的角度，将成瘾视为一种疾病的优点和缺点是什么？

2. 人们对于成瘾情况做出的选择与他们做出的其他消费选择，例如购买某种食品或去某地度假，有何不同？这些选择有何相似之处？（例如，所有这些选择都会对价格变化做出反应。）

第二十讲
肥胖——谁承担代价?

肥胖的产生是热量的摄入量和消耗量之间的平衡发生变化的结果。通过研究对食物消费成本(时间和金钱)产生影响的诱因以及家庭和工作场所锻炼条件的变化,可以清晰地看出肥胖问题日益增多的原因,以及可以通过怎样的政策来应对这个公共健康挑战。当然,肥胖问题已不仅仅是美国的问题,也正迅速成为困扰全世界的一个主要健康问题。

过去几十年来，人类的体形发生了显著变化。人们的体重不断增加。全世界各地的人都变得越来越胖，有些人甚至变得非常肥胖。显然，我们要自省：到底发生了什么变化？这是许多社会科学家都在思考的问题，公共卫生专业人士自然也站在第一线，研究这种趋势将如何影响健康。不过，食物是一种需要买卖的产品，同时许多人进行的大量锻炼与其工作条件息息相关。由于饮食和锻炼都与激励和权衡取舍有关，经济学家自然也应该对这个问题发表一些看法。

20世纪60年代初，美国成年男性的平均体重为168磅（约76.2千克），到了21世纪初，这个数字变成了约190磅（约86.2千克）。20世纪60年代初，美国成年女性的平均体重为143磅（约64.9千克），到了21世纪初，这个数字为163磅（约73.9千克）。换句话说，从20世纪60年代初到21世纪初，美国成年男性和女性的平均体重都增加了20多磅（约9千克）。在这段时期，成年人的平均身高确实也有所增高，但平均只增高了大约1英寸（约2.54厘米），这并不足以解释体重增加的原因。那么，在什么情况下，这种体重的增加会成为一个需要关注的公共健康问题？毕竟，在20世纪的大部分时间里，美国人的体重都在持续增加。

健康专家表示，在 20 世纪初，大多数美国人的体重实际上仍然偏轻，未达到最佳健康状态，因此很多人体重增加实际上是健康状况改善的一种表现。那么，体重增加转变为超重或肥胖的分界线在哪里？

在研究文献中，肥胖问题一般是通过所谓体重指数（BMI）加以衡量。体重指数的计算方法如下：以千克为单位计算体重，以米为单位计算身高，然后求得身高的平方（即身高的 2 次方），再用体重除以身高的平方计算结果。在这类研究中，标准方法是将体重指数为 25~30 的成年人认定为超重，将体重指数 30 以上的成年人认定为肥胖。①

对于我们这些习惯于用磅来衡量体重，用英尺和英寸来表示身高的人来说，体重指数可能不是很好用。你可以找到很多网站帮助你计算出自己的体重指数，你只要输入相关数据，网站会自动为你计算。在此给那些想计算体重指数的人一个参考：一个身高 6 英尺（约 1.83 米）的成年人，如果体重为 184 磅（约 83.5 千克），那么他的体重指数大约为 25。这是正常体重和超重之间的分界线。

如果一个人身高 6 英尺、体重 221 磅（约 100.2 千克），则其体重指数为 30。这就是超重和肥胖之间的界线。对于这个身高 6 英尺的人来说，体重指数每增加 1，代表体重增加大约 7.5 磅（约 3.4 千克）。体重指数绝不是一个完美的衡量标准。有很多例子，一些顶级运动员，如一些职业足球运动员，他们的体脂率很低，而根据这种身高和体重关系的定义，他们属于超重或肥胖之列。有些人体重稍重一点，但很健康；有些人体重稍轻一点，也很健康。

此处的关键点并不在于这是否是一个诊断健康状况的完美指标。

---

① 在中国，这一指数在 18.5~24 为正常范围，在 24~28 为超重。超过 28 为肥胖。——编者注

关键点在于，从总人口的角度来看，需要一些衡量标准来思考肥胖问题。体重指数的一大优势在于，你只需根据身高和体重就可以计算它，而不需要更复杂的健康统计数据，因此可以根据已有数据计算出许多不同时间和地方人们的体重指数。

1962 年，以体重指数为标准计算，美国 20 岁至 72 岁成年人的肥胖率是 13%。近年来，美国的肥胖率几乎达到了当年的 3 倍，已经超过了 35%。所有不同群体的肥胖率都在上升。男性的肥胖率比以前更高，女性的肥胖率也更高。受教育程度较低的人比受教育程度较高的人更容易肥胖，在 1962 年是如此，今天仍然如此。随着时间的推移，受教育程度不同的每个群体的肥胖率都在大幅上升。

虽然我在这里引用的是美国的情况和数据，但其他国家的情况也有重要的参考性。肥胖率上升问题困扰着所有高收入国家。对于整个世界而言，一些根据相关数据（尽管这些数据不可避免地并非百分之百可靠）做出的估计表明，目前全世界的肥胖人口已经超过了营养不良的人口。然而，美国是高收入国家中肥胖率最高的。想想吧：美国是第一！虽然你通常不会听到人群为这个特定的统计数据欢呼雀跃。

肥胖的健康成本很难衡量，因为很难找出其中的因果关系。理想情况下，我们可以对两组体重不同、但其他影响健康的因素完全相同的人群做出比较。但事实是，肥胖者可能还存在其他影响健康的问题。例如，他们可能运动量偏少、饮食不太健康、医疗保健渠道可能有所不同，此外还有许多其他可能影响预期寿命的因素。但作为一项基本衡量标准，对于 20 多岁和 30 多岁时体重指数达到 35 的成年人而言，其平均寿命通常比不肥胖的人短 3 年。

肥胖对预期寿命的影响很微妙。例如，轻度超重而非肥胖与预期寿命似乎没有太大关系，尤其是对于那些年龄在 30 岁以上的人来说更是如此。当你已经步入老年时，超重对你的剩余预期寿命并没有太大影响。对于非裔美国人来说，与略低于超重线的人群（体重指数在

24 左右的人）相比，那些超重或轻微肥胖的人实际上拥有更长的平均预期寿命。你可以深入研究公共卫生文献，了解如何找出纯粹由肥胖因素而不是其他任何因素对健康造成的影响。在这里，我想要回避棘手的因果问题，同时对于我在讨论中使用的估算，我会依据这样一个基本观点：那些二三十岁时存在肥胖问题的人最终会比不肥胖的同龄人少活 2~3 年。

肥胖导致的另一个重要健康代价是医疗费用的增加，但这一点分析起来也有点棘手。确实，在任何一年中，肥胖者在健康上的费用往往都高于非肥胖者。肥胖者也确实会更早死亡。因此，如果每年付出的费用更高，但寿命更短，那至少在理论上，肥胖者的终生医疗费用可能比非肥胖者更多，也可能更少。事实证明，当把肥胖者更高的年度健康费用与更短的预期寿命综合起来考虑时，根据一项研究的发现，肥胖会使 50 岁人群的终生医疗费用增加约 1.5 万美元。然而，对于 65 岁人群来说，肥胖只会使终生医疗费用增加约 5000 美元。而对于年龄 75 岁以上的肥胖人群而言，其终生医疗费用不会增加。事实上，后者的终生医疗费用还会略有下降。所以，在某种程度上，肥胖对医疗费用的影响并不是一个巨大的金额。

但如果你认真思考，就会发现许多肥胖的人在很长一段时间内都没有任何特别的症状，然后他们会突然出现某些重大的健康问题，比如心脏病发作或中风。仔细想想就会知道，一张 1.5 万美元的医疗账单多多少少意味着一个相当重大的健康问题，这可不仅仅是购买降压药物或类似东西的额外费用。经济学家在计算中为多活一年赋予价值时，通常会选择某一个大概的数字，比如多活一年价值 10 万美元或 20 万美元。

这类数字通常是基于对其他风险行为的推断得出的，比如假设人们从事的工作对他们的健康有很大风险，他们会得到多少额外报酬，或者人们愿意花多少钱为自己的家或工作场所添置某些东西，以便为他们提供某种安全保障。我在这里想要强调的重点并不是深入研究如何从这些数字中推断出一年生命的价值，我想要强调的是，能够多活几年的价值远远高于肥胖带来的额外医疗费用。无论你认为一年生命的价值是 10 万美元还是 20 万美元，或者是更多，大多数人都会承认，多活几年的价值相当大。因此这里的基本论点是，肥胖导致预期寿命降低这一代价可能远远大于更严重的肥胖问题所导致的医疗代价。

这个见解之所以重要，原因有很多，而其中一个原因是，在涉及有关肥胖问题的公共政策时，很重要的一点是要明确肥胖的代价应该由实际超重者本人承担，还是由其他人通过私人和公共医疗保险计划来承担。毕竟，预期寿命的医疗保健代价最终是由肥胖者本人所承担的。我们将在本讲的最后讨论公共政策时再次谈到这一点。在这里，我想首先讨论经济学家和其他社会科学家提出的导致肥胖现象不断增加的多种原因。

在思考过去几十年超重现象为什么日益增加时，最根本的原因非常明显。人体通过饮食摄入热量，这些热量又通过体力活动被燃烧掉。因此，体重增加一定意味着热量摄入更多和燃烧更少的某种组合。从体力活动量减少的角度解释肥胖现象存在很大的问题。实际上，没有任何数据表明过去三四十年间，人们的体力活动量大幅下降。你有时会听到一种说法，即现在的工作与以前相比耗力更少。换言之，从事办公室工作的人数增加，从事农业或货运等体力劳动的人数变少，甚至制造业等工作在某种程度上所消耗的体力也比过去大幅减少。

20 世纪上半叶，人们在日常生活中的体力活动量发生了巨大变化还有一定道理，因为当时许多人原本从事的是农业和制造业等需要大量体力劳动的工作。但我们在这里谈论的现象是自 20 世纪 70 年代和 80 年代以来肥胖问题的日益增加。

在这种现象出现之前，人们大规模向办公室工作的迁移已经基本结束。事实上，我们能够通过时间日记等证据查看人们在工作上耗费了多少体力，以及花费了多少时间无所事事地休息，如是等等。从这些证据中得出的一般模式是，在过去的三四十年里，人们的体力活动量并没有减少。当然，这些数据并非无懈可击，你必须解读人们对自己各项活动的看法，而实际上，看起来在那段时间里，人们的体力活动量似乎还略有增加。其他一些事实也证明，将肥胖现象归因于体力活动量变化的解释难以自圆其说。例如，儿童在40年前不工作，现在也不工作，但儿童的肥胖率却大幅上升；今天的老年人可能比30年前或40年前的老年人更加活跃，但老年人的肥胖率也在上升。

按照上面的论证得出的结论是，要想解释肥胖现象为何增加，应更多地聚焦在人们的热量摄入，而非人们的活动量上。人体摄入的热量大致会通过下列三种方式被消耗。首先，人体摄入的热量大约有10%会在消化过程中被燃烧，这有时被称为热燃烧。此外，一个成年人即使休息不动，每天也会燃烧大约1800卡路里的热量，当然，具体的数值取决于个人的体形、年龄、新陈代谢、性别等因素。

因此，人每天至少需要消耗大约2000卡路里热量，其中10%用于热燃烧，另外1800卡路里热量用于让你的身体在静止休息时保持运转，其他热量消耗则与人在一天中额外的活动量有关，这就是燃烧热量的第三种方式。显示食物和进食时间的日记数据表明，20世纪80年代，人们平均摄入的热量确实有所增加，从每人每天摄入1900多卡路里增加到每人每天摄入大约2100卡路里。四舍五入，这相当于平均每天增加了150卡路里的摄入量。这看上去似乎并不算多。我的意思是，毕竟150卡路里热量只相当于一罐含糖苏打水或一小包薯片的热量，或者可能只是比你平时所吃的食物分量稍微多一点。但事实证明，在计算了热量的摄入量和消耗量后，你会发现，平均每天增加约150卡路里的热量摄入量确实可以解释实际发生的平均体重增加和肥胖增多的现象。

为什么摄入的热量会增加？首先，我们来看一下有关身体反应和过量饮食的一个基本事实。人的大多数身体反应都是相当即时的。比如出现了巨大的噪声，你马上就能听到。出现了危险的东西，比如一位穴居人面前出现了一只丛林猫，或者你面前出现了一辆好像醉鬼开的横冲直撞的汽车，你们马上就能看到它们并马上会想应如何应对。如果你尝到了一种难吃的东西，你的身体会担心它可能很危险，然后你就会把它推开。但是，当你吃东西的时候，并没有即时信号告诉你，你什么时候已经吃饱。因此，人们很容易吃得过多，而没有意识到自己已经吃饱了。过了 15 分钟、30 分钟或 1 小时后，你才会突然意识到：天哪，我简直不敢相信，我竟然把所有东西都吃光了！

从进化的角度来看，这种现象可能有充分的理由。很久以前，人类不知道下一顿饭从何而来，他们需要尽量多吃来积累热量，以防当天后面的时间或第二天甚至第三天没有多少食物。但对于我们今天的大多数人来说，没有必要预先为未来几天储备热量。这种模式还意味着我们特别容易受到食品广告的影响。如果某种食品标明它是低脂的，你会从货架上拿起它，却没有注意到它虽然是低脂的，但热量更高。或者，你注意到某种食品标明添加了维生素（显然现在有很多食品都添加了各种维生素），但你会注意到它到底含有多少热量吗？这同样也意味着我们特别容易受到激励因素变化的影响，因为我们的身体不会立即向我们发出反馈，告诉我们已经吃得过量了。

关于肥胖率升高的问题，一个可能的理论是，在过去几十年中，人们的收入逐渐增加，他们有能力购买更多食物。但这似乎无法解释目前出现的肥胖模式。毕竟，收入水平长期以来一直在增长，但直到 20 世纪 80 年代左右，肥胖问题才开始出现，而目前尚不清楚为什么会这样。高收入者并不比低收入者更肥胖，这也是事实。实际上，这两类人群呈现出相反的模式。高收入者确实在食物上花费更多，但在食物上花费大量金钱并不一定意味着摄入更多的热量。

事实上，人们可以用低廉的价格购买大量热量含量很高的垃圾食品。比如，你走进一家快餐店，先看看沙拉的价格，然后再比较一下，如果用同样的钱去点菜单上那些更便宜的商品，你可以购买到多少热量。同样，有些人想把责任归咎于美国政府的农业支持计划。这些政策长期以来一直压低食品价格，但这些政策早在20世纪20年代就已实施，尚不清楚为什么它们会在20世纪80年代引发肥胖浪潮。那么，如果收入和价格变化不是肥胖率上升的主要原因，我们下一步该关注什么？

还有一些理论侧重于食品预制技术的变化。食品的成本不仅可以用金钱来衡量，还可以用准备食品所需的时间来衡量，而后者确实下降了很多。在20世纪60年代，家庭中的某位成员（通常是妻子）每天平均花2个小时以上准备食物是一种常态。哈佛大学的一群经济学家，特别是大卫·卡特勒（David Cutler）和爱德华·格莱泽（Edward Glaeser），强调了肥胖与食品预制技术变化的关联。

卡特勒和格莱泽指出，五大领域的技术发展影响了人类在其他地方（至少部分）预制食物的能力。这五大技术领域是制调控制（controlling the atmosphere）、食物保鲜、食物风味保存、食物保水和温度控制。他们指出，近几十年来，所有这些领域都出现了重大创新。与此同时，微波炉也得到了广泛使用，使得食物可以轻松地快速加热。

以土豆为例可以说明很多上述问题。过去，美国人吃土豆的方式是烤土豆、煮土豆或土豆泥。而现在，美国人通常吃炸薯条，而这些薯条通常会在一个地方削皮、切块、部分预制，然后冷冻并运往其他地方。薯条可以在油炸锅中重新加热（许多餐馆正是这么做的），也可以使用烤箱或微波炉加热。1977年至1995年，美国的土豆消费量增长了30%，其中几乎所有增长都来自炸薯条和薯片消费量的增加。

从本质上讲，很难百分之百证明食品生产新技术是肥胖率上升的关键因素。但你可以说，这与许多事实非常吻合，也与人们观察到的许多其他模式相吻合。例如，新的食品预制技术出现和传播的时间恰好与肥胖率上升的时间重合。同时，这些技术符合人们吃更多零食的想法。预制食品更便宜，也更容易买到。由于所有的提前准备工作都在其他地方进行，餐馆可以更轻松地加大每份餐食的分量。

毕竟，快餐店出于竞争目的原本可以不断降低其提供食物的价格，但他们选择通过加量不加价的方式来竞争。这有点像汽车公司本可以通过降低产品的油耗来竞争，但它们往往通过提供更大马力和不同款式的车型来争夺市场。此外，食物消费频率也发生了变化。这有时被称为"少食多餐现象"，而多餐的对象是零食，就是那些便利和随时可得的食物。

人们记录实际都吃了什么食物的饮食日记表明，正餐中消耗的热量实际上有所下降。但随着时间的推移，零食的消耗量一直在增加。新的食物预制模式和新技术的发展也与各国的肥胖增加模式相吻合。对食物实施了更多监管的国家较少利用这些新的食品预制技术，而这些国家也没有出现与美国相同的肥胖现象变化，例如意大利、法国和日本等国家。这些国家更少使用微波炉，烹饪所花的时间也更长。此外，许多观点认为，食品预制新技术的发展还推动人们更多外出就餐和吃快餐。快餐之所以成为一种便宜的饮食方式，正是因为食品生产技术出现了巨大的发展。

最后，食品技术的这些变化对水果、蔬菜和其他新鲜农产品的影响要小得多。因此，水果和蔬菜的价格并没有像其他许多食物那样大幅降价。随着时间的推移，预制食物日益变得更为容易，人们越来越多地食用经过大量商业化预制的食物，越来越少地食用商业化预制程度较低的食物。食物预制时间成本降低理论还表明，这对那些自控能力比较弱的人产生了特别大的影响，因为他们很容易快速获得食物。因此，如果有一小部分人存在自控力薄弱的问题，那我们观察到的应该不仅是肥胖现象上升，还应看到一些极度肥胖的人确实难以抵挡便利地获得食物的吸引，而这正是我们实际看到的模式。

再次强调，所有这些都不能确切无疑地证明新的食品预制技术是导致肥胖问题的唯一原因。还有其他许多相互关联的因素，其中一些因素本身也很重要。不过我确实认为，总体而言，现有证据已经非常有力地证明食品预制技术的新发展是导致肥胖率上升的重要因素之一，它是许多其他因素的基础，导致了更严重的肥胖现象。

现在，让我们转而讨论公共政策和肥胖问题。谈到为什么应努力通过公共政策降低医疗费用的问题，人们经常提出的一个观点是，所有人最终都会通过医疗保险承担肥胖问题的医疗代价。换言之，由于大多数人都是通过某个团体参加的医疗保险，包括通过雇主或某个公共团体参保，或是作为某个群体的一员参保。如果我们所属群体中某个子群体（如肥胖者）的医疗成本系统性地偏高，那么从某种意义上说，该群体中的其他人全都在补贴这个特定的子群体。

这种观点听起来很有道理，但这可能是一个误导性的观点，其原因如下：对劳动力市场和保险的研究表明，肥胖者的工资系统低于具有相同教育水平和经验的非肥胖者。这就是我们在前文中谈到过的歧视。两位经济学家，斯坦福大学的杰伊·巴塔查里亚（Jay Bhattacharya）和南加州大学的尼拉杰·苏德（Neeraj Sood）曾认真研究了这一众所周知的效应。他们发现，这种对肥胖者的工资偏见实际上只存在于为员工提供医疗保险的公司中。

这无疑是一项非常了不起的发现。它表明，考虑到工资和医疗费用方面存在的偏见，肥胖者最终会为自己的医疗成本买单。其具体表现形式是，如果雇主为员工提供医疗保险，他们会付给肥胖者较低的工资。此外，我们之前已经指出，肥胖问题导致的主要代价在于肥胖者自身的健康，以及他们较短的预期寿命，这是肥胖者个人付出的代价。事实上，尽管这么说多多少少地令人不适，但你甚至可以说，肥胖者为其他人带来了经济利益。例如，因为肥胖者较为短寿，这意味着他们领取的社会保障金和其他养老金福利较少。高肥胖率还意味着医学界对心脏病等疾病开展了大量研究，而患上心脏病的非肥胖人群也可以从这些研究成果中受益。

如果不存在肥胖问题，这些研究可能不会以同样的力度推进。这就提出了一个问题，我认为这是一个真正难以回答的问题，那就是：肥胖问题到底是一个主要由个人、家庭和医生负责的问题，与其他任何人无关，还是一种更复杂的情况？很多超重的人其实很希望减掉一些体重，但他们很难做到这一点。如果这是真的，政府也许能发挥一定作用，帮助那些人完成他们真正想要实现的目标，即使他们因为缺乏自制力或自控能力而无法轻松地做到这一点。

有一个常见的现象可以说明这一点，那就是吸烟行为。很多烟民表示他们想戒烟。事实上，他们会花钱加入戒烟项目和购买戒烟产品来帮助自己戒烟，但仍然难以摆脱香烟的诱惑。你可能会说，政府征收香烟税是帮助人们戒烟的一种方式。当然，这并不适用于每个人，而且也许不是每个人都想戒烟，但你可以争辩说，对于那些确实想戒烟的人来说，香烟税有助于推动他们走上戒烟的道路。

为了便于讨论，让我们假设一些政府政策能够有效帮助那些超重的人做出他们仅凭自己的力量难以做出的选择。除了价格，还可以使用什么样的政策呢？好吧，你可以把公共教育和说服看作一种政策，有时我们将其称为"舆论高地"（bully pulpit）①，正如前第一夫人米歇尔·奥巴马不遗余力所做的那样。你大声呼吁人们养成良好的健康饮食习惯。这样做可能会有一些好的效果，并且肯定不太可能造成任何

---

① 直译为"霸王讲坛"，是西奥多·罗斯福总统创造的一个说法，原指白宫，现成为一个政治俚语，指身处高位的人发表言论或是提出某项倡议必定会吸引人们的广泛关注，即占据了近水楼台先得月的"舆论高地"。——译者注

伤害。

你可以给食物贴上标签，这样人们就可以看到其含有多少热量和维生素，这样做可能会有一些好的效果，同样也不太可能造成任何伤害。但值得注意的是，美国政府在食品方面给出建议的历史记录并不是那么好。从历史上看，美国政府的食品建议往往倾向于鼓励消费政府补贴的东西，比如小麦、奶制品和肉类，而对蔬菜或豆类的重视程度要低得多。

除了教育，下一步可能要考虑人们面临的选择。例如，学校和工作场所中的就餐环境相当易于调整。例如，你可以想象一下学校里的自动饮料售卖机，如果里面全部或几乎全部都是低热量或零热量汽水、低热量柠檬水，那么人们就不会整天喝高热量的饮料了。

如果办公场所或学校有零食售卖机，那么里面摆放一些葡萄干、苹果，而不是全部摆着糖果制品又会怎么样？再下一步的方法可以稍微强硬一点。如果对快餐征税会怎么样？这里会面临一些重要的问题，需要对什么是快餐、什么不是，什么是零食、什么不是进行分类，而对于试图认真这么做的州来说，这一切有可能变得非常政治化。这里还可能面临一些真正困难的权衡取舍。例如，对于许多低收入家庭来说，他们的孩子吃的大部分肉类都来自快餐店，这是一个事实。

如果对快餐征税，那么某些低收入家庭儿童的贫血率有可能会上升。必须记住，如果对快餐或零食征税，那么我们并不知道取代这些食品的是不是健康的家常饭菜。它们的替代品可能是微波炉加热的咖啡蛋糕或冷冻比萨。我们必须记住的是，单纯对某一种食物征税，并不意味着下一种选择会更健康或者更好。人们的食物选择并不是那么简单。最终，所有关于减肥的政策选择都面临着一个棘手的问题。市场经济中不乏减肥计划和减肥团体试图鼓励人们减肥，但如果人们愿意为减肥付钱，却没能减下来，那么有什么理由认为在这里或那里多加一点税就会带来实质性的改变呢？

普通人到底应该遵循什么样的减肥计划？现在的标准建议是通过饮食和锻炼来减肥，但实际上，直到20世纪90年代，标准的建议还只包括饮食。锻炼确实有益心血管健康和增加骨密度等等，但在对抗肥胖方面，锻炼和饮食真的不是各占一半的选择。其原因很简单，假设我开始骑健身自行车，并且开始努力锻炼，至少骑了半个小时。刻度盘上的小数字告诉我，我已经燃烧了150~200卡路里热量。但是，如果我出去买了一块松饼，或是一大杯果汁饮料，或是在离开健身房后去了一趟快餐店，那么我可以轻而易举地摄取足够的热量来抵消我刚刚燃烧掉的热量。或者，在下一餐中，因为我锻炼了，所以感到非常饥饿，于是我把吃更大一份食物，或是吃更多的甜点作为对自己锻炼的奖励。

从计算热量的角度来看，运动的效果非常容易便可被快速抵消。这里唯一的好消息是，这种不平衡也可以反过来起作用。只要你能做到不在午餐时吃炸薯条，或者早餐时不吃大松饼或是喝含糖量高的奶油咖啡饮料，如果你能不再喝含糖汽水，那每天就可以减少150卡路里的多余热量摄入，从而逐渐减肥。

问题是，我们中的许多人希望节食是只需要每天做一次的事情。比如说，吃一片药、吃一种食物、在健身房待半个小时，然后我们就可以继续随心所欲，不用再担心发胖。然而，食物的摄入和消耗过程并不是这样运作的。它需要一个稳定而持续的过程，至少要以温和的方式重新定义你与食物的关系。近年来我看到的最明智的饮食建议来自纽约大学社会学教授玛丽昂·内斯特尔（Marion Nestle），她经常撰写有关食物和政治的文章。她对饮食的基本建议是：少吃、多运动、多吃水果和蔬菜，不要吃太多垃圾食品，享受生活！

思考问题 1. 就你个人而言,如果要调整生活方式以减少热量摄入量(例如每天减少 150 卡路里热量),最简单的方法是什么?

2. 肥胖问题单纯是个人和医生之间的事,还是我们应该认真地制定公共政策,以减少肥胖问题?

第二十一讲
自然灾害经济学

随着地球人口密度不断加大,目前飓风、海啸和地震等自然灾害所造成的经济损失比历史上任何时候都大。通过经济学分析,我们可以获得许多经验教训,了解为什么自然灾害会呈现上升趋势,以及如何在灾难发生前后采取行动,以减少自然灾害造成的损失。

自然灾害经济学的发展始于如下认识：尽管自然事件不受人类控制，但人类做出的经济决策可能改变这些事件对人类的影响，使结果变得更糟或更好。这种认识早期的经典表述出现在1755年里斯本大地震之后。

1755年，一场大地震袭击了里斯本。里斯本作为葡萄牙的首都和最大城市，在当时也是欧洲最大的城市之一。大地震的震中位于大西洋，距海岸约100英里。根据目前的估计，地震震级约为里氏9级。（务必记住，里氏震级基于对数运算，每一级都是上一级强度的10倍。）

1989年加州大地震（洛马普里塔地震）发生时，我正住在加州北部。那场地震的震级大约是里氏7级。当时，你可以感觉到脚下的地面在翻滚。是那场地震强度100倍的9级地震无疑是一场噩梦。据说在里斯本地震发生时，里斯本市中心出现了宽度达15英尺的裂缝。大量海水都从港口汹涌而出，随后又以海啸的形式席卷整个城市。当时里斯本的人口大约为30万人，其中约五分之一当场死亡，没有人真正知道最终的伤亡人数。

地震发生后，法国作家兼哲学家伏尔泰曾写下一首哀歌。当然，作为伏尔泰的作品，它必须蕴含一个哲学主题。现在已经很少有人读伏尔泰的作品，但大多数人都记得他短篇小说《老实人》中的名言。那部小说中有一个名叫邦葛罗斯的人物，总是坚称这个世间的一切都是尽善尽美的，哪怕发生了可怕的事情。由此出现了一个形容词"邦葛罗斯式"（Panglossian），其含义是愚蠢得不可思议的盲目乐观主义。小说的主人公是一个俗名"老实人"的年轻人，因为其自身经历，他并不相信邦葛罗斯的说法，他的座右铭是"我们必须耕耘自己的花园"。所以，你可以想象伏尔泰会怎么看待里斯本大地震。我们生活在一个尽善尽美的世界里？！呵呵！这场可怕的悲剧证明了我的哲学理念一直以来是多么正确。让我来写一首哀歌吧。我要坦率承认，这首诗的原文本就不算出彩，其英文翻译也没有为其增色多少。不过，诗的结尾这样写道：

他们犯了什么罪，造了什么孽，
那些被抱在母亲胸前，
淌血的婴孩？
难道坍塌的里斯本，更深地陷于恶行，
超过了伦敦、巴黎或阳光明媚的马德里？
在那里，人们正在疯狂舞蹈；
里斯本，则被深渊吞没。

伏尔泰想要表达的是，发生的一切只是可怕的自然灾害。这就是人类的生存现状，没有人能对此做些什么。这正是我们所有人的生活。

伏尔泰的诗引来了让-雅克·卢梭的回应。卢梭在现代最著名的作品可能是其政治哲学著作《社会契约论》和《不平等论》，但他同时还是一位小说家和散文家。在此，我想摘录卢梭 1756 年 8 月 18 日写给伏尔泰的信中的一段话：

你并没有给我期待中的安慰，而只是让我感到烦恼。可以说，你可能担心我无法充分地感受到自己有多么不幸，所以试图通过证明一切确实很糟糕来安慰我。例如，回到你谈论的里斯本话题，承认并不是大自然在那里建造了两万栋高达六七层楼的房屋，或是假如这座大城市的居民分布得更均匀，住房建得更轻巧，那么损失就会小得多，甚至也许根本不会出现重大的损失。

卢梭所阐述的，其实是一个更宏大的观点，那就是：灾难并不仅仅是宇宙中的偶然事件，它们的发生是人类与自然互动的结果之一。里斯本大地震之所以造成如此严重的后果，是因为人类在那里建造了密集的住房。如果地震发生在其他地方，就不会造成如此大的破坏。现在，让我们快进到一个现代的例子，这个例子也能说明类似的问题，那就是 2010 年初分别发生在海地和智利的两场地震。

2010 年 1 月，海地发生了一场毁灭性的大地震。这场大地震震级为里氏 7.3 级，震中位于首都太子港附近。地震造成 20 万人丧生，另有数十万人被困，生活受到了不同程度的影响。整座城市被毁，看起来可能需要几年甚至几十年才能完全重建。仅仅一个月后的 2010 年 2 月，智利也发生了一场大地震，震级为里氏 8.8 级。还记得吧，震级是对数运算，所以这是一次强度大了很多的地震。不过，这次地震的震中并不在大城市，而是在圣地亚哥几百英里之外的地方。地震造成的死亡人数只有几百人，而不是几十万人。需要说明的是，智利大地震造成了大量物质损失。数十万人被困，道路和桥梁等设施都遭到了毁坏，但智利似乎在最基本的层面上还能够勉力应对灾难。为什么会出现这样的不同？

无疑，海地和智利的情况存在诸多不同之处，但对于这两场地震而言，最重要的因素与经济有关，或者说，在某种程度上与政府治理有关。直白地说,智利是一个经济正常运转的国家,有一个相当称职的政府,而海地则不然。一个名为"透明国际"(Transparency International)的组织针对各国的腐败程度进行评估,海地在世界所有国家的排名中接近垫底。

智利当然并不是排在第一位,但由于其不存在严重的腐败现象,它排在第25位,这是一个相当值得尊敬的排名。智利制定了建筑法规,有经济能力以更高的标准建造更好的建筑物。它也拥有一个可以有力执行建设法规的政府。在海地,甚至早在2008年就发生过一起学校建筑倒塌的事件,并造成了近百人死亡。事实证明,那里的承包商基本上只是将混凝土砖块层层平铺,而没有真正使用砂浆将它们连接在一起,因此在某个时刻,整座建筑倾覆几乎不可避免。

因为贫困和糟糕的治理而指责海地似乎并不公平。毕竟,海地人民已经遭逢大难,受害者不应该再遭到指责。海地确实已经有几百年没有发生过大地震了,所以它没有做好充分准备也情有可原。同时,海地首都的地质特别松软,这意味着地震的波及范围会更广,因为地震会使得土壤变形更厉害,造成的破坏也更大。我首先承认,一些国家从历史发展到气候条件都比另一些国家更占优势。不过,智利也并非一直是一个经济发达的国家。事实上,在20世纪70年代和80年代的大部分时间里,智利一直处于军事独裁统治之下。

我想强调的是,这两个国家发生地震后状况不同,不仅仅是因为地震强度或震中位置不同,还与这两个国家本身的经济情况及政府有关。毕竟,国际援助机构在灾难发生后能做的事情非常有限。因此,由于智利已经建立了一套运行良好的经济、政治和法律制度,它在面临自然灾害,甚至更严重的地震袭击时能够做出更好的应对。

对于研究自然灾害影响问题的现代经济学家来说,一个关键的出发点便是,尽管灾害本身属于自然界中发生的事件,但其对人类的影响则是一个趋势和政策问题,其中有很大的经济成分。具体来说,任何自然灾害对人类的影响都可以看作是三个要素的组合。

第一个要素是自然灾害事件本身，即地震、海啸、飓风或旱灾的规模。在此，我不会抽象地谈论自然灾害发生的频率，但我至少希望指出，我们没有理由认为随着时间的推移大型自然灾害发生的可能性会降低。

第二个要素是受灾的人数。此处已经涉及了经济因素。随着时间的推移，世界总人口一直在持续增长。你经常会看到，风暴和海啸等自然灾害特别容易袭击沿海城市。事实上，世界人口增长的大部分恰恰出现在更容易受到灾害影响的地区，尤其是亚洲。这些地区要么是沿海地区，要么位于可能发生地震的板块之上，或者两者兼而有之。

第三个要素是人口的脆弱性。在这里，人口面对自然灾害的脆弱性是一个有意泛指的术语。这个术语本来是指人们是否依赖本地农业获取食物和收入，如果事实如此，那么一旦发生旱灾，将会给本地居民带来特别巨大的损失。不过这个术语或许也可以反映人们是否住在海岸线附近的高层建筑中，或者是否生活在一个有建筑规范和逃生路线，以及有能力开展灾难救援的国家。

如果你生活在干旱地区，以农业为生，那么一旦发生旱灾，你将非常容易被可能出现的后果所影响。因此，整个社会是否有能力通过政府、社区、非营利组织做出反应，以及其在面对灾难时的脆弱性，都是上述脆弱性概念的一部分。现在，正如你可能已经猜到的那样，让我们回过头来看一些有关自然灾害趋势和成本的数据，这些数据是研究自然灾害的经济学家和其他科学家希望获得的。我想首先简单描述一下这些数据，然后再讨论可以如何通过政策来应对自然灾害。

有关自然灾害数量的一个标准数据来源是紧急灾难数据库（Emergency Events Database），它由比利时鲁汶大学的灾害流行病学研究中心负责维护。如果你感兴趣，可以在网上查看它。这个数据库中收录了地震、洪水、风暴、干旱等多种形式的自然灾害。

它将灾难定义为至少符合以下标准之一的事件：报告有 10 人或以上人口死亡；报告有 100 人或以上人口受到影响、受伤和 / 或无家可归；政府宣布进入紧急状态或请求国际援助。显然，这个标准在许多方面都不完善。它强调了有多少人被报告死亡或受伤，而在一些国家，报告的数字可能比实际伤亡人数少很多。毕竟，不同时间和不同地点所报告的数字并不是按照统一的标准。不过，在此需要记住的关键事实是，自然灾害不能仅仅被定义为只与自然相关的事件。就自然灾害经济学研究而言，这些数据在定义自然灾害时强调了其对人类的伤害，同时数据显示了过去几十年出现的一些有趣模式。

例如，随着时间的推移，自然灾害的数量呈上升趋势。在 20 世纪 70 年代末，该数据库中每年会收录 100~150 起自然灾害。到 2010 年，平均年收录数量已经达到了 400~450 起自然灾害。我想再次强调，这并不意味着实际上一定发生了更多的自然灾害。请记住，该数据库收录的自然灾害是根据其对人类的影响来定义的。因此，由于世界人口不断增长，居住在海岸附近的人口数量也在不断增长，从而导致遭受飓风灾害的人口增多，而环太平洋地区人口数量的增长也使得更多人暴露在地震和海啸灾害面前。随着时间的推移，你会看到自然灾害数量不断增长。

第二组事实是有关灾害导致的死亡人数的。自然灾害造成的死亡人数每年都极不稳定。比如，在非洲或亚洲发生严重旱灾的年份，或者在 2004 年，由于印度洋海啸袭击了东南亚各国，一年中因自然灾害死亡的人数可能高达 20 万，甚至 30 万。在世界幸运地没有发生此类特大灾难的年份，当年的死亡人数可能只有 1 万或 2 万。但是，尽管每年因自然灾害死亡的人数波动很大，但总体数据呈现了下降趋势。20 世纪 70 年代末，自然灾害造成的死亡人数每年平均达到 10 万至 15 万，随着时间的推移，除了在几个特殊年份出现大幅上升，自然灾害造成的年平均死亡人数逐步下降。在 2005 年至 2010 年，每年因自然灾害死亡的人数平均差不多为 5 万。

有意思的一点是，媒体并未一视同仁地报道所有自然灾害致死事件。例如，地震显然是媒体报道的一个热门话题，而旱灾则不是。一项研究发现，在其他因素（例如灾害发生的地区等）保持不变的情况下，每一个在地震中死亡的人所得到的媒体报道相当于超过 1.9 万个死于粮食短缺的人所得到的媒体报道。因此，我们看到了更多有关自然灾害的媒体报道，但同时，平均而言其导致的死亡人数却较低。这种情况表明，人类在应对自然灾害的某些方面做得不错。在后面，我们将具体讨论人类可能做得不错的都有哪些方面。

第三组事实涉及受灾总人数。这个数字在不同年份也并不稳定，但在某种程度上，它似乎随着时间的推移而不断上升。在 20 世纪 70 年代后期，每年有不到 1 亿人遭受自然灾害的影响。到 21 世纪的头十年，每年的受灾人数基本上为 3 亿。旱灾、风暴或海啸往往是造成死亡最多的灾害，而洪水往往是造成受灾人数最多的自然灾害。

最后一组衡量自然灾害的数据是其所造成的财产损失。在过去的几十年里，财产损失通常在每年 500 亿到 1000 亿美元之间。在一个非常糟糕的年份，自然灾害造成的财产损失可能会高达 2000 亿美元。显然，自然灾害造成的其他经济损失也很大，但那些损失很难衡量。例如，设想发生了一场地震、一场洪水或一场飓风，随之而来的是大量的救援物资，然后进入重建阶段。看起来受灾地区的经济活动激增，但如果因为必须进行灾后重建，就认为自然灾害使当地受益，这显然是错误的。

经济学家有时将这称为"破窗谬误"（broken-window fallacy）。如果我打破了一扇窗户，我是否确实是为那些制造玻璃和安装新窗户的人创造了就业机会，从而使经济受益？答案显然是否定的。如果你首先摧毁价值，然后再把它买回来，那你最终并没有创造更多价值。

要弄清楚一个经济体在自然灾害后是真的变得更好了，还是只不过是灾后重建的破窗效应，可能并不那么简单。现在，我想谈谈应对自然灾害的措施，它们大致可以分为两类，即准备措施和应对措施。下面先来讨论准备措施。

为避免风暴、洪水、海啸等自然灾害造成的破坏，显然需要采取的准备措施包括向人们发出警告并疏散民众。现在这样做比几十年前容易得多。气象卫星技术已经取得了重大突破，因此可以实时监测正在发生的灾害；同时通信技术也大幅度改进，因此可以更轻松地联系上人们。预警和疏散虽然非常必要，但只有它是远远不够的。一个典型例子就是2005年8月卡特里娜飓风袭击新奥尔良的事件。

在风暴袭来前，70%~80%的新奥尔良居民已经疏散，但那显然仍是一场可怕的灾难，洪水四处泛滥，导致将近2000人死亡。如果大量人员没有被疏散，情况可能会更糟。但对我们来说，关键的问题是，疏散行为能不能做得更好？答案无疑是肯定的，但让最后剩下的10%或20%的人离开家园总是很难。那10%或20%的人口往往是资源最少、可去之处最少的人。令人欣慰的是，就在卡特里娜飓风后一个月，即2005年9月，当飓风丽塔逼近休斯敦时，当地政府应对得更好。得克萨斯州从休斯敦地区疏散了300余万人。政府的做法之一是想尽一切办法让人们离开。他们派出公共汽车，同时确保让每个人都有地方可去。对于低收入国家而言，面对自然灾害进行疏散又会发生什么？那些国家显然同样可以成功地组织疏散。关键是必须提前制定预案。

例如，2007年11月，风暴锡德袭击了孟加拉国。这是一场巨大的风暴，但人们提前6天便得到了预警，同时孟加拉国已经制订计划，并征召了4万名志愿者严阵以待。政府发出了一系列警告，将大约300万人从家中疏散，并为150万人提供了庇护空间。最终，飓风仍然造成3000多人死亡，并造成极高的财产损失，但这个伤亡数字与没有预警系统的情况相比显然已经低了很多。作为对比，2004年12月，巨大的海啸袭击了印度洋，共造成近25万人死亡，这是一个非常典型的例子，说明在没有充分预警的情况下可能发生什么。

理论上，我们有一套针对海啸的预警系统，但在当时，这个系统还不能很好地覆盖该地区，因此受灾地区的人们没有得到充分预警。自此之后，该系统得到了相当大的加强，人们希望在下一次同样规模的海啸袭来之前能够及时疏散民众。总体而言，与自然灾害带来的代价相比，制定气候和灾难预案的成本实在是太低了。事实上，即使不发生自然灾害，事先制定此类预案也是值得的，因为出于各种原因，人们需要了解天气信息，同时自然灾害预案还可以被用来应对其他各种问题，如工业事故、桥梁倒塌事故、重大交通事故，以及船只或飞机失事等。针对自然灾害事件进行事先准备在很多情况下都非常有用。

另一种可以减轻自然灾害损失的准备措施是制定建筑规范。这种方法甚至适用于无法做出太多预警的自然灾害，例如有些地震。制定建筑规范已经有悠久的历史。例如，公元前1750年，古代美索不达米亚的《汉谟拉比法典》就包括建筑规范。显然，当自然灾害发生时，这些规范可以发挥巨大作用。海地的大地震之所以造成了比智利地震严重得多的破坏，原因之一就是智利制定了真正有效的建筑规范，从而大大降低了建筑物在地震中的倒塌现象。然而，建筑规范面临着一个巨大问题，尤其是在低收入国家，那就是规范的执行问题。地震过后，私营部门的建筑物似乎往往屹立不倒，而公共部门的建筑物，由于在承包过程中更容易孳生腐败现象，因此会大规模倒塌。

这种现象已经存在了很久。例如，在1906年旧金山大地震中，许多大型私营建筑幸存了下来，而市政厅则倒塌了。在没有建筑施工监理人员的低收入国家，如何制定建筑规范？一个可行的模式出现在2005年10月巴基斯坦大地震后。在那场灾难过后，人们决心必须做出一些改变。

巴基斯坦大地震造成了7万多人死亡，另有350万人流离失所。大约有50万或更多家庭可能需要重建。虽然巴基斯坦当时有建筑法规，但实际上，由于巴基斯坦政府基本上难以正常运作，因而无法在全国范围内派出一批公正的建筑检查员。政府对这一点心知肚明，所以采用了一条不同的路线。在接下来的3年里，他们为30万人开设了教授抗震建筑技术的课程。这些课程的基本内容包括：提示采用重量较轻的天花板和屋顶，这样当它们砸落时，就不太可能伤人；要求使用混凝土块，这样其在地震中会碎裂而不是塌陷。他们还向公众介绍什么是好的建筑材料、什么是不好的。后来的一项调查发现，在地震后建造的40万所房屋中，约90%达到了合理的安全标准，当然，仍有10%的房屋，即4万所房屋没有达到标准，这显然不能算是一件好事，但仍然远远好于本来可能出现的情况。

应对自然灾害的最后一项准备工作是重视自然缓冲区。易受风暴和洪水侵袭的地区往往存在天然沼泽、溪流、池塘和湿地，这些地方可能会被填上并被用于开发目的。一旦被填上，它们就无法再遏制洪水，或是在极端天气情况下为城市提供缓冲。滥砍滥伐是另一个大问题，尤其是在低收入国家。砍伐树木的原因有很多，比如烧木取炭、砍伐木材作为建筑材料，或是开辟牧场以供放牧。在海地，由于山坡上的森林遭到砍伐，地震发生后发生了更严重的泥石流，造成了更大的破坏。事实上，观察海地所在的岛屿，你会发现海地位于岛的一侧，多米尼加共和国在岛的另一侧。在海地一侧的山坡上，森林被砍伐殆尽，而在多米尼加共和国一侧的山坡上，则长满了绿色植物。

砍伐森林和破坏自然缓冲带会加重干旱情况，还会使洪水更加严重，并在发生地震时出现山体滑坡。无论是从环境角度还是从经济角度出发，保护湿地和停止砍伐森林都十分必要，防治自然灾害只是理由之一。显然，针对自然灾害做好准备十分必要。不过，当灾难真的来临时，人们仍然需要予以应对，并在灾后进行重建。因此，针对自然灾害进行的准备应包括灾难袭来时的应急计划。

应对自然灾害可以通过国家一级的保险计划或国际援助来实现。对于经济学家来说，在考虑灾后重建时，会自动想到保险。我的意思是，毕竟，保险不正是一种应对风险的方式吗？但这样想会带来问题。例如，面对每50年或100年一遇的可怕风暴，人们可能不愿意支付长达几十年的保险费用，以便在50年或100年后，仅仅可能发生的自然灾害真的袭来时，他们能够获得保障。保险公司将处于一个尴尬的境地：收取多年保险费，并积累巨额储备金，然后每50年或100年才支付一次。

这种商业模式无论从经济角度还是从政治角度看，都不能算是一种行之有效的模式。事实上，人们确实经常会面临购买保险的压力。例如，在美国，银行在发放抵押贷款时通常要求必须购买房屋保险。否则，很多人可能根本不会购买房屋保险。此外，私人市场并不提供针对最严重自然灾害的保险。美国自20世纪60年代以来就设立了国家洪水保险计划，提供政府支持的洪灾保险。

如果你居住在一个被认定为存在洪水风险的地区，政府实际上会出资提供洪水保险。多年来，该保险作为一个自负盈亏的机制运作得相当好，收取相应保险费，并在发生洪水时提供损失赔偿。不过，当2005年卡特里娜飓风来袭时，该计划的资产负债表上出现了一个巨大的窟窿。即使是政府支持的保险计划也无法保障规模如此巨大的灾难。我们可以鼓励私人提供类似的保险，但在有些时候，政府可能需要介入，在自然灾害发生时提供最终的保险。最近提出的一项有趣的创新被称为"加勒比地区巨灾保险基金"（Caribbean Catastrophe Risk Insurance Facility）。基本上，这个保险基金中既有来自援助机构的资金，也有来自16个不同国家的付款。现在，基金本身规模并不很大，例如，海地在发生地震后从基金中获得了700万美元。小国可以通过这种方式直接针对自然灾害购买保险。另一种国家保险方法被称为"巨灾债券"（catastrophe bond）。

要理解这种债券的运作方式，不妨先来看一下标准的公司债券，即一家公司出售的债券。公司通过发行债券得到了一笔钱，用这些钱来建造工厂或进行类似投资，向购买债券的人支付利息，并按照约定最终偿还本金。巨灾债券与公司债券略有不同。它是由一个国家出售债券，但这个国家实际上并不会立即得到任何钱。相反，它会得到一个承诺：如果发生灾难，它将得到一笔钱。与此同时，该国向投资者支付利息。如果不发生灾难，该国只需支付利息，什么也不会发生。当然，保险也是这样运作的。但是，一旦发生灾难，该国就会迅速获得一笔可用资金。人们还设计了其他机制，比如发行与天气挂钩的债券：如果风调雨顺，农作物丰收，你便需要偿还债券；如果发生了洪灾，也许你不需要全额偿还债券。目前，人们已经针对这些工具进行了一系列试验。

灾难发生后，国际援助也可发挥重要的作用，不过这同样存在一些不足。从历史上看，美国政府是世界各国最大的灾难援助来源。不过，欧盟国家作为一个整体提供的援助更多。快速提供援助往往至关重要，但这样做存在一定困难。瑞典斯德哥尔摩大学的经济学家戴维·斯特龙伯格（David Stromberg）曾经以2001年发生的四场洪水为例，分析了国际援助问题。

其中之一是发生在波兰的一场洪水，造成了30人死亡，1.5万人受灾。灾区获得了1500万美元的国际援助。第二场洪水发生在巴西，造成50人死亡，2000人受灾。这一次灾区获得的国际援助不是1500万美元，而是23万美元。同一年，安哥拉发生了一场洪水，造成50人死亡，4万人受灾，灾区获得了7.5万美元的国际援助。第四场洪水发生在泰国，造成100人死亡，45万人受灾，而此次灾区只获得了2.5万美元的国际援助。斯特龙伯格以及其他人指出，国际援助通常是根据捐助国和受援国之间关系的密切程度来提供的,这种密切程度则会通过地理位置、殖民关系、共同语言以及这些国家人民长期以来的关系来衡量。此外,灾难发生后,外界援助的数额也与媒体报道、是否有感人的故事、是否引发国际关注有关。一项研究发现,如果灾难发生在世界媒体已经十分忙碌的时候,比如奥运会期间,那么其获得的国际援助金额往往会较少。

预测未来的灾难不是我的专长,但我可以肯定,世界人口将持续增长,并持续在自然环境脆弱的地区聚居。如今,全球一半人口生活在城市——高于 1950 年的 30%——而贫穷国家中大多数大型和快速发展的城市,尚未能提供充分的公共服务,包括灾难预防或在灾难袭来后做出应对。我也知道,人类无法阻止旱灾、洪水、地震、飓风、热带气旋、龙卷风、海啸以及大自然可能给我们带来的所有其他灾难。

然而,面对自然灾害对人类生命和财产造成的损害,我们不能仅仅听天由命。在许多方面,任何自然灾害最终造成的破坏都将受到一系列经济问题的巨大影响,而这些经济问题又涉及做出适当的社会投资,以便能够针对灾害提前规划和做好快速响应准备。

思考问题　1. 你认为有哪些最大的障碍，阻碍人类在自然灾害发生前更好地做出准备？

2. 请列出未来 100 年内可能发生的一些自然灾害，例如大风暴、干旱、地震、海啸、火山爆发等。降低这些灾害对人类社会的破坏有什么价值？

第二十二讲
体育经济学——
报酬、表现、锦标赛

体育运动涉及了竞争，同时，虽然运动员往往会以某种方式获得报酬，但比赛本身无关市场买卖。尽管如此，体育经济学仍然应运而生，它源于这样一个观点：个人和团队都是在有目的地做出行动，以推进赢得比赛的目标。运动团体和运动员的行为可以提供很好的例子，用以阐述劳动力市场中的歧视和风险情况下的战略行为等经济学问题。

体育运动涉及了竞争，无论是在田径场上、游泳池中，还是在积雪的山坡上。同时，虽然运动员往往会以某种方式获得报酬，但体育比赛本身无关市场买卖。事实上，从关注社会整体经济产出的狭隘经济学角度来看，体育产业并不那么重要。这听起来可能违反直觉。毕竟，我们不是总能听到某位运动员获得了数百万美元的报酬，也总能看到体育场里挤满了欢呼的观众吗？而且，电视上似乎经常会有一半频道都在播放体育节目。

例如，早在2004年，美国国家橄榄球联盟（NFL）就宣布与福克斯和哥伦比亚广播公司续签80亿美元的合同，在6年中转播周日下午的比赛。美国国家橄榄球联盟还与ESPN（一家全球领先的体育媒体品牌）和其他平台签订了合同，称此类合同等同于门票，即让观众可以随时观看任何比赛。所有这些相加，每年仅职业橄榄球的电视转播权的价值就高达数十亿美元，这听起来确实很多。再举一个例子，2010年，美国全国大学体育协会（NCAA）签订了一份为期11年、价值140亿美元的合同，相当于每年12.5亿美元。这样的金额如果出现在我的个人支票账户中，无疑是一大笔钱，但从整体经济的角度来看，它真的没有多重要。

为了更好地理解这些数字的含义，我们可以做个比较。2009年和2010年，宝洁公司（可能是世界上最大的广告主）在全球的广告支出达到80亿美元。这个数字相当于整个国家橄榄球联盟合同、整个NCAA篮球联赛合同外加其他一些体育合同的总金额。因此，从经济学角度来看，所有这些体育赛事的价值比一家公司在产品广告上投入的钱还少。在2007年底经济衰退爆发之前，美国广告业的总收入约为每年2000亿美元。自那以后，这一数字略有下降，但广告和广告业的经济价值远高于体育产业，这一点目前仍然是事实。根据美国政府的统计数据，如果把美国所有的观赏性体育赛事，从篮球、足球、棒球、曲棍球到赛车、赛马，把它们的广告收入加在一起，每年约为350亿美元。

当前的美国经济总规模大约为15万亿美元。因此，我们现在谈论的体育产业在更大的整体经济图景中并不是多么重要的一个组成部分。观赏性体育产业仅仅占了美国整体经济规模的千分之几。在体育业产值呈现巨大波动的时候，其价值反映在整体经济统计中，可能也只是一个可以忽略不计的微小变化。体育产业及其经济影响凸显的另一个时候，是一个城市建造体育场时，你会听到很多关于体育场将如何振兴城市中心地区并引来大量商业的讨论，以及诸如此类的言论。而且无疑存在一些例子，即某一个新的体育场建成几年来，似乎确实吸引了很多人。

但长期而言，环顾体育场和周围的社区，你会发现它们通常不是很繁荣的地区。事实上，体育场可以成为城市整体生活的一部分。它可以是一个独特的景点，但就以总收入衡量的经济效应而言，体育场可能与市中心的一家大型百货公司差不多。显然，一家大型百货公司倒闭也会对市中心地区造成影响，但没有人会指望一家百货公司能振兴一座城市的经济。那么，为什么要关注体育产业对经济的影响，而不是其他与之规模相当的微小行业呢？部分原因是我们生活在一个对体育运动极其狂热的世界中，经济学家也是这个世界的一分子，所以经济学家对体育业的关注确实高于对户外家具制造业或临时办公服务业的关注。

此外，体育业的一些独特之处也吸引了经济学家开展研究。对于许多更重要的经济组织，比如大型广告公司，很难获得它们的某些重要业务细节，比如人们从事的具体工作、每个人在工作中的表现、每个人的工资、组织采用的策略以及其他对经济决策至关重要的情况。但在体育业组织中，我们对其成员的报酬、他们面对的激励措施以及他们何时就薪酬重新谈判知之甚多。我们可以非常仔细地衡量其表现，并详细讨论组织使用的策略。因此，经济学家通常可以通过观察体育赛事的运作，见微知著地分析薪酬和策略等更普遍的问题。

基础经济学理论认为，人们的工资应该与他们生产出的商品挂钩。这个逻辑很简单。如果你付给工人的薪资高于他们的产出，那么你的公司迟早会破产。如果你付给工人的薪资低于他们的产出，那么其他雇主就会向这些员工提供更高的报酬来挖走他们，因此他们的工资水平会逐渐上涨。

当然，这种关系并不精确。很容易就能想到一些例外情况，在这些例外情况中，薪资与产出的关联并不那么明显。例如，在体育界，如果大学必须竞相争取顶级大学生运动员，那么最优秀的运动员无疑应获得更高的报酬。然而，顶尖大学生运动员有点像很久以前被困在某个矿山小镇的煤矿工人，他们的薪水并没有那么高。职业运动员在获得自由球员权利后赚得更多也并不令人震惊。体育经济学研究已经发现了许多例子，表明"工人"的薪酬并没有完全反映他们的生产力。

才华横溢的作家兼记者迈克尔·刘易斯（Michael Lewis）写过一本以此为主题的书，如果你是一位棒球迷，我强烈推荐你读一下这本书。刘易斯在书中回答了上面的问题。奥克兰运动家棒球队在20世纪90年代末和刚迈进21世纪的前几年里，似乎一直是棒球界薪水最低的球队之一，但它似乎也同样总是能赢得很多场比赛，要么能够进入季后赛，要么接近季后赛的边缘。它是怎么做到这一点的呢？换句话说，它是如何找到一群被棒球市场认为不值很多钱，但上场后却表现得相当不错的球员？

为了做到这一点，球队会分析一位棒球运动员的价值体现在哪些方面。显然，这包括很多因素，如击球、跑垒、接球和投球等，但运动家队化繁为简得出了一些经验，我们可以举例来说明如果关注安打和本垒打，就会忽略击球统计数据中非常重要的东西。如果你获得"四坏球"，就能保送上一垒。保送上垒意味着两件事：其一是得到一个跑垒，这和打出安打一样好；其二是迫使击球员必须小心地不击出坏球，这样将使得投手被迫更多投球，从而使其很可能在比赛的早期就筋疲力尽。

因此，运动家队没有聚焦在球员的安打和本垒打表现上，而是重点关注球员保送上垒的情况，以及平均而言，击球员在每次击球时让投手投了多少球。运动家队并没有忽略运动员其他方面的能力，比如守备、投球、跑垒和击出全垒打的表现。它认为，当时的其他球队太过于关注球员在其他方面的表现，而没有为那些击球多、保送多的球员开出足够高的报酬。所以，运动家队签下了一群非常有耐心的击球员，这些球员拿到了很多保送上垒，静观很多投球，而球队也在给球员开出很低报酬的情况下取得了相当不错的成绩。这个故事说明了几个关于市场的事实。市场在衡量价值方面并不完美。公司经常有机会发现价值可能被低估的特定类型人才，然后将这些人才收归己用。

还有一个生动的例子来自棒球运动史上的一个教训。曾经一度，棒球运动也受到种族隔离的影响，并显然未能充分利用既有人才。那些率先大量引进非裔美国人球员的棒球队，比如引进了杰基·罗宾逊的布鲁克林道奇队（现叫洛杉矶道奇队），往往赢得了很多比赛。这些引进人才的价值显然被低估。在目前的劳动力市场中，我猜至少有两类就业者的价值遭到低估：一类是已经生育了孩子的职业女性，另一类是接近退休年龄的资深员工。这两类就业者往往都拥有丰富的技能，同时他们也不一定需要超高的薪水。

他们真正想要的是高度的灵活性。我认为，如果公司能够找到办法好好利用这些人，则可能发现自己拥有了极大的竞争优势，至少在一段时间内是这样。因为事实证明，市场最终会进行调整。在我任编辑的经济学期刊上曾经发表过一篇论文，表明在刘易斯的《点球成金》(Moneyball)出版后，球队乐于为那些获得大量保送上垒和多次投球的球员支付的薪资水平急剧上升。其他人显然吸取了教训。此后，运动家队一直在努力寻找新的优势，但只取得了微不足道的成功。

匹兹堡大学经济学教授肯尼斯·莱恩（Kenneth Lehn）提出了另一个例子，说明体育合同可以如何改变激励机制，使工资和生产率不再匹配。他研究的议题包括一名职业运动员在获得长期保障合同后，是否更有可能因伤不能参加比赛。莱恩的研究对象是1980年前后的棒球运动员，当时长期合同刚刚开始流行。在20世纪70年代中期，棒球界几乎没有球员拥有长期合同。到1980年左右，大约40%的球员至少拥有两年的工资保障。在20世纪70年代中期，只有大约15%的球员进入了伤病名单；而到了20世纪70年代末，这一比例突然上升到了21%。同时，并没有其他明显的原因可以解释为什么球员突然开始更频繁地受伤。

那些签下大额自由球员合同的球员往往更年轻、更强壮，但在签下这些长期保障合同后，他们似乎突然间更频繁地进入了伤病球员名单。针对这种现象的一个解释是，这并不是因为球员实际上受伤更多（球员受伤的概率长期以来并未发生变化），而是因为一名球员在没有长期保障合同时，会想办法坚持继续比赛。而当一名球员手握一份长期保障合同时，进入伤病球员名单而不上场似乎是更好的选择，我们知道，这样做是为了未来，完全是出于对未来安全的考虑。

有时候，球队会试图通过在合同中加入激励措施来保护自己。比如在向球员支付更多钱之前，约定球员要完成一定数量的击球次数或投球局数。同样的研究发现，那些签订的合同中包括了上场时间、投球局数或击球次数激励条款的球员，与那些签下无论伤病与否均获得长期保障的球员相比，进入伤病球员名单的概率要小得多，而这显然说明了一个更普遍的经济观点。制定带有激励条款的合同很难。人们如果确定能够拿到钱，可能不会付出同样的努力。但你如果将薪酬与某个非常具体的目标挂钩，也可能无法得到你想要的结果。例如，很多高管之所以被聘用，是因为公司希望股价能够上涨，所以会将高管的薪酬与公司股价挂钩。

很自然，在这种情况下，高管开始管理公司的所有相关新闻，以促进股价上涨。一些高管甚至开始试图掩盖公司经营的实际情况，以便更快地推高股价。再举一个例子，假设你根据销售人员的销售量来奖励他们。可能发生的情况是，你的销售人员将更重视对现有大客户的销售，而不会费心寻找和开发新客户。再比如，你可能会针对销售电话的数量给予奖励，而这样做，也许就忽略了对长期销售关系的关注。签订一份合适的劳动合同从来不是一件简单的事。针对你想要的一些结果提供激励很容易，但你很难对所有想要的东西给予恰当平衡的激励，体育界的合同则有助于我们思考这个问题。

到目前为止，我一直在谈论报酬和生产力方面的问题，体育经济学中的很多研究也确实都集中在这个领域。不过，下面我想谈谈其他一些问题。体育运动通常会涉及在结果不确定的情况下做出策略选择。分析一家公司的商业计划可能会很复杂，因为我们并不十分清楚公司遵循的策略，但体育运动提供了一套明确的战略情景供我们分析。

下面这个众所周知的例子来自职业橄榄球领域，经济学家们对此已经非常熟悉。在比赛中的第四档进攻时，职业橄榄球队是应该全力进攻，还是应该弃踢（punt）或试图射门得分？加州大学伯克利分校的戴维·罗默（David Romer）是一位优秀的宏观经济学家，也是一个橄榄球迷，他研究了一支球队是应该发动第四档进攻还是应该尝试第一档进攻的问题。他收集了1998年至2000年间所有全国性橄榄球比赛常规赛季的数据，球迷们通过这些数据可以对比赛中经常出现的情况有一些了解。

假设现在是第四档进攻，你还需要向前推进1英尺。你如果尝试进攻，那么有80%的概率能够成功并推进1英尺，但当然，这也意味着你有20%的概率不会成功，并将球交给对方球队。那么，你应该大胆尝试吗？你应该冒险吗？好吧，这取决于很多不同的因素。如果你在自己球场的后端，可能在15码线①上，如果你在第四档进攻时没能成功，那么对方球队就获得了一个很好的得分机会。但如果你弃踢，对方球队可能会在球场中间附近得到球，仍然有相当大的得分机会。如果你靠近对方球队的端区，可能在他们的3码线上，那么你现在可以射门得分，或者你可以再推进1英尺，又或者也许继续推进并达阵（touchdown，橄榄球赛的一种主要得分方式）。

所以，如果你在球场中间，那所有这些因素都发挥着作用。尝试进攻可能意味着给球队一个不错的得分机会，但坚持进攻意味着你不确定会发生什么。你的希望是后面能实现达阵。另一个影响因素可能是比赛的比分。如果你遥遥领先，那么冒险进攻并不值得。如果你落后很多则不妨尝试一下。不过，罗默忽略了最后一种情况。所以他的研究基本上是关于比分相当接近的一场比赛中应该如何行动的分析，或者也可以设想这是在比赛的上半场，你还有很多时间争取实现自己想要的结果。

---

① 美式橄榄球场地长100码（每码约合0.9144米），两端每个端区各10码，总共120码。场地上有码线，会标注整10码线和整5码线。——编者注

罗默的结论可以用多种方式来加以阐述，但在此我想简单总结如下。他的结论基本上是说，根据他对数据、概率和其他所有因素的分析：你如果处在自己的半场且还有不到4码的距离，那么最好争取一次第一档进攻，而不是弃踢；你如果在对方球队的45码线且距离不到6.5码，那应该在第四档进攻时争取一次第一档进攻；你如果在对方球队的33码线且距离不到9.8码，那就争取赢得第一档进攻；你如果在对方球队的5码线，那一定要全力争取第一档进攻，永远不要射门得分。

无疑，对很多球迷来说，这一结论似乎过于激进。但罗默的分析强调的是，放弃控球权是一个非常糟糕的结果，所以不要轻率或随意放弃。你有时会听到体育解说员说：嘿，你只需要弃踢，回头再来过。但这种态度并没有充分说明一旦放弃控球会发生什么。如果你在第四档和第三档的成功概率只有50%，那么在某种程度上，弃踢是一种有实际成本的行为。那对应罗默的研究结论，职业橄榄球比赛中实际发生的情况到底如何呢？好吧，当罗默规则说应该弃踢时，职业橄榄球队几乎总是弃踢；当罗默规则说要大胆争取时，职业橄榄球队在90%的情况下仍然选择弃踢。换句话说，罗默规则表明，大多数球队太频繁弃踢，并且在第四档进攻时几乎总是不敢冒险去努力争取。那么，是否有证据表明承担更大风险可能会有效？

在高中组橄榄球比赛中，几年前阿肯色州的一支高中球队将这种理念发挥到了极致。他们整个赛季都没有弃踢或尝试射门，而且每次开球都是斜线球。2008年，这支球队赢得了所在分区阿肯色州的冠军。过去几年中，还有一些不那么强有力的证据。至少，职业橄榄球队的教练现在更愿意在四档一码或四档两码时做出尝试。与罗默的策略指导相比，这是一个非常温和的变化。但正如教练们有时会说的，没有人会因为遵循传统智慧和谨慎行事而遭到解雇。这实际上是企业管理中一个长期存在的经典问题。假设你在一些不同的公司投资了一些钱（可能通过股票市场或共同基金），事实证明，你经常需要担心的是各家公司的管理层没有承担足够的风险。要理解这样讲的原因，让我们首先从企业经理的角度来思考这个问题。

假设有这样一位管理者，担任这家公司的经理对他而言是一份优渥的工作，他挣的薪水也很高。这位经理肯定会觉得：如果自己冒大风险，可能会被解雇；如果不冒险，循规蹈矩地行事，不犯任何会被人诟病的大错，也许就可以长长久久地保住这份工作。现在，再从你的角度考虑一下。我希望你没有只投资这样一家公司，而是通过投资一组公司实现投资多元化。但从你的角度来看，如果所有公司的管理者都走安全路线，你的整体回报可能不会那么亮眼。你真正希望这些公司管理者做的，是他们各自承担不同程度的风险。他们中的一些人可能会获得很好的回报，另一些人可能不会，但对于拥有一个多元化投资组合的你来说，总体回报会更好。你希望经理们承担的风险远比他们通常有动力承担的风险要大。这个问题也经常出现在体育赛事中。平均而言，你希望你的球队教练从长期来看愿意冒更大的风险。但是，体育业的机制中并没有激励措施鼓励这种冒险行为。

我们再来谈谈足球中的点球及相关策略。简单来说，在射足球点球时，你可以瞄准球门的左侧、右侧或中间。那么射点球的球员应该怎么做呢？对于大多数射点球的球员来说，他们最有力的射门是将球踢向自己惯用脚的另一侧。而在高水平的足球比赛中，守门员必须在看到球的去向之前就决定要扑向哪个方向。点球的来势太猛，守门员无法在看到球被踢出后再做出反应，必须事先预测。这实际上形成了一个战略态势，射门的球员有3种选择。在这种情况下，守门员应该怎么做？

答案是，博弈论告诉我们，踢点球的球员大多数时候都会以自己最有力的射门来踢这个球，但有时他们必须在随机间隔内尝试另外的方案，以便骗过守门员。那么，守门员在这种情况下应该怎么做呢？

反过来，守门员应该猜测，在大多数情况下，射过来的球将是射门球员最有力的一脚，但在随机间隔内，守门员也必须尝试一些不同的策略，以便让射手难以猜透。在这种情况下，尝试频率的确切百分比将取决于每种射门的成功概率以及守门员的表现。

经济学家们已经计算出了这个百分比，而实际数据似乎也支持他们的结论，表明那确实反映了一场正在进行的比赛中球员们大致的看法。下面是一些简单的例子。点球时最有可能出现的结果是，射门的球员会踢向自己的强侧，守门员也会如此推测并扑向那一侧。第二个常见的结果是，守门员猜测射门球员会踢自己的强侧并扑向这一侧，但射门球员却踢向另一个方向。事实上，射门球员和守门员所做选择的情况似乎相当接近于博弈论的预测，即人们在某种程度上对高级别足球比赛中发生情况的期望。

下面我们再看一个体育经济学分析的例子，那就是竞争结构将如何影响结果，特别是体育锦标赛的结果。我们来设想一场体育锦标赛，比如网球锦标赛或高尔夫锦标赛。也许你曾经看过一场持续数小时的网球比赛，或者一场持续数天的高尔夫锦标赛。你会看到顶尖选手们奋力拼搏，一次次努力击球，最终只有一人以微弱优势获胜。但当向获胜者颁发奖金时，你会发现，冠军的奖金往往是亚军的两倍，而亚军的奖金与第三名和第四名的奖金相比，差距往往更大，也许是第三名和第四名奖金的两倍之多。

很显然，冠军的成绩肯定不是亚军的两倍。在最高水平比赛上，勉力赢得最终胜利意味着他们只是比对手表现得稍微好一点，也许只是在那天运气好一点。那么，如果获胜者的表现不是对手的两倍，他们凭什么得到两倍的报酬呢？仔细思考一下这个问题，并考虑商业世界的相似之处。传奇的首席执行官杰克·韦尔奇于2001年离开通用电气。他当年的基本薪酬是400万美元。他的继任者是杰弗里·伊梅尔特，此前担任公司的副总裁，当时的基本薪酬是 100 万美元。成为首席执行官后，伊梅尔特当年的基本薪酬就跃升至 275 万美元。现在，请记住，基本的经济学原理是：一个人的工资与其生产产品的经济价值挂钩，后者取决于个人的技能和经验等。按照这一理论，杰克·韦尔奇在退休前一年的生产力是杰弗里·伊梅尔特的四倍，而在韦尔奇离职的当天，伊梅尔特的技能和经验突然增加了很多，以至于他对公司的价值提升到了两倍多，所以他的薪水几乎增加到原来的三倍是合理的。真实情况是这样的吗？这些数字真的是基于个人的生产力吗？这似乎在许多层面上都根本不可能。

毕竟，大多数大公司都有几位可以胜任 CEO 职位的人。假设某家公司有五个这样的人。一位经济学家可能会建议，让这五个人竞标，谁对薪水的出价最低，就由谁来担任 CEO 一职。为什么要选其中一个人并付出高薪，同时给其他人的薪水只是前者的一小部分？显然，后者才是许多公司的常见模式。CEO 得到的薪酬明显要高出他人许多。20 世纪 70 年代末到 80 年代初，当时在芝加哥大学任教的两位经济学家爱德华·拉泽尔（Edward Lazear）和舍温·罗森（Sherwin Rosen）对高管薪酬问题展开了长期研究，并思考为什么会出现这种模式。他们开始从体育锦标赛中寻找联系，并讨论了锦标赛的奖金模型。毕竟，晋升为一家公司的 CEO 有点像赢得锦标赛冠军。你可能只比第二名候选人好 1%，但你赢得了锦标赛。

锦标赛的奖金结构对比赛中其他每个人既有正面的激励，也有负面的激励。例如，假设你是一名职业网球运动员。你在世界各地打球，几乎每个周末都在某个地方参加比赛。你所在城市的所有球迷都来看你打球，但也许比赛那天你感觉很糟糕，因为你得了病毒性胃肠炎，或是你的脚上起了水泡，或是你的孩子恰好生病在家，或是你所在的酒店凌晨 1 点的时候有人在走廊里大打出手，又或是你已经来回奔波参加巡回比赛一个月了。当这种情况发生时，是什么让你全力以赴、拼尽全力？当然，其中肯定有一些职业自豪感，有一些竞技精神——这些都是冠冕堂皇的说辞，虽确实不乏真实，但对于很多职业运动员来说，再赢一轮就能拿到大笔奖金也是一种非常真实的激励。

你可以将这种情况与公司中一群高管的情况做比较。如果所有人的薪水都差不多，谁会为了成为高管而如此长时间工作、环球出差、承受巨大压力呢？当然，那些处于企业最高层的职业经理人如此努力，在某种程度上是出于责任感和个性使然，但巨额薪水也是一种实实在在的激励。当然，我在这里所指的不仅仅是公司的高管。律师事务所中的所有人也都极其努力地工作。你很清楚，如果能成为合伙人，你的薪水就会大幅增加。在学术机构，如果你获得终身教职，你的薪水也会大幅增加。这里的关键点是，晋升的希望激励着人们，而晋升意味着努力成为最棒的那一个，被认为比其他也可能赢得比赛的人好上 1%。

另一方面，这种模式也存在着严重风险。就像中世纪的锦标赛，如果不能赢得比赛，就会被处决。在这种环境下，人们可能会非常努力，但归根结底，这并不是对人才的有效利用。连续多年每周工作 90 小时对人类来说并不好。公司里的每个人都一直处于精疲力竭的边缘，这对他们来说也并不好。此外，如果回报过大，就会有动机不追求团队合作，甚至在极端情况下，去破坏或削弱他人的努力。这种模式解释了为什么公司经常从内部招聘员工。

如果从外部招募人才，那么公司内部的人就会知道，他们没有机会赢得这场晋升比赛，至少在这家公司里没有机会。毕竟，那不仅仅是赢得最高的管理职位，如果有人晋升到那个位置，其他人的职位通常也会变动，并获得小小的提升。一些同样有望获得那个职位但没有成功的人可能会跳槽到其他公司，这多多少少会产生一些职位空缺，从而让其他人升职，所以这种公司内部的比赛不是只有一个赢家，而是有一群赢家。如果你不能实行内部晋升，那么这种比赛就会丧失一些效果。这有助于解释为什么如此多公司实行内部晋升制，以及为什么在一家公司从外部引进一位新的 CEO 时，会闹出那么大的动静。

我希望我已经成功地令你信服，体育和经济学之间的联系是双向的。经济学工具可以帮助人们分析体育行业中的特定问题，这当然并不是太奇怪。毕竟，经济学的基本原理是人们有目的地追求实现自己的目标，并在此过程中进行权衡取舍、做出选择，而体育运动中的决策往往具有这些特征。归根结底，体育运动固然充满乐趣，但在更大的经济范畴中微不足道。因此我认为，更值得关注的是，研究体育行业中的某些经验教训有助于我们理解有关经济和整个社会的更宏大的主题。例如，某些类型的人才在市场上被低估的可能性非常大，而找出这种被低估人才的潜在优势就是体育经济学带给我们的一个教训。签订附带有适当激励条款从而激励人们努力工作的合同相当困难，这也是体育经济学带给我们的教训。人们倾向于在行动中过分求稳，因为几乎没有人会因为谨慎行事而被解雇，因此需要针对冒险行为提供激励，即使这种冒险在某些时候可能会以失败告终，这也是体育经济学带给我们的一个教训。

如果能够提供这样的风险激励，同时使整个公司或组织的薪酬和晋升架构能够激励员工努力工作，不仅是激励在晋升"锦标赛"中最终获胜的那一个人，而是能够激励公司上下所有人，那么你将实现更好的业绩。体育行业不太可能成为经济学真正核心的关注点。但认真思考所有这些问题意味着你可以找到一系列问题和例子，从而帮助你更好地进行思考。

在学习经济学时，通常很难找到完全符合经济学理论的例子。商业和政府的世界是一个复杂的环境，存在各种各样的决策和选择，我们很难获得相关数据。体育业则可以提供绝佳的明确例证，因此体育经济学可以为思考和学习经济学原理提供相当大的助力。

思考问题

1. 本讲内容是否会让你以不同的方式思考与体育运动相关的话题，你会如何思考？

2. 针对公司首席执行官的薪酬大大高于其他员工的问题，你认为锦标赛理论可以作为一个合理的解释吗？你能提出其他合理的解释吗？

第二十三讲
投票、金钱与政治

有关选举和民主的经济学理论研究的是下列问题：为什么政客多支持中庸而非极端政策？什么时候投票才能准确地代表社会的意愿？人们为什么要投票？哪些因素会影响投票率？经济学家发现，虽然投票成本不高，但某一个人的选票决定选举结果的可能性几乎为零。因此，从理性角度出发，以追求私利为本的人不会去投票。

关于自由市场经济力量与政府行为孰优孰劣的公开争论往往是一种有失公正的对立。一方面，理想的市场经济时常会备受褒扬，仿佛完全没有众所周知可能存在于现实市场经济中的各种问题、不足或缺陷，比如贫困、不平等、失业、环境压力等。另一方面，政府政策经常会伴随着一种假设性观点，认为政府完全代表了纯粹的公共利益。

当然，我们同样知道，认为政府拥有做出明智决策所需的全部信息和能力，选民、官员和监管者毫无私利，并且不会受制于他们个人面临的激励和权衡取舍，这种观点也不真实。因此，前面所说的市场与政府行为的对立是一种不真实的对立，因为双方的立场都不真实。

美国第四任总统、被誉为"美国宪法之父"的詹姆斯·麦迪逊提出了一种更现实的政府观，他（在起草《美国宪法》之前的几年里）曾与其他几个人共同撰写了一系列思考政府适当形式的文章，这些文章的合集后来被称为《联邦党人文集》。麦迪逊曾写下著名论断："如果人人都是天使，就不需要什么政府。如果是天使统治人间，也无须对政府施加任何外来或内在的控制。在设计一个由人统治人的政府时，最大的困难就在于：你必须首先使政府有能力控制被统治者，其次要强制政府控制自己。"

作为强化政府自我控制的一种手段，麦迪逊和美国宪法的其他制定者设立了相互制衡的政府部门，即行政部门、立法部门（拥有两个独立的议院）和司法部门。当然，还有州一级和地方政府体制，所有这些政府部门都拥有一系列相互关联的职责，以期创建一个能够制约政府实现自我控制的政治体制。

经济学中有关公共选择的理论研究的便是，在一个充满权衡取舍的世界中，对私利的追求如何表现在投票和政治上。该理论研究了许多相关的主题。人们需要政府，因为他们不是天使，但政府也会出错，需要自我约束。投票有助于实现这一目标，政治体制中分权独立的政府部门也有助于实现这一目标，但这一切并不能最终解决上面的问题。

下面让我们更深入地了解一下投票的概念。在某种程度上，投票制度有很多积极的作用。大多数政客和公众评论员都鼓励所有人出门投票。有许多倡导人们投票的宣传活动。每个选举日都会出现众多相互吹捧和自吹自擂的文章。典型的说法是，投票是一种权利和一种责任，也是一种荣誉和一种特权，是我们与暴政的区别，甚至可能不止于此。对于这种说法，我忍不住报以一笑，但我并不是真的对投票不屑一顾。

在像美国这样宣扬民主的国家，人们很容易将投票这种生活中的小奇迹视作理所当然的权利。那些权势熏天的政客不得不定期将自己暴露于公众面前，普通民众作为一个群体可以决定谁来掌权、谁会被赶下台，这种想法对于历史上扮演了如此重要角色的各种国王、女王和君主来说显然是难以理解的。

在现代世界，甚至独裁者和暴君也会出于作秀目的而举行选举，这在某种程度上是邪恶对美德的一种颂扬。独裁者和暴君也觉得有必要获得民众的支持，这一点细思之下颇为有趣。它体现了现代世界的心态。不过，并非每个人都会参与投票，这同样是一个事实。在过去几十年的美国总统选举中，只有50%~65%的适龄公民参加了投票。

这一比例在20世纪60年代趋于上升，但在随后的几十年间持续下降。1996年大选中，投票年龄人口中实际参加投票的人口比例略低于50%。

后来，选举投票率略有上升：在2000年的全国选举中，投票率为51%；2004年的投票率为55%；2008年的投票率为57%。在非大选之年的国会选举或地方选举中，投票率往往更低，通常不到合格选民的一半。在不与全国选举同时进行的纯市政选举中，选民的投票率往往只有1/3或1/4。

其他高收入国家的投票率往往高于美国。例如在英国，1950年的投票率达到84%，到2001年，投票率下降到59%，然后在2010年的选举中又回升至65%。自20世纪80年代以来，德国、法国和西班牙等地举行的全国性选举中，符合投票年龄公民的投票率为75%~80%。这三个国家在星期日举行选举的做法可能或多或少地有助于提高其投票率。其他许多国家制定了法律要求公民参与投票，例如澳大利亚、比利时、意大利、希腊、土耳其、新加坡和许多拉丁美洲国家。当然，并不是每个人都遵守法律，但它确实有助于将这些国家的投票率提高到90%左右。美国建国之初，包括弗吉尼亚、马里兰、特拉华和佐治亚在内的某些州，参加投票是强制性的要求。但更现代的观点是，在某种意义上，如果一个人选择不投票，那么不投票也是一种投票权。

鉴于许多人缺乏参政热情，对投票呼吁置若罔闻，并不参与投票，人们显然会问：他们为什么不去投票呢？好吧，几十年来，经济学家们一直指出，尽管投票的成本不大，但某一个人的选票能够决定选举结果的可能性非常小，实际上几乎为零。这种观点的经典陈述出自1957年出版的《民主的经济理论》（*An Economic Theory of Democracy*），作者是经济学家安东尼·唐斯（Anthony Downs）。作为一名经济学家，唐斯当然会从思考极度理性的人如何看待投票问题的角度出发加以分析：为什么要投票？如果个人投票是为了影响选举结果，那么你必须问自己，你一个人的选票改变选举结果的可能性有多大？这个可能性接近于零——非常接近于零。

而在投票之前，你需要花时间和精力了解相关议题，然后还必须花时间和精力去投票站投票。鉴于你的选票改变结果的可能性如此之小，你又有什么真正的动力去了解情况，有什么真正的动力实际走出门去投票呢？假设某次选举中双方获胜的可能性非常接近，而且选区很小，你可能会告诉自己，你投出的一票非常重要。历史上确实出现过一些例子，在非常小的选区，一票之差就能决定胜负。但对于全国性选举，或是民意调查显示可能出现非常大胜负差距的选举，从上述角度分析，似乎没有太多理由去投票。

唐斯以形式逻辑和数学术语阐述了这个观点，但实际上它并不是什么新见解。在此之前，心理学家 B. F. 斯金纳（B. F. Skinner）在其 1948 年的小说《瓦尔登湖第二》中就曾经提出同样的观点。书中的一个人物曾经说："在一场全国性选举中，一个人的选票决定胜负的可能性比他在去投票站的路上被杀的可能性还要小。"我没看到过任何有关人们在去投票的路上遭遇伤亡的实际统计数据，但在任何一个比较大的国家中，无疑会存在交通安全风险。我相信确实有人在投票途中遭遇事故，甚至死亡。此外，如果观察那些在暴力事件频发的国家中进行的选举，比如近年来的阿富汗或伊拉克，确实会发现曾出现数十位甚至更多人在去投票的路上遭到杀害。既然如此，任何理性的人为什么要费心去了解选举情况或是去投票呢？

根据我的经验，在经济学家提出的所有关于人类自利性的观点中，圈外人最不喜欢的就是关于投票的观点。说投票不是一种理性行为几乎等同于公然反对母爱、苹果派和爱国主义。正如我在本书中反复强调的，我并不是想说服你接受某种观点。我当然不是告诉你永远不要去投票。我本人会参加投票，据我所知，大多数经济学家也会参加投票。

与许多经济学的观点一样，认识到从某一个角度看人们做某事似乎不合理是一个开始，由此可以探究新的观点，以帮助解释在什么情况下以及出于什么原因投票可能是一个合理的决策。毕竟，人性远比理性的计算机器更复杂。了解人们为什么投票的一个方法是研究人们投票的模式，然后试着理解这些模式可以从哪些方面得到解释。

首先，我想介绍圣母大学政治学学者戴维·坎贝尔（David Campbell）提出的一种模式。他提出了一个观点，即在极端情况下投票率最高。极端情况之一是，在那些人口结构高度同质化并因此政治竞争不激烈的地方，投票率最高。

另一种极端情况是，在那些人口结构非常不平衡并因此政治竞争异常激烈的地方，投票率也比较高。在中间地区，投票率往往比较低。坎贝尔认为，这种模式引出了人们投票的两个主要原因。其中之一是，在政治竞争十分激烈时，人们会对此感兴趣并感到兴奋。换言之，此时人们的政治参与性高涨，从而促使他们去投票。另一个原因是，如果一场选举势均力敌，人们更有可能感到兴奋，热情支持某个候选人，并相信他们的选票可能事关胜负，就像人们认为亲自支持某个队伍将有助于该队获胜一样。

另一个有关投票率的观点是，一个人如果已经成为某个社区的中坚居民，会习惯于做很多事情以确保社区正常运转。你可以想象，这些社区的中坚分子会支持学校募捐活动，并担任志愿者。他们会清扫人行道上的积雪，举办社区野餐会；当邻居们度假时，他们会留意彼此的邮件和报纸；他们还会邀请邻居一起庆祝人生的重要事件；等等。在这样的社区，高投票率是整体公民参与的一部分。

对于这种从公民参与角度看待投票的观点，我最喜欢的一条评论来自英国作家G. K. 切斯特顿（G. K. Chesterton），他在1909年的一篇文章中写道："一个人应该像他做礼拜或举行婚礼那样，全心全意地参与投票。"我非常喜欢这种说法，因为它在看待投票行为时，不仅仅是将其视作支持自己最喜欢的团体或政党，也不仅仅是对这样两种情况进行权衡取舍——一边是花费几个小时的时间了解情况，再花上30分钟时间去投票，另一边是自己投出的一票是否会影响选举结果——而是将投票行为视作更广泛社区活动的一部分。坎贝尔的观点表明，如果我们想要更多的人参与投票，那要么需要更强的公民参与度，要么需要更激烈的政治竞争，稍后我会再对这些观点加以讨论。

投票数据反映出的另一个模式是，那些年龄较大、受教育程度较高的人更倾向于参与投票。针对这种现象你可以想出很多理由。这些人往往觉得自己在社区中有更深的根基和责任。对他们来说，获取信息的成本相对较低，因为他们的周围充满了这样的信息。他们知道在哪里投票以及诸如此类的问题。因此，如果你仔细分析近几十年来选民投票率下降的情况，会发现这在很大程度上不是因为这个群体的投票率下降，而是因为年轻人的投票率下降。

年轻人的投票率一直低于其他人群，但在过去几十年中的某些时期，这种差距变得越来越大，例如：在1964年的选举中，美国24岁以下选民的投票率比65岁以上选民的投票率低16个百分点；在2000年的选举中，24岁以下选民的投票率比65岁以上选民的投票率低了35个百分点。

在近年的选举中，这一趋势略有逆转，年轻选民的投票参与度稍有提高。如果将年轻人定义为30岁以下的人，那么在2000年，该年龄段人口的投票率仅有可怜的40%，但到了2005年，这个数字变成了49%，到了2008年则更高，达到51%。我之前提到过，2000年至2008年，选民投票率的上升大部分来自这些年轻选民。事实上在美国，自投票年龄降至18岁以来，2008年的选举是30岁以下年轻人投票率第三高的一次。

年轻人口在投票方面显然是一个相当不稳定的群体。互联网上有更多的政治信息。对于这个群体来说，获取信息和感受到这件事与自己相关的成本可能比以前更低。即使有人讨厌严格从理性角度看待投票行为，这种观点显然仍有一定道理。一个城市有四分之三的人不参加地方选举投票，表明他们认为了解相关选情并前往投票站投票并不值得。

抛开参与率不谈，还有许多理由让人担心投票结果是否公平地代表了民意。下面我们来考虑其中几个可能的原因。选民并不真正了解情况又会如何？如果你问选民一些具体的问题，他们往往完全不清楚情况。如果你问他们有关失业率或美国外交政策的问题，或是副总统候选人是谁，很多人也根本不知道。

但请记住，在之前关于预测市场的讨论中我曾经谈到，一大群人能够产生某种集体智慧往往是真实的。一个人数众多的群体，如果他们听到了应该支持什么，听到了人们在广播或电视上谈论相关话题，听到了朋友、家人和同事的观点，同时在网上看到了相关报道，看到了政客们在整个竞选过程中的表现，那么他们实际上收集到了很多信息。所以这里的核心问题并不是选民个人是否全都做出了明智的决定，而是整体结果是否公平地代表了民意。

心理学上有一种所谓证真偏差的理论。这种理论认为，人们在了解了更多信息后，往往会强化先前存在的偏见。因此，从这个意义上讲，很难说选民全面了解相关信息或没有全面了解相关信息可能导致选举结果出现某种系统性偏差。

更值得担忧的，可能是选民拥有的一些信念存在系统性偏差。比如，你问选民联邦预算中有多少份额用于对外援助，人们给出的估计数字往往过高。很多时候，人们会估计对外援助占了联邦预算的20%，但实际上这个比例只有1%。再比如，你问人们雇主为他们支付了多少家庭医疗保险，人们给出的答案通常过低。很多时候，人们会说每年几百美元或1000美元出头，而实际上，大多数雇主每年支付的家庭医疗保险金额高达数千美元。当然，这里指的是那些拥有雇主提供的医疗保险的人。认真思考这两个问题，你就能想象得出，这些偏见已经以各种方式渗透到了公众讨论中。要基于糟糕且存在系统性偏差的信息解决问题，无疑非常困难。

另一个常见的抱怨是，竞选捐款和政治献金行为愈演愈烈。然而，许多经济学家和政治学家都没有意识到这是一个大问题。让我们先看一看政治竞选中到底投入了多少资金，以及我们应该期待什么。我原来的一位经济学教授曾经这样开始论证：如果你在大街上分发20美元的钞票，是什么决定了排队的长度？从经济学的角度来看，答案是排队需要花的时间。队伍越长，你付出的时间就越多。如果队伍的长度让你为了得到20美元，需要花价值10美元的时间排队，那么排队的人会继续增多。因此，最终为了获得20美元而排出的队伍会足够长，以至于队伍中最后一个人付出的时间价值略低于20美元。

现在，让我们把这个理论应用到政府身上。政府做出征税或支出的决定，这些决定的影响以经济价值计算，每年将达到数千亿美元。如果我们讨论的对象是这样大额的金钱，那么经济中的参与者会努力对此发挥影响。考虑到联邦支出、税收和监管的规模，真正令经济学家感到惊讶的是，花在政治上的钱实在是太少了。

2008年，在总统、国会以及所有州和地方公职的选举中，竞选活动总共花费了大约52亿美元。这包括所有的广告费、筹款、差旅费和工作人员工资。2009年，包括联邦政府和州政府在内的政府总支出约为5.1万亿美元。也就是说，与庞大的政府支出资金相比，在选择可以决定如何使用这笔钱的人时，所花费的成本只有支出总金额的大约千分之一。

这里再提供其他一些数据来做比较：美国消费者每年花在牙膏上的钱大约为20亿美元，护发产品的年销售额约为70亿美元。相信美国用比美国人花在牙膏和护发上的钱还少的金额就能很好地决定总统和其他公职的选举可能并不明智。

著名经济学家戈登·塔洛克（Gordon Tulick）以研究公共选择问题见长，他在几十年前的20世纪70年代初观察到了这种模式。他反复发问：为什么美国花在政治上的钱如此少？塔洛克认为，政治捐赠如此少的原因与一些关于投票的论点类似。如果很多人捐了很多钱，那么其他很多人就会选择不捐款，毕竟他们那一点点捐款不太可能产生很大的影响。来自个人选民的捐款数额巨大，足以抵消一家公司试图在这里或那里捐出的那一点钱的影响。在进行更深入的研究，以厘清金钱在多大程度上影响了选举结果时，经济学家总是会遇到一个共同的问题，即那些能筹集到更多钱的候选人也更受欢迎。

这就带来了一个鸡生蛋还是蛋生鸡的问题：到底是那些受欢迎的政客筹到的钱让他们赢得了选举，还是因为他们受欢迎才让他们筹到了更多的钱？毕竟，在资金充足的竞选活动中，有很多这样的例子：百万富翁花了大量的钱竞选，但最终却输了。几年前，华盛顿一个名为响应性政治中心（Center for Responsive Politics）的组织公布了一份候选人名单，这些候选人在2002年、2004年和2006年的选举中至少花费了50万美元。

以2002年为例，有32名候选人在竞选活动中投入了至少50万美元的个人资金，其中3人获胜。2004年，有30名候选人在竞选中投入了至少50万美元，其中一人获胜。2006年，42名候选人在竞选中投入了至少50万美元，其中5人获胜。事实似乎是，立法者在投票时所根据的，是他们自己的政治理念、他们选区的选民和他们所属的政党。这更像是慈善捐款，而不是用钱来买选票。这是为你支持的事业慷慨解囊，同时也许可以顺便提升你在这个事业中的地位。

另一个有趣的比较是将竞选捐款与游说进行比较。如果研究游说行为，即不是向竞选行动捐款，而是影响立法的其他努力，你会发现游说资金的规模远比你想象的要大。诚然，注册的全职游说者现在必须披露他们的所作所为，但兼职的游说者则不必，而兼职游说者的数量众多。一项研究调查了大型利益集团，并将它们的竞选捐款与游说费用进行了比较。研究发现，这些大型利益集团的游说费用比它们的竞选捐款高出了 10 倍。这表明至少对它们来说，游说可能比竞选捐款重要 10 倍。

我在这里并不是想要严厉批评竞选活动的公共财政问题，也不是想批评公司在政治捐赠上的披露或限制不足，或是工会和其他团体的作用。我只是希望你们了解，整体而言，很多证据表明，竞选捐款在决定政治结果方面并不像人们通常认为的那样重要。

此外还有一种隐忧，那就是政治进程难免受到特殊利益以及作为政治分肥的专项拨款和立法的干扰。也许其中有些是不可避免的，但也有一些已经近乎丑闻，甚至可能已经越界。此类费用总体而言并不是推高联邦预算的原因。下面我举几个例子来加以说明。专项拨款是指在法律中添加特定条款，以非常具体的方式将资金分配到某个选区或州。它们通常是应该州的众议员或参议员要求添加的。根据非官方的公共审查，2010 年，全美共有大约 1 万项专项拨款，总金额为 160 亿美元。在超过 3 万亿美元的联邦总支出中，这个金额只占到千分之几。这些专项拨款中的一些似乎并不合理，但其金额总的来说可以忽略不计。或者，出于讨论目的，我们可以将所有农业补贴都视作特殊利益游说的结果。这显然有点夸张，但姑且这么算，实际上所有农业补贴相加的总额每年也仅有 150 亿至 200 亿美元。

相比之下，一些大额支出项目的金额远远更高，例如医疗保险和医疗补助计划支出、联邦雇员的医疗福利、社会保障、国防支出和未偿还联邦债务的利息。从某种程度上讲，它们也属于特殊利益。例如，国防合同可能会交给某个国会选区的某家公司，但它并不完全是狭隘的特殊利益。

我完全赞成施加压力，将特殊利益政治和专项拨款暴露在公众监督之下，从而在某些地方节约数十亿美元的预算，但这些费用并不是过去几十年或未来几十年推动联邦预算不断膨胀的主要因素。事实上，我有时觉得，由于过分关注专项拨款和特殊利益，我们实际上忽视了国防、社会保障、医疗保健等大型政府支出项目，而这些项目与绝大部分美国人密切相关。

还有一种情况也可能导致人们对选举能否很好代表广泛民意心存疑虑，那就是三方参加的选举。有时候，我们会遇到下面的情况。在某个地区，选民多数是民主党人，少数是共和党人，这时通常多数党会获胜。但在某次选举中（假设是一场州长选举），有三方参加竞选，其中有两名候选人受到多数选民支持，一名候选人受到少数选民支持。在这种情况下，多数派很有可能分裂，并导致少数派获胜。这种情况时有发生。几年前，在我所在的明尼苏达州，前职业摔跤手、电台脱口秀主持人杰西·文图拉（Jesse Ventura）被选为州长。他当选的主要原因是那是一场三方竞选，每位候选人的得票率都低于40%。我怀疑，如果他参加的是一场一对一的竞选，可能会输给其他两位候选人中的任何一位。

不过在美国，大多数选举都是在两大政党之间进行的。因此三方竞选的情况只是偶尔出现。只有在非常势均力敌的选举中，美国才会遇到这样的问题。但值得记住的是，至少有一些知情人士认为，在2000年的总统大选中，如果拉尔夫·纳德在竞选活动的最后几周敦促他的支持者投票给阿尔·戈尔而不是乔治·W.布什，那么当年的选举结果就会有所不同。

势均力敌的选举引出了有关民主进程的最后一个问题，即各党派的政策日益趋同，以至于无论谁当选都不会发生真正的改变。芝加哥大学的经济学家哈罗德·霍特林（Harold Hotelling）是他所在时代最杰出的经济学家之一，他在1929年曾经就这个问题专门撰写文章加以论述。霍特林提出了一个很有用的比喻，即海滩上用售货车售卖食品的小贩。他说，如果你的食品售货车是可以移动的，那你需要每天选择停放位置。你看着那片长长的海滩，想弄清楚在哪里停放你的售货车。由于大多数人只会从离他们最近的售货车上买食品，你会选择哪里呢？第一个来到海滩的小贩会选择海滩中间的位置，对不对？这个位置离海滩上的每个人都最近。第二个来到海滩上的小贩会如何选择呢？他可能会选择靠近海滩中间的一个位置，因为这样做自然可以抢下海滩一端的所有生意，但海滩中间以及另一半的生意都会被竞争对手抢走。那么，第二个小贩最有可能选择的停放位置在哪里呢？实际上，他会选择在第一个竞争对手的隔壁。虽然从理论上讲你可以把流动售货车分散在海滩各处，但竞争压力会导致所有这些售货车都逐渐向中间位置移动。

霍特林指出，这种聚集在一起的情况在很多竞争中都很常见。例如，各家汽车厂商推出的新车型通常看起来很相似，每季新款衣服通常看起来也很相似。而在政治上，他指出，每个人都倾向于走中间路线。当然，在初选或某个选区的竞选中，政客们会告诉听众他们想听的那些话，可一旦当选，他们的说辞往往就会发生变化。声称两党之间没有任何分歧显然言过其实，但人们经常注意到，如果用橄榄球比赛的术语来比喻，美国的政治讨论往往发生在40码线之间，而不是从一个端区到另一个端区。对于那些希望政治走向发生实质性改变（无论是朝哪个方向）的人来说，这种情况可能非常令人沮丧，而这种沮丧的情绪可能会导致他们投票给局外人，但它同时确保了一种稳定的局面，即在发生重大变化之前，必须首先在公众中开展一场真正广泛的运动，而这可能是政治制度的特征之一，而不是一种缺陷。

出于讨论目的，我们假设我们希望有更高的投票率，这应该成为一个公共政策目标。在此我想简单补充一句，大幅提高投票率从任何角度来说都不应该是一个突出的政策目标。例如，我不认为我们应该制定一项法律，要求人们投票或是为人们投票支付奖金。在很多选举中，现任官员都会以很大的优势获胜。不论是50%的投票率还是

80%的投票率，现任官员仍然会以很大的优势获胜。同时我还想说，提高选民投票率的效果并不明显。

随着时间的推移，美国选民的总体年龄越来越大，受教育程度也越来越高，同时许多地区还简化了选民登记和实际投票程序。这些因素往往会带来更高的投票率，但即使发生了所有这些变化，美国选民最近的参与率略有上升，也仍未恢复到几十年前的投票率水平。

如果确有能够提高投票率的合理改革措施，无疑值得考虑。例如，也许可以降低投票需要提前登记的成本。这就是为什么一些州允许选民在投票当天登记。在高科技的信息时代，应该可以做到这一点，但同时又能够以合理的速度进行核查，以确保选民登记真实有效。现在选民抽时间去投票的成本可能比前几十年更高，所以也许我们可以在某个周末或公共假期组织投票。此外，还可以考虑设法加大政治竞选的竞争性，比如在两党基础上划定更具竞争性的选区。在2004年和2008年大选中，年轻人的投票率略有升高，但目前还不清楚这种情况是否会持续下去。树立公民参与意识很重要，但作为一名经济学家，我无法说明如何才能做到这一点。

我们不应过度美化自由市场，尽管它确实创造了活力和机会，并让许多人维持了良好的生活水平。我们同样也不应过度美化政府，毕竟政府也会犯错。政府可能会逃避做出艰难的选择，并迟迟不采取行动，直到情况变得更糟。政府的决策也可能并没有真正地反映广大民意。

立法者和监管者可能会为自己谋求权力和私利。他们可能会专注于做出不重要的象征性行为，以满足特定群体的需要，而不是试图弄清楚如何解决影响所有选民的大问题。他们可能会与外部游说者纠缠不清，混淆了他们真正应该服务的对象。但民主政府的合法性最终取决于被统治者的认可，这一点同样是千真万确的。在每一次选举中，作为被统治者的公民花时间投票的行为，则一次又一次地表达了这种认可。

重要术语　**中间选民（median voter）**

在投票群体分布中处于中间位置的选民。由于一部分选民支持一方，一部分选民支持另一方，因而中间选民的投票将决定哪一方能够占据多数。

"政治分肥"支出（pork-barrel spending）

一个俚语，指针对特定州或地区的专项拨款，该地区的民选代表可以借此捞取政治好处。

投票率（voter turnout）

合格选民中实际参加投票者占全部选民的百分比。

思考问题　1. 许多人在赞同政府计划的总体目标时，会对该计划的实施效果非常乐观，而当他们不认可政府的计划时，又会变得充满疑虑。例如，你是否也极度怀疑政府在国防、福利支出、反间谍、针对穷人的医疗、基础设施支出以及警力保护等领域的能力和效率？

2. 在美国，你是否积极参加所有选举活动的投票——不仅是每四年一次的大选，而是针对四年之中的所有选举和针对所有职位的选举？如果是，你为什么会费心这样做？如果不是，你为什么懒得这样做？

第二十四讲
幸福经济学

美国和世界其他地方都进行过调查，要求人们对自己的幸福水平打分。社会科学家可以借此确定哪些人最幸福，并追踪改变会如何影响人们的幸福感。这些调查得出的一个普遍发现是，尽管当前经济与几十年前相比出现了增长，但今天的人们并不比那时候的人更幸福。另一个普遍发现是，那些经历了积极或消极事件的人的幸福感在短时间内会发生急剧变化，但随后又会恢复到原来的水平。

众所周知，美国《独立宣言》明确提出，人人均享有若干不可剥夺的权利，包括生命权、自由权和追求幸福的权利。这个理念在18世纪前后极为盛行。伟大的功利主义哲学家和经济学家杰里米·边沁在1776年提出了著名的观点："最大多数人的最大幸福是（所有）道德和立法的基础。"

值得一提的是，这一有关幸福的理念，无论在当时还是现在，都是一种非常激进的理念。边沁没有说皇室的幸福比农民的幸福更重要，或是说富人的幸福比穷人的幸福更重要，也没有说男人的幸福比女人的幸福更重要，或是说囚犯的幸福可以被忽视，更没有说任何种族、民族或任何地区的群体应该被排除在外。当然，这并不能保证所有人或每个人都会获得幸福，（它）只是说，每个人在道德和立法中都应被一视同仁。

这种追求幸福的理念似乎与经济学的一些基本理念相一致，比如所有人都追求私利的理念。但我们知道，对幸福的追求可能是一件非常微妙的事情。幸福感可能转瞬即逝，也可能长期存在，而有时候短期的幸福可能会与长期幸福相冲突。幸福感可能来自从你手中偷走某些东西，或者强行让你承担某种代价。我们可能彼此难以相互协调，也可能追随大流，认为自己在追求幸福，但最终却跌落悬崖。

考虑到追求幸福的过程中可能出现各种问题——推而广之，市场经济或计划经济中可能出现各种问题——一些经济学家和社会科学家提出了一个更简单的想法：干脆让我们来衡量人们是否真的幸福。我们应该怎么看待这种做法呢？

19世纪下半叶，随着经济学和心理学等社会科学学科的崛起，人们曾一度希望，有朝一日科学能够直接测量出幸福感。当时出现了一个被称作心理物理学的研究领域，研究人员曾做过一些实验，比如让人们蒙上眼睛站立，在其手上放置重物并慢慢增加，然后让他们说出自己感觉手中之物有多重。实验发现，随着手上物品的重量越来越大，他们对增加额外的重量不再有很明显的感觉。总之，那时的人们希望随着时间的推移，他们最终能够直接测量出幸福感。

著名经济学家弗朗西斯·埃奇沃思在1881年写过一篇文章，介绍了一台被称为"快乐计"的机器，这是一种用来测量幸福水平的假想机器。他的想法是人们可以与这台机器连接，并表示人们可以想象幸福水平显示在一张滚动的纸上。当然，现在它会是电脑屏幕上的一条曲线，持续显示你到底有多快乐。埃奇沃思写道："每时每刻，快乐计的读数都在变化。这个精密的指数一会儿随着激情的迸发而跳跃，一会儿又因大脑拼命工作而沉下来，在零度的低位附近盘旋整整几个小时，或者暂时性地一飞冲天。"不过，从没有一台测量幸福水平的"快乐计"真正被发明出来。在现代脑科学领域，有些研究希望可以找到一种通过大脑活动来衡量幸福感的方法。

不过，不谈脑科学领域在这个问题上的进展如何，经济学已经走上了一条不同的道路。经济学不再试图直接测量幸福感，而是倾向于从人们的行为中推断其幸福水平。当人们自愿做出购买或出售的决定时，实际上是在说，他们在进行这种交易时更幸福。当消费者对高价的反应是少买一点，或是对低价做出多买一点的反应时，你可以感受到他们赋予所购买物品的幸福价值。当人们对工资上涨或下降、利率上涨或降低做出反应时,也是同样的情况。现代经济学体系主要建立在所谓显示性偏好(revealed preference)之上,这一理念由著名经济学家保罗·萨缪尔森在20世纪中期正式提出,其基本理论是,经济学不会直接测量偏好,但是会研究人们通过市场行为所显示出的偏好。

说得更直白一点,这种理论在有些时候实际上是说,不要相信人们口中所说的他们是否很幸福。调查结果可能会撒谎。人们不一定会认真思考这类事情。如果他们告诉你,清洁的环境会让他们感到幸福,但却购买导致环境变脏的汽车和消费品,那么他们的幸福感取决于他们做了什么,而不是他们说了什么。这在某种程度上有点像我们在探讨成瘾问题时谈到的观点,即我们真正应该相信的是,人们所做的选择正是他们想要的。不过,经济学家的这种观点并没有阻止调查研究人员询问人们的幸福感如何。过去几十年以来,世界上许多国家都进行过关于幸福感的调查,经济学家也已经开始以自己的方式深入研究这些调查数据。

在美国,最常用的幸福感调查数据来自芝加哥大学的全国民意调查中心(National Opinion Research Center)。该中心开展的美国综合社会调查(General Social Survey)是由美国国家科学基金会(National Science Foundation)资助的。这项调查问了各种各样的问题,从1972年开始,综合社会调查中一直包括这些问题:总体而言,你觉得自己现在的境况如何?你会说自己非常幸福、相当幸福还是不太幸福?在此之前,美国民意研究所(American Institute for Public Opinion)和盖洛普民意调查在20世纪40年代也做过类似的调查。

此外,通过所谓世界价值观调查(World Values Survey)、盖洛普的国际民意调查以及有时候在特定国家开展的调查,我们还可以获得有关幸福感的国际数据。以世界价值观调查为例,该调查是由世界各地的学者网络每隔几年进行的一项调查，在80余个国家和地区开展，约覆盖了世界85%的人口。

盖洛普民意调查机构也会进行全球民意调查。例如，2006年，盖洛普组织了一项包含132个国家和地区样本的全球民意调查，要求受调查者以从0到10的等级来对自己的生活满意度打分。还有一些国家也开展了同样的调查，如德国自1985年起便开始开展幸福感调查。

2010年，墨尔本大学经济学家布鲁斯·哈迪（Bruce Hady）使用德国的数据进行了一项研究，结果发现，人们的幸福感在很大程度上取决于生活选择，比如配偶、理想的工作与生活平衡、助人为乐和家庭目标，以及参与社会、社区和宗教活动等。

这些国际数据呈现的基本模式是，收入较高、贫困度较低的国家，以及因规模小而更趋向于高同质化的国家往往在幸福感调查中排名较高。例如，丹麦和瑞士在此类调查中往往名列前茅。美国通常排名第20位左右，而幸福感最低的国家则是像近年来津巴布韦这样的国家，那里的经济、政府和公共卫生似乎都在崩溃。

除了国家层面的数据，我们还有可能获得更直接的幸福感数据。一种方法是让人们随身携带一台小型手持电脑，每天发出几次提示，请他们报告正在做什么以及这件事给他们带来的幸福感有多大。这种方法有时被称为体验抽样法。这样的研究自20世纪90年代中期以来开始进行，研究对象的电脑上有一组菜单，菜单上的项目包括他的位置、他的活动、他和谁一起做这件事，以及他有什么感受和这些感受有多强烈。在某种程度上，这听起来颇像很久以前提出的"快乐计"，不是吗？

在过去几年里，还有一些研究会使用所谓的日重构法（day-reconstruction method），即在一天结束时，调查对象从列表中选择活动，说明这个活动是在什么时候、什么地方完成的，是和谁一起做的，感受如何，然后对各种感受的强度进行排序。通过这种方式，可以获得有关幸福感的一些非常具体的细节，包括具体的活动经历以及人们从早到晚在一天中的幸福感水平等，可以有各种不同的模式。

那么，经济学家又是如何研究幸福感的呢？很多关于幸福感的经济学研究都脱胎于一位名叫理查德·伊斯特兰（Richard Easterland）的经济学家的工作。伊斯特兰早年大部分时间在宾夕法尼亚大学工作，后几十年的时间则一直任职于南加州大学。伊斯特兰在1974年写了一篇论文，他在论文中指出，尽管几十年来经济出现增长，但人们的平均幸福水平并没有提高。在另一篇论文中，他指出，调查数据显示，日本人的平均幸福感水平在1958年至1987年间没有上升，尽管那段时期日本经济呈现了爆炸式增长。在那30年间，日本人的收入增长了5倍。

从那时起，这种普遍模式一直被证明真实存在。其他国家也有很多证据证明了这种模式。伊斯特兰还指出，在某个时间点，高收入者报告的幸福感水平始终高于低收入者。这些模式综合起来提出了一个问题：如果更多的消费可以提升幸福感，那么随着经济的增长，平均幸福感难道不应该也随之提高吗？或者，幸福感的确主要只是因为相对而言你比他人更富裕？

有些人将上面第二条证据解读为经济增长不会带来幸福感。换句话说，如果没有经济增长，我们报告的幸福感水平将与经济发生增长时报告的幸福感水平大致相同。不过，还有另一种解释。如果某人今年说他的幸福感只是平均水平，而另外一个人在1970年时说他的幸福感只是平均水平，尽管今年人们的平均幸福感低于1970年，但这既不意味着拥有现在的一切不会让1970年的那个人感到幸福，也不意味着今年的那个人会因为回到1970年的生活水平而感到更幸福。与过去相比，现在的经济规模要大得多。人们拥有各种各样的新技术、更大的房子、更高的教育和医疗保健水平以及更长的寿命，一些最有害的空气和水污染已经减少或清除。在幸福感调查中发生的情况似乎是，人们是在某个时间和地点背景下回答的问题，而其答案适应了他们在彼时彼地的期望。

让我们暂时放下幸福感水平会因环境变化而发生变化这一观点，并在稍后重新讨论这个话题。你观察相关的国际数据，就会发现在任何特定时间点上，高收入国家和低收入国家的幸福感数据都似乎表明，对于富裕程度越来越高的各个国家来说，没有证据表明收入增加会阻止人们变得更幸福。当然，与提升穷人的幸福感水平相比，提升富人的幸福感水平需要花更多的钱，但从比例上看，其效果颇为相似。例如，收入增长10%似乎会带来大致相同的幸福感增长水平，无论是人均经济产出4万美元、1万美元还是2000美元的国家均是如此。人们的平均幸福感不会随着时间的推移而提升，这一事实证明人们适应了变化，但这并不意味着人们不想要这些变化。

这些适应模式可能会非常极端。20世纪70年代曾进行过一项经典研究，该研究选择中彩票或截瘫等极端生活事件，分析了经历这类事件后人们的幸福感水平变化。研究发现，在这两种情况下，极端事件在短期内确实导致人们的幸福感发生变化。但研究也发现，在一年或两年后，人们的幸福感基本恢复到了事件发生前的水平。人们会适应这种变化。同样，人们的幸福感往往在婚前一年和婚后第一年上升，但在蜜月期过后，幸福感水平大多（也许不是完全）回到了之前的水平。

对于某些其他生活事件，如失业或慢性疼痛，人们也会在一定程度上适应，但无法完全恢复到事件发生以前的水平。实际上，我们很多人已经从自己的亲身经历中得到了一个基本的教训。有些人总体而言很幸福，虽然他们的人生也会经历一些起起落落，但除了经历长期失业或慢性疼痛等极端事件，他们基本上一直很幸福。其他一些人总体而言不那么幸福，他们也可能会经历起起落落，但似乎总是会回到不那么幸福的状态，即回到了以前的水平。

一个非常不幸福的人可能会想：如果我能得到甲，如果我能得到乙，那就是我所需要的一切，我就会幸福。但不幸的是，这种想法可能是错误的。如果你想从持续不幸福的状态转变为持续幸福的状态，你的心态必须发生更深层次的改变。从幸福感调查中得到的一些证据表明，你可以通过记录时间日记的方法来对抗适应过程，日记的重点是记录你应该欣赏和感激的事情，换言之，就是写下感恩日记。这样，你实际上是在记录自己的幸运之处，如果你反复这样做，你就会成为一个更幸福的人。从某种意义上说，你会更有可能在调查中回答说你很幸福。

使用幸福感数据的另一个困难是，人们报告的幸福感可能会因调查是在被询问的事件发生前、发生时还是发生后而有所不同。例如，有些研究涉及使用拨号盘表示在收听政治辩论时的反应。在收听辩论期间，受调查者可以将拨号盘拨至正面或负面，以表示不同的反应。这样在最后，研究者可以查看他们整体的持续反应，还会在最后询问人们对辩论的总体反应。如果将总体反应与辩论期间人们持续报告的反应进行比较，你会发现这两者之间没有太大联系。人们的总体印象往往是他们在辩论结束时的想法，而不是辩论开始和中间可能发生的事情。

在医疗领域，研究人员曾对接受结肠镜检查的男性进行了研究，这种检查非常必要，但令人很不舒服。研究结束后，研究人员让这些男性对他们所经历的不适进行打分。在这个实验中，每位受调查者都做了结肠镜检查，但其中一半的人在检查结束后又在内窥镜没有任何移动的情况下多等待了60秒，然后才取出了内窥镜。内窥镜在体内移动是造成身体不适的主要原因。如果内窥镜没有移动，感觉其实没那么糟糕。现在请记住，人们往往只会记住最近发生的事情。结果表明，那些做了结肠镜检查，然后在内窥镜没有移动的情况下多等了一分钟的人后来报告说，结肠镜检查并没有那么令人不适。这一点很重要，因为这样他们就更愿意在将来需要检查时再做一次。

还有其他一些研究也关注了前后对比。例如，在2005年超级碗比赛（费城老鹰队和新英格兰爱国者队比赛）之前进行的一项研究询问了一群费城球迷，如果他们支持的球队输了，他们会有什么感受，在比赛结束后，研究者又询问了他们输了之后的感受。在2008年大选之前进行的一项类似研究询问了一群麦凯恩的支持者，如果奥巴马获胜，他们会有多难过，随后不久又询问了他们实际上有多难过。

这里我想回顾一下我们在之前关于短视行为的那一讲中谈到的观点。一般来说，人们并不擅长预测自己的感受。这类研究得出的模式通常是，人们预测自己会感觉非常糟糕，但当他们感觉糟糕的事情真的发生时，他们会报告说，从长远来看，这实际上并没有给他们带来太大的困扰。

这一点对于幸福感研究造成了很大困难，因为在这些研究中你必须回答的问题包括什么是最重要的。如果人们说某事的发生会让他们非常沮丧，但我们从经验中知道，事情其实可能不会那么糟糕，该怎么办？如果人们在某事发生时感到沮丧，而且这件事看起来很糟糕，但我们从经验中知道，这件事在将来对他们来说并不那么重要，因为他们会适应，又该怎么办？我们是应该把实时测量结果作为重点，还是应该将实时发生的事情和记忆中对发生事情的预期综合考量？对于这个问题，我并没有一个好答案，但思考人们如何关注真正重要的事情对思考如何评估幸福感数据至关重要。

借助幸福感研究，人们可以观察在不同时间、不同地点发生的各种事件，并比较其不同的幸福感水平。下面我来举几个例子，当然，我会忍不住要对此做出一些解释。当查看幸福日记时，你往往会发现休闲和社交活动的排名相当高。人们对于从事与市场交易相关的活动所给出的幸福感排名往往最低。幸福感排名最高的工作则往往是那些能够帮助他人的工作，可能是神职人员、消防员和理疗师。对工作给出最低幸福感排名的通常是那些从事餐饮业或服务员的人。从事房屋修缮工作的人也往往报告了极高的不幸福感。其他幸福感较低的工作包括处理财务问题或打扫房屋。此外，人们真的很讨厌上下班通勤，尤其是每天早晨去上班。

我直觉上认为有些模式自有其合理性，而有些模式则不那么合理。例如，总体而言非裔美国人目前的幸福感更强，这一点是合理的。20世纪70年代初，非裔美国人与其他人口之间的幸福感水平差距很大，现在虽然仍存在一些差距，但已经小了很多。考虑到几十年来美国种族歧视氛围的变化，我觉得这种变化是合理的。

另一方面，现在女性总体上报告的幸福感比20世纪60年代和70年代初要低。显然，在过去的几十年里，女性的地位发生了许多变化，但我倾向于认为这些变化从根本上来说是积极的，女性在工作和婚姻方面拥有了更多的选择，在是否做母亲以及何时生儿育女方面也有了更多选择。幸福感数据表明，更大的可能性也带来了更大的压力，而当女性被问及是否幸福时，她们承受的压力显现了出来。

另一个出乎意料的模式（至少对我来说是这样）是：当人们有了孩子后，他们报告的幸福感往往会下降；当孩子们离开家时，他们报告的幸福感往往会上升。那些有十几岁孩子的人似乎更不幸福。还有一个出乎意料的发现（至少在某种程度上有点出乎意料）：你可能会认为老年人不那么幸福，毕竟他们已经过了我们所谓的人生黄金时期，但撇开孩子的问题不谈，有证据表明，大多数人在一生中的幸福感都遵循了一种U形模式。他们在年轻时感觉很幸福，在三四十岁时感受不那么幸福，然后又变得更加幸福。《经济学人》杂志在2010年底刊登了一篇关于这一现象的封面故事。这个封面故事题为《生活从46岁开始》（Life Begins at 46）。

需要明确的是，虽然人们处于幸福感水平最低点时的具体年龄会因人而异，也会因地域不同而有所不同，但这种普遍的 U 形幸福感模式长期以来一直没有发生变化。在我们拥有的超过 40 年的数据中，对于出生在不同时期、不同世代的不同人来说，这种模式普遍成立；对于有孩子的人或没有孩子的人来说，这种模式也普遍成立。国际数据显示，这种模式在其他国家同样是成立的，无论是高收入国家还是低收入国家都存在这种模式。虽然 U 形的最低点各不相同，但这种在一生中的幸福感水平呈 U 形的模式似乎相当稳健。

为什么人们随着年龄增长而变得更加幸福？这在很大程度上似乎与管理情绪状态的能力有关。同样，幸福感与你身上发生了什么无关，而是与你自己以及你对此的反应有关。对于我们这些 40 多岁的人来说，这是一个令人欣慰的结果，也许这正是你和我目前的状态。对于那些 30 多岁、40 岁出头且对生活感到沮丧的人来说，我们可以告诉他们，至少平均而言，他们在将来会感觉更好。

在这类研究中，还有很多影响幸福感的古怪因素。例如，一项研究要求人们填写一份幸福感调查问卷，但在填写之前要求他们复印一些东西。当走到复印机前时，一半调查对象发现机器上有一枚一角硬币。他们通常会拿走并留着它。研究结果显示，那些得到了一角硬币的人在调查问卷上对生活的满意度更高。同样，天气也会影响幸福感调查。你还可以通过先问人们好事情或坏事情来提高或降低他们的幸福感水平。在幸福感问题上，人们做了很多研究。尽管如此，我认为所有这些工作都面临着一个不可避免的限制，那就是获得幸福可能不足以表达大多数人真正想实现的生活目标。

让我们一起思考这样一个问题：你是在追求幸福吗？想想你在生活中的各项活动：工作、朋友、婚姻、为人父母、社区。幸福是否能恰如其分地代表你在这些方面所追求的目标？字典中对幸福的定义往往使用了诸如满足、喜悦和愉悦之类的词。问题是，获得满足的方法有很多，也有很多可能的路径。其中一些道路上可能会有坎坷。你有没有想过，如果你找到一份更简单、责任更少的工作，你的生活是否会更幸福？也许你可以只满足于做好手头的事，然后尽可能多地把你的收入花在娱乐和旅行上，或者试着帮助别人。

当你想到经历约会和结婚的漫长过程，并在一路上经历各种跌宕起伏，你似乎有理由发问：这真的会给我带来幸福吗？当你想到为人父母，这当然能够带来源源不断的满足、快乐和愉悦，但当你在某个晚上筋疲力尽地帮孩子完成一项似乎看不到头的科学项目，或是解决一些更难的问题时，这真的会让你感到幸福吗？很多时候，如果你问我，我的一天是否幸福，我可能很难给出肯定的回答。我有太多事情要做，觉得自己做得不好。当一日终了时，我会觉得疲惫不堪。当然，我试着乐观地看待这一切，但如果有人让我按照从 1 到 10 的等级给我的幸福感打分，我可能不会打出很高的分数，或者这个分数可能会受到其他琐事的影响而出现很大差异。这些问题对经济学和经济政策很重要，因为它们涉及我们在考虑公共政策时应该以何种方式，或是在多大程度上关注幸福感研究的结果。

通过调查，尤其是基于"幸福"一词的调查来治理国家似乎面临着重重困难。最著名的一个例子也许是不丹。这个国家人口不足一百万，该国已经宣布，作为官方政策，他们将使用"国民幸福总值"而不是国内生产总值来衡量国家发展。这无疑是让经济学家忍不住翻白眼的提议之一，因为它涉及了太多的概念混淆，几乎很难说清楚。使用"国民幸福总值"而非国内生产总值的想法有点像在天气预报中，我们不再使用温度、降水量、湿度和风暴等级等概念，而只是衡量这到底是一个好天气还是一个坏天气。这固然有一定的价值。不只是关注单一的统计数据是一件好事。国内生产总值显然不足以衡量一个国家的福祉。事实上，任何单一的衡量标准都是不够的。我们当然应该衡量多个不同的互补性统计数据，包括环境、健康、教育、工作场所、休闲等统计数据。

事实上，美国政府和其他许多国家的政府都设立了所谓"卫星账户"[①]。换言之，这些政府既发布经济产出的统计数据，也汇总环境、基础设施、健康、教育等方面的统计数据，然后让阅读这些统计数据的人自行决定如何分析。你想尝试将这些数据与经济产出结合起来吗？毕竟，现实是多维的，统计数据也可以是多维的。从这个角度来看，将一些对主观幸福感的调查数据纳入到其他数据中当然没有错。

某些国家的政府，包括英国政府和澳大利亚政府，致力于衡量此类全国性的主观幸福感水平，并将其作为传统经济统计数据的"卫星"和补充。但在这样做的时候，重要的是要记住对幸福感水平进行测量在其他方面也存在不足。

幸福感作为一个普遍的概念过于宽泛和不确定，以至于我们无法说清楚幸福感的衡量标准到底是什么。此外，许多国家的调查数据很难解读。你可以说我失于愤世嫉俗，如果不丹人在一项调查中表示他们非常幸福，我到底能在多大程度上相信他们呢？我无意针对任何一个国家。我也许相信，不丹进行的调查比其他很多地方的调查更可信，但你必须时刻对调查数据保持怀疑。

幸福感，至少从调查数据中捕捉到的幸福感，可能是一个太过肤浅的概念，无法代表大多数人希望在生活中真正实现的目标。当然，人们早已认识到了这一点。18世纪和19世纪的哲学家和经济学家，比如约翰·斯图尔特·密尔（John Stuart Mill），曾经论述过功利

---

① 英文原文为satellite accounts，在经济领域，通常被翻译为"卫星账户"或"附属账户"，是一种单独的财务记录或报表，用于披露某一特定领域的财务活动，并补充现有的财务记录。这些账户提供了关于特定经济活动或领域的更详细、更深入的信息，这些信息可能无法在传统的国民经济账户中直接获得。

主义的概念，即大多数人的最大幸福。约翰·斯图尔特·密尔提出了一个延伸的论点，即仅有快乐是不够的。例如，他说我们不会单纯因为狗很快乐就愿意做一只狗，也不会愿意做一个单纯是因为没有良知而感到快乐的人。密尔写道："做一个不满足的人总比做一头满足的猪好。做一个不满足的苏格拉底总比做一个满足的傻瓜好。"

对这些问题思考最深入的现代经济学家和哲学家可能是1998年诺贝尔经济学奖得主阿马蒂亚·森。阿马蒂亚·森率先提出了一种思考经济发展的方法，即不是从国内生产总值的角度，而是从他所谓的功能能力（functional capabilities）的角度来思考，这个角度包括你受过多少教育、健康状况如何、你的工作是否有趣、你的休闲娱乐机会、你的自由度、个人自主权，以及你参与公共生活、家庭生活、精神生活的机会，等等。

这种"能力方法"避免了将经济产出视为社会发展的主要目标，同时也避免了仅依靠调查数据来判断人们是否幸福。事实上，阿马蒂亚·森的工作启发了联合国开发计划署一项名为"人类发展指数"（Human Development Index）的工作。联合国自1990年以来一直在持续编制该指数。人类发展指数提供了一个多维度的视角，并不断提醒人们不仅要关注经济产出，还要关注教育、健康和其他统计数据。

例如，这是《2010年人类发展指数报告》中的一条评论："人类发展是扩大人们的自由，从而使他们能够过上长寿、健康和富有创造力的生活，推进他们有理由珍视的其他目标，并积极参与塑造我们共享的星球上公平和可持续的发展。"

因此，在本书的结尾，我不想祝愿你们幸福（至少不是严格字面意义上的幸福），而是想祝愿你们的功能能力得到进一步发展。我希望我已经说服了你们，实际上，许多出乎意料的领域恰恰是经济学的核心。经济作为一个领域与经济学存在很多重叠，但经济学研究的范畴并不仅仅局限于经济。商业和金融投资也是与经济学存在相当多重叠的领域，但经济学研究的范畴也远不止商业和金融。

在阅读本书之前，你可能觉得看到了似乎与经济学毫不相干的主题，例如参与宗教活动、犯罪、婚姻和父母身份、合作、慈善、投票、自然灾害等，但过去几十年来，顶尖的经济学家一直在研究这些问题。这些领域的研究已经多次获得了诺贝尔经济学奖。对于现代经济学家来说，本书涵盖的主题并非经济学研究的边缘领域，而是与许多其他主题一样，居于经济学研究的核心位置。

此外，我还希望已经让你意识到，经济学要想发挥最大效用，必须具有普世和开放的精神。毕竟，除了经济学理论，本书还借鉴了心理学、历史、政治学、哲学、脑科学、统计学、博弈论和各种其他领域的成果。在最理想的情况下，经济学会寻找并接受出乎意料的来源的证据，因为在最理想的情况下，经济学完全植根于试图了解人类的实际决策，以及这些决策如何在我们周围的世界中相互作用。

最后，我希望已经让你相信，经济学对许多问题都提出了出乎意料的洞见，这些洞见无论是在现在还是在未来，在你努力理解周遭世界的时候，也许能够有助于你进行思考。

重要术语　**伊斯特林悖论（Easterlin paradox）**

由美国经济学教授理查德·伊斯特林（R. Easterlin）提出的理论，该理论认为尽管在某一时点内，高收入者报告的幸福水平高于低收入者，但人们的平均幸福水平似乎并没有随着经济增长而上升。①

国民幸福总值（gross happiness product）

一种拟议的与国内生产总值（GDP）相对的统计数据，其衡量的是社会幸福感，而不是社会经济产出。

思考问题　1. 你认为幸福感调查是应该成为公共政策的核心工具、辅助工具，还是应仅局限在专门的学术研究中？

2. "幸福"一词是否反映了你所追求的生活目标？如果不是，你是否能想出一个或一组更好地反映自己生活追求的词语？

---

① 原文解释过于简单，译者稍做添加。——译者注

参考文献

Arrow, Kenneth. "The Economy of Trust." *Religion & Liberty* 16, no. 3 (Summer 2006).

Bearden, J. Neil. "Ultimatum Bargaining Experiments: The State of the Art." Working paper, Social Science Research Network, November 2001.

Becker, Gary S. "The Economics of Crime." *Cross Sections* (Fall 1995): 8–15.

Bernanke, Ben S. "The Economics of Happiness." Speech at the University of South Carolina Commencement Ceremony, Columbia, South Carolina. May 8, 2010. http://www.federalreserve.gov/newsevents/speech/bernanke20100508a.htm (accessed August 9, 2011).

Bhattacharya, Jay, and Neeraj Sood. "Who Pays for Obesity?" *Journal of Economic Perspectives* 25, no. 1 (Winter 2011): 139–158. http://pubs.aeaweb.org/doi/pdfplus/10.1257/jep.25.1.139 (accessed August 9, 2011).

Brooks, Arthur C. "A Nation of Givers." *The American*, March/April 2008. http://www.american.com/archive/2008/march-april-magazine-contents/a nation-of-givers/article_print (accessed August 9, 2011).

Caplan, Bryan. "Caplan on Discrimination and Labor Markets." Interview by Russ Roberts. Library of Economics and Liberty EconTalk, podcast audio, December 4, 2006. http://www.econtalk.org/archives/2006/12/caplan_on_discr.html (accessed August 9, 2011).

Clark, Josh. "What's the Ultimatum Game?" *How Stuff Works.com*, February 26, 2008. http://money.howstuffworks.com/ultimatum-game.htm (accessed August 9, 2011).

Cloud, John. "Why Exercise Won't Make You Thin." *Time*, August 9, 2001.

Coyle, Diana. "What's It All About?" *The Soulful Science: What Economists Really Do and Why It Matters*. Rev. ed. Princeton, NJ: Princeton University Press, 2010.

———. "Why Economics Has Soul." *The Soulful Science: What Economists Really Do and Why It Matters*. Rev. ed. Princeton, NJ: Princeton University Press, 2010.

Davis, Wayne. "Prisoner's Dilemma." Online interactive game. March 22, 2007.

Donahue, John J. "Fighting Crime: An Economist's View." *The Milken Institute Review* 46 (March 2005): 46–58.

Downs, Anthony. *Still Stuck in Traffic: Coping with Peak-Hour Traffic Congestion*. Washington DC: Brookings Institution Press, 2004.

Engemann, Kristie M., and Michael T. Owyang. "A Winning Combination? Economic Theory Meets Sports." *Regional Economist*, January 2009, 10–13. http://www.stlouisfed.org/publications/re/articles/?id=1322 (accessed August 9, 2011).

"Exploding Misconceptions." *The Economist*, December 16, 2010.

Fry, Richard. "The Reversal of the College Marriage Gap." *Pew Research Center*, October 7, 2010.

Fry, Richard, and D'Vera Cohn. "Women, Men, and the New Economics of Marriage." *Pew Research Center*, January 19, 2010.

Goldin, Claudia, and Larry Katz. "On the Pill: Changing the Course of Women's Education." *The Milken Institute Review* 2 (June 2001): 12–21. http://www.milkeninstitute.org/publications/publications.taf?function=detail&ID=187&cat=MIR (accessed August 9, 2011).

Hardin, Garrett. "The Tragedy of the Commons." *Science* 162, no. 3859 (December 13, 1968): 1243–1248.

Heyman, Gene. M. *Addiction: A Disorder of Choice*. Cambridge, MA: Harvard University Press, 2009.

Hirshleifer, David. "The Blind Leading the Blind: Social Influence, Fads, and Informational Cascades." *The New Economics of Human Behavior*. Cambridge, UK: Cambridge University Press, 1995.

Hirshleifer, Jack. "The Dark Side of the Force: The Western Economic Association International 1993 Presidential Address." *Economic Inquiry* 32, no. 1 (January 1994): 1–10. http://catdir.loc.gov/catdir/samples/cam031/00066708.pdf (accessed August 9, 2011).

Horford, Tim. "The Economics of Addiction: Is It Possible That Heroin Junkies and Crackheads Are Actually Rational?" *Slate*, August 4, 2007.

Iannaccone, Larry. "The Economics of Religion." Interview by Russ Roberts. Library of Economics and Liberty EconTalk, podcast audio, October 9, 2006. http://www.econtalk.org/archives/2006/10/the_economics_o_7.html(accessed August 9, 2011).

Kahneman, Daniel. "The Riddle of Experience vs. Memory." Filmed February 2010. TED video, 20:07. Posted March 2010. http://www.ted.com/talks/daniel_kahneman_the_riddle_of_experience_vs_memory.html (accessed August 9, 2011).

Kahn, Lawrence M. "The Sports Business as a Labor Market Laboratory."*Journal of Economic Perspectives* 14, no. 3 (Summer 2000): 75–94.

Krawiec, Kimberly D, ed. "Show Me the Money: Making Markets in Forbidden Exchange." *Journal of Law and Contemporary Problems* 72, no. 3 (Summer 2009). http://www.law.duke.edu/journals/lcp/lcptoc72summer2009(accessed August 9, 2011).

Krueger, Alan B. *What Makes a Terrorist: Economics and the Roots of Terrorism*. Princeton and Oxford: Princeton University Press, 2007.

Krueger, Alan B., and Jitka Malecková. "Seeking the Roots of Terrorism." *The Chronicle of Higher Education*, June 6, 2003. http://chronicle.com/article/Seeking-the-Roots-of-Terrorism/27185 (accessed August 9, 2011).

Kuhn, Steven. "Prisoner's Dilemma." *Stanford Encyclopedia of Philosophy*, October 22, 2007. http://plato.stanford.edu/entries/prisoner-dilemma (accessed August 9, 2011).

Lemieux, Pierre. "Following the Herd." *Regulation* 26, no. 4 (Winter 2003): 16–21. http://www.cato.org/pubs/regulation/regv26n4/v26n4-2.pdf (accessed August 9, 2011).

Levitt, Steven D. "Understanding Why Crime Fell in the 1990s: Four Factors That Explain the Decline and Six That Do Not." *Journal of Economic Perspectives* 18, no. 1 (Winter 2004): 163–190. http://pubs.aeaweb.org/doi/pdfplus/10.1257/089533004773563485 (accessed August 9, 2011).

Longman, Philip. "The Global Baby Bust." *Foreign Affairs*, May/June 2004.

Looney, Robert. "DARPA's Policy Analysis Market for Intelligence: Outside the Box or Off the Wall?" *Strategic Insights* 2, no. 9 (September 2003).

Maloney, Thomas. "African Americans in the Twentieth Century." *EH.Net Encyclopedia*, January 14, 2002.

Matsusaka, John G. "The Economic Approach to Democracy." *The New Economics of Human Behavior*. Cambridge, UK: Cambridge University Press, 1995.

McCleary, Rachel. *The Oxford Handbook of the Economics of Religion*. New York:

Oxford University Press, 2011.

Milyo, Jeffrey. "Campaign Finance." *The Concise Encyclopedia of Economics*. Indianapolis, IN: Liberty Fund, 2008.

Mueller, John. "A False Sense of Insecurity? How Does the Risk of Terrorism Measure Up against Everyday Dangers?" *Regulation* 27, no. 4 (Fall 2004): 42–46.

Murphy, Robert P. "The Economics of Discrimination." *Library of Economics and Liberty*, August 2, 2010.

Nestle, Marion. *Food Politics* (blog). http://www.foodpolitics.com.

Randolph, William C. "Tax Topics: Charitable Deductions." *Tax Policy Center*, 2005.

Redden, Joseph P. "Hyperbolic Discounting." *Encyclopedia of Social Psychology*. Thousand Oaks, CA: Sage, 2007. http://www.behaviorlab.org/Papers/Hyperbolic.pdf (accessed August 9, 2011).

Ridley, Matt. *The Origins of Virtue: Human Instincts and the Evolution of Cooperation*. London: Viking, 1996.

Robbins, Lionel. *An Essay on the Nature and Significance of Economic Science*. London: MacMillan and Company, Ltd., 1932.

Roth, Alvin E. "Repugnance as a Constraint on Markets." *Journal of Economic Perspectives* 21, no 3 (Summer 2007): 37–58. http://pubs.aeaweb.org/doi/pdfplus/10.1257/jep.21.3.37 (accessed August 9, 2011).

Sassi, Franco. *Obesity and the Economics of Prevention: Fit Not Fat*. Organisation for Economic Co-Operation and Development, 2010.

Serendip. "You Have Found The Prisoners' Dilemma." Online interactive game. June 8, 2005.

Shughart II, William F. "Public choice." *The Concise Encyclopedia of Economics*. Indianapolis, IN: Liberty Fund, 2008. http://www.econlib.org/library/Enc/PublicChoice.html(accessed August 9, 2011).

Smith, Adam. "Of the Expense of the Institutions for the Instruction of People of all Ages." Chap. 1, Part 3, in Book V of *The Wealth of Nations*, 1776.

Spar, Debora L. *The Baby Business: How Money, Science and Politics Drive the Commerce of Conception*. Boston: Harvard Business School Press, 2006.

Strömberg, David. "Natural Disasters, Economic Development, and Humanitarian Aid." *Journal of Economic Perspectives* 21, no. 3 (Summer 2007): 199–222. http://pubs.aeaweb.org/doi/pdfplus/10.1257/jep.21.3.199 (accessed August 9, 2011).

Surowiecki, James. "The Gift Right Out." *The New Yorker*, December 25, 2006.

———. *The Wisdom of Crowds: Why the Many Are Smarter Than the Few and How Collective Wisdom Shapes Business, Economies, Societies and Nations*. New York: Doubleday, 2004.

"Symposium on Discrimination in Product, Credit, and Labor Markets." *Journal of Economic Perspectives*, Spring 1998.

Taylor, Timothy, ed. "Symposium on Household Economics." *Journal of Economic Perspectives* 21, no. 2 (Spring 2007).

Thaler, Richard, and Cass Sunstein. *Nudge*. New Haven, CT: Yale University Press, 2008.

Thaler, Richard, Sendhil Mullainathan, and Daniel Kahneman. "A Short Course in Behavioral Economics." *Edge Foundation*, 2008. http://www.edge.org/3rd_culture/thaler_sendhil08/thaler_sendhil_index.html (accessed August 9, 2011).

"The U-Bend of Life: Why, Beyond Middle Age, People Get Happier as They Get Older." *The Economist*, December 16, 2010.

Wolfers, Justin, and Eric Zitzewitz. "Prediction Markets." *Journal of Economic Perspectives* 18, no. 2 (Spring, 2004): 107–126. http://pubs.aeaweb.org/doi/pdfplus/10.1257/0895330041371321 (accessed August 9, 2011).

World Bank and United Nations. *Natural Hazards, UnNatural Disasters: The Economics of Effective Prevention*. Washington DC: World Bank, 2010. http://www.gfdrr.org/gfdrr/sites/gfdrr.org/files/nhud/files/NHUD-Report_Full.pdf (accessed August 9, 2011).

Zelizer, Viviana A. *The Purchase of Intimacy*. Princeton, NJ: Princeton University Press, 2007.

互联网资源：

Global Terrorism Database. National Consortium for the Study of Terrorism and Responses to Terrorism (START) at the University of Maryland.

Journal of Sports Economics.

U.S. Bureau of Labor Statistics. "American Time Use Survey Home Page."

U.S. Department of Agriculture. "Cost of Raising a Child Calculator."